KB052536

고령친화도시 행복한 노년

스페인·포르투갈

고령친화도시 행복한 노년
스페인·포르투갈

—

인쇄 2017년 11월 25일 1판 1쇄 **발행** 2017년 11월 30일 1판 1쇄

지은이 김수영·신진호·장수지·문경주 **펴낸이** 강찬석 **펴낸곳** 도서출판 미세움
주소 (07315) 서울시 영등포구 도신로51길 4 **전화** 02-703-7507 **팩스** 02-703-7508
등록 제313-2007-000133호
홈페이지 www.misewoom.com

정가 15,000원

—

ISBN 978-89-85493-08-6 93330

잘못된 책은 구입한 곳에서 교환해 드립니다.

이 저서는 2015년 대한민국 교육부와 한국연구재단의 지원을 받아 수행된 연구임(NRF-2015S1A3A2046745)

초고령 사회를 위한
행복한 노년 시리즈 2

고령친화도시
행복한 노년

김수영 · 신진호
장수지 · 문경주 함께 씀

스페인 · 포르투갈

美세움

머리말

현대사회에 들어와서 인간의 수명이 연장되면서 전 세계적으로 노년기가 길어지고 있다. 이미 많은 전문가들은 길어진 노년기가 우리 사회에 미치게 될 파급효과에 대해 관심을 가지면서 '노화aging'를 어떻게 이해하고 사회적으로 대처해 나가야 할 것인지에 대한 연구결과를 꾸준히 제시해 왔다. 또한 WHO세계보건기구도 2000년 이후 각국의 노인인구 변화추이가 더 현저해지자 '노화'를 단지 선진국 중심의 현상으로만 보지 않고 개도국과 후진국에도 많은 관심을 가지고 꾸준히 분석해 왔다. 뿐만 아니라 각국의 노인인구 증가에 따른 사회경제적인 부담도 '노화'와 관련한 WHO의 중요한 해결과제 중 하나였다.

'노화'에 대한 최근의 해법은 노화현상에 긍정적으로 대처하자는 관점을 가진다. 즉, '노화'는 모든 사람들이 생의 마지막 단계에서 직면하게 되는 현상이므로 이제는 '노화'에 대한 고정관념이나 편견을 버리고 사회적으로 폭넓게 수용하자는 것이다. 이런 맥락에서 최근 주목받고 있는 트랜드는 '노화’에 대한 예방적 접근이다. 즉, ‘노화’가 진행되는 방향이 이미 결정되었다면, 개인적 차원에서는 어떻게 하면 더 건강하게, 더 행복하게 노년기의 긴 여정을 가게 할 것이며, 국가나 지역사회 차원에서는 어떻게 하면 ‘노화’가 미치게 되는 파급효과의 부정적인 측면을 최소화하고 긍정적인 측면을 확장할 수 있는가에 관심을 가지게 된 것이다.

한편 거시적 차원에서 볼 때 국가 차원의 ‘노화’ 관련 정책들은 그 나라 노인들의 삶의 질에 직접적인 영향을 줄 수 있다. WHO는 이런 점에 착안하여 노년학이론 중 활동이론activity theory에 근거를 둔 활기찬 노화active aging를 통해 ‘노화’를 지연시킬 수 있는 전략을 어젠다로 제시하였다. 특히 이 어젠다의 특징은 활기찬 노화라는 전략의 실행주체가 국가가 아닌 시city 단위, 즉 지역사회임을 강조한 것이다. 왜냐하면 중앙정부 못지않게 고령자들의 삶의 기반인 지역사회 차원에서도 노년기의 삶의 질 유지에 필요한 대안들을 찾을 수 있기 때문이다.

그것의 성과로 WHO는 ‘고령친화도시 네트워크Age Friendly City Network’ 구축이라는 큰 프로젝트를 통해 이미 활기찬 노화의 필요성을 세계적으로 확산시키는 데 성공하였다. 즉, 고령자들이 실제 삶터인 지역사회에서 젊은 세대와 더불어 살아갈 수 있고, 그런 조건 속에서 그들이 생산성, 자존감, 독립성을 유지해 갈 수 있는 여건을 조성해 보자는 데 많은 국가와 지자체들이 동조한 것이다.

이런 조건을 구현하기 위해 WHO는 고령자들의 삶을 둘러싼 8대 영역의 가이드라인을 제시하였고, 특히 국가 단위가 아닌 시 단위에서 이 네트워크에 가입하여 가이드라인을 준수할 것을 권장하였다. 2011년 미국의 뉴욕시가 처음으로 멤버십을 얻은 후 매년 가입도시 수가 증가하여, 2015년 기준으로 세계 28개국 258개 도시가 가입하여 세계적으로 고령친화도시 네트워크 가입이 많은 지자체들에게 이슈가 되고 있다. 스페인은 이 프로젝트에 가입한 도시의 수가 2015년 기준 53개로 가장 많고, 미국이 45개로 그 뒤를 잇고 있다. 왜 스페인에서 가입도시가 많은가는 2장에서 자세히 소개되겠지만, 이 과제는 말 그대로 공식적인 프로젝트이며 예상보다 빠른 노화를 경험하고 있는 모든 국가가 참여할 수 있는 세계적인 운동global movement이 되었다. 이 프로젝트가 시작된 지 오랜 기간이 지나지 않아 아직 그 성과를 객관적으로 제시할 수는 없다. 그러나 8대 영역의 가이드라인과 그 세부 지표들은 노인들의 일상생활을 가능한 한 중년기의 연장선상에서 보낼 수 있도록 지원해 주는 요소들이다. 이미 8대 영역은 많은 선행연구를 통해 노년기의 건강하고 행복한 삶을 유지해 주는 조건으로 검증되었다. 결국 이 프로젝트의 최종 목표는 노인들의 삶터를 가능한 한 그들에게 친숙한 조건으로 갖춰 줌으로써 계속 '노화'가 진행되어도 사회구성원으로 참여하고 젊은 세대로부터 존경받으며 성공적인 노년successful aging을 살아가게 하자는 것이다.

본 저서를 집필하는 연구진들이 포함된 '고령친화공동체 구축과 상생발전연구단'에서는 WHO의 고령친화도시 구축의 추진방향과 맥을 같이 하면서 한국형 고령친화공동체 모델을 개발하고 있다. 이미 4년간의 연구를 통해 WHO 8대 가이드라인의 한국 지표(안)를 제시하였고, 현재도 그 지표(안)의 실현가능성을 다각도로 연구하고 있다. 이 책은 그러한 취지의 연구결과물 중 하나로서, 고령친화도시 중 모범적인 도시와 그 도시의 사례들을 소개한 것이다.

이 책은 고령친화도시 멤버십 가입도시 수가 세계 1위인 스페인과 인접국가인 포르투갈의 도시들을 소개함으로써 이베리아 반도에 위치한 두 나라의 고령친화도시들을 둘러보았다. 구체적으로는 두 나라의 몇 개 도시에서 활기찬 노화를 실천하는 고령자들의 사례를 소개하였다. 스페인의 경우는 17개 주 중 까딸루냐주에 있는 바르셀로나시Barcelona, 따라고나시Taragona, 만레사시Manresa의 사례들을 소개하였다. 포르투갈의 경우는 22개 고령친화도시 중 제2도시인 포르투시Porto의 사례를 소개하였고, 아직 고령친화도시 네트워크에 가입하지는 않았지만 수도인 리스본시Lisboa 사례를 살펴보았다. 특히 상대적으로 규모가 큰 도시인 스페인의 바르셀로나와 포르투갈의 포르투 및 리스본에서는 한 도시에서 여러 사례를 다루었다.

이 책에서 소개하는 각 도시의 특성을 간단히 보면, 바르셀로나와 포르투는 각각 스페인과 포르투갈의 제2도시이면서 경제적으로는 국가 전체 경제에 대한 기여도가 높다. 포르투갈의 수도인 리스본은 항구도시로서 애절한 느낌을 주면서도 수시로 오가는 전차가 주는 아날로그의 매력과 비릿한 냄새가 느껴지는 항구의 정취, 지형의 특성상 높은 경사의 많은 계단 등 조상들의 삶의 흔적을 온전히 가지고 있는 도시이다. 따라고나는 옛날 까딸루냐주의 수도였고, 2000년 전 로마시대의 흔적을 보존하고 있는 역사적인 도시로서 진정한 로마인의 후손이라는 자부심과 함께 이 도시에서 태어나 평생을 한곳에서 살고 있는 노인들이 많은 항구도시이다. 만레사는 따라고나와 마찬가지로 서기 1000년 이후의 역사적인 흔적이 남아 있는 소도시이다.

대체로 우리가 해외 사례를 벤치마킹하는 이유는 그 사례를 통해 특별한 함의를 얻고, 그것이 우리 사회에 미칠 긍정적인 효과를 기대하기 때문이다. 그래서 대부분 연구대상이 되는 국가나 도시는 상대적으로 선진화된 경우가 많다. 그러나 우리 연구단에서는 처음 고령친화도시를 소개하는 시리즈를 기획할 때 이런 일반적인 기준을 고려할 필요가 없었다. 왜냐하면

군이 일정한 잣대로 보지 않아도 세계 여러 곳에는 노인들이 행복하게 살고 있는 지역이 많을 것이라고 생각했기 때문이다. 즉, 행복지수는 반드시 경제수준과 비례하지는 않는다. 그래서 우선 해외 사례들을 소개할 권역을 정했고, 유럽을 여러 권역 중 하나로 선택하였으며, 그중에서도 가족주의 전통이 많이 남아 있는 남유럽을 연구대상 지역으로 택했고, 특히 고령친화도시 네트워크에 많은 도시가 가입한 스페인이 관심 국가가 되었다. 그리고 스페인이 속해 있는 이베리아 반도에 나란히 위치한 포르투갈에서도 이미 많은 도시가 이 네트워크에 가입하였기에 선택하게 되었다.

역시 몇 번의 자료수집 과정을 통해 두 나라의 사례들을 접하면서 '삶의 질'을 바라보는 정형화되어 있던 관점이 조금씩 바뀌었다. 본 연구단의 키워드인 노년에 '어디서', '누구와', '어떻게' 살 것인가에 대한 최상의 답은 경제적으로 풍요로운 선진국가가 아닐 수도 있다는 당연한 사실을 알게 된 것이다. 내가 살던 곳에서 계속해서 살고, 가족이나 친구들이 주변에 있고, 내가 즐길 수 있는 소일거리가 있으며, 나이가 들어가도 내 삶의 터전을 바꾸지 않아도 될 만큼 사회적인 관계망이 유지되고, 젊은이들과 수평적으로 교류할 수 있는 사회문화적인 전통이 남아 있다면 그것들이 노년의 행복을 담보해 줄 수 있는 최상의 조건인 것이다.

이 책의 집필에는 고령친화공동체 구축과 상생발전연구단의 핵심 멤버 중 장수지 교수와 문경주 박사가 참여했고, 외부 필진으로는 스페인 현지 교민인 신진호 대표가 공동저자로 참여했다. 지금 이 책의 출간준비를 위해 원고를 쓰면서 생각하니 대표 필자인 본인과 신진호 대표가 그간에 자료수집에 쏟은 열정이 영화필름처럼 천천히 머릿속에서 돌아간다. 아름다운 나라 스페인의 지중해 연안 까딸루냐주에서 자료수집을 하면서 설레

었던 기분, 아직 때묻지 않은 모습들이 남아 있는 포르투갈의 편안함, 사전에 자료수집의 계획을 잘 세웠음에도 불구하고 어긋나 버리는 일들, 그럼에도 불구하고 한 치 빈틈없이 진행해 주었던 신진호 대표의 노련함. 어느 하나 놓칠 수 없는 기억들을 한 권의 책으로 엮어내게 되어 정말 감사할 뿐이다. 1년 이상 작업을 하면서 재정리하게 된 신공동체와 고령친화도시에 대한 생각들은 이제 이 책에서 사례로 녹여져 있다. 이에 더해 지난 4년간의 공동연구를 통해 신공동체와 고령친화도시에 대해 누구보다도 많은 생각들을 나누었던 장수지 교수와 문경주 박사가 이론부분을 맡아서 지원해 주었다.

우선 1장 고령친화도시의 개념은 장수지 교수가 집필하였다. 여기서는 전 세계적인 인구고령화 현상 및 우리나라의 인구고령화와 그에 따른 사회경제적 파급효과를 지적하였고, 이에 대한 대응전략으로써 고령친화도시 구축의 필요성을 강조하였다. 또한 고령친화도시 개념에 대한 소개와 더불어 고령친화도시의 가장 핵심적인 틀인 '활기찬 노년'의 의미를 상세히 기술하였다. 마지막으로 고령친화도시 구축의 활성화를 위한 국제적 네트워크로서 WHO가 제안한 고령친화도시 네트워크의 의미와 함께 현재 전 세계적인 가입 현황을 제시하였다.

2장에서는 세계 주요도시들이 고령친화도시가 되기 위해 노력하는 내용을 소개하였다. 그리고 고령친화도시가 되기 위한 대전제로서 공동체성의 복원과 새로운 공동체의 내용 그리고 고령화문제에 접근할 때 항상 논의의 틀로 간주되는 '어디서 살 것인가', '누구와 살 것인가', '어떻게 살 것인가'라는 질문에 대한 해답을 찾는 과정으로 고령친화조건을 제시하였다.

3장 WHO 고령친화도시 네트워크 가입과정은 본인이 맡았다. 이미 우리나라에서는 서울과 정읍이 WHO 고령친화도시 네트워크에 가입하였고, 추가로 부산과 수원이 가입하였으며, 그 외에 몇몇 지자체들이 관심을 가지고 있다. 이 시점에서 네트워크 가입의 의미와 절차를 체계적으로 정리하여 추후 가입을 계획하는 여러 지자체에 필요한 정보를 제공한다는 의미를 부여해 보았다. 3장 고령친화도시의 조건은 문경주 박사가 맡아서 집필하였다. 앞서 언급한 대로 2007년 WHO는 고령친화도시가 되기 위해 갖추어야 할 여러 조건과 구성요소들을 제시하였다. 그리고 우리 연구단은 2013년에 한국사회가 고령친화적인 공동체가 되는 데 필요한 여러 요소들을 연구결과로 제시하였다.

이 책의 핵심부분인 4장에서는 스페인과 포르투갈의 여러 고령친화도시에서 고령자들이 활기차게 살아가는 모습을 기술하였다. 4장 전체의 기획은 책임연구자인 본인이 맡았으며, 연구목적에 맞는 도시 선정에서는 신 대표가 주로 역할을 하였다. 그리고 자료수집은 본인과 신 대표가 1년여에 걸쳐 진행하였고, 사례소개는 주로 작가인 신 대표의 집필로 완성하였다. 작가의 눈으로 해석한 스페인과 포르투갈 노인들의 모습은 훨씬 더 세련되고 정제된 모습이어서 연구서와 대중서의 성격을 두루 지닌 이 책의 특징을 잘 보여준다고 생각한다. 우선 스페인에서는 바르셀로나대학의 노인경험자대학, 은퇴고령자들의 비즈니스 지원활동세꼿, 지역사회 취약노인들의 지킴이 활동라달스, 따라고나의 협동조합 형태의 노인주택라 무라에따, 만레사에서는 스페인 노인여가의 전형인 까살을 소개하였다. 포르투갈에서는 리스본 고령자들의 벽화 그리기라따65, 지중해를 연상시키는 아름다운 은퇴공동체알까비데체, 리스보아 S.O.S를 소개하였다.

각 사례마다 참여고령자, 각 프로그램 기획자나 운영자 또는 전문가 인터뷰가 동시에 이루어져서 프로그램의 취지나 현황, 참여자들의 생각이 사례 속에 고루 포함되었다. 물론 사례조사 과정에서의 예측하지 못했던 어려움이나 재미있는 에피소드를 다 담을 수는 없었지만 가능한 한 사례를 자세히 소개하고자 하였다.

이렇게 1년 반 이상의 작업을 통해 한 권의 책에 두 나라 다섯 도시 노인들의 활기찬 삶의 모습과 그것을 설명하는 이론을 담아보았다. 모든 사례에서 공통된 키워드는 활기찬 노화를 통한 성공적인 노년의 삶이다. 즉, 고령친화도시의 조건을 갖춘 친근한 지역사회에서 활기차게 노년을 보낼 수 있는 다양한 여건이 마련되면 노인들의 삶은 건강하고 행복할 것이며, 비록 노화가 진행되어도 그들에게는 자신의 젊은 시절처럼 여전히 미래가 기다리고 있을 것이다. 또한 그들이 누리는 고령친화도시는 세대 간에 신뢰와 호혜가 존재하는 공동체로서 더불어 살아감을 실천하는 새로운 공동체가 되는 것이다. 인간이 끊임없이 추구하고자 하는 건강, 장수, 행복은 특별한 노력이나 값비싼 투자를 통해 이루어지는 것이 아니라 매일의 삶을 건강하고 활기차게, 그리고 더불어 사는 행복을 실천하고 느낄 때 가능할 것이다.

이 책은 스페인어와 포르투갈어 소통이 가능해야 한다는 전제하에 시작되었다. 따라서 이 책의 출간에 가장 중요한 역할을 한 필진은 신진호 대표이다. 이 책에 대한 신 대표의 관심과 애정, 헌신적인 노력이 없었다면 출간이 불가능했을 것이다. 무엇보다도 본업이 있음에도 불구하고 우리 연구단이 필요로 하는 사례를 찾는 데 엄청난 시간을 투입하였고, 사례를 적절하게 해석하기 위해 스페인과 포르투갈의 역사와 문화까지도 섬세하게 설명해 준 신 대표의 헌신에 다시 한 번 깊은 감사를 표한다. 학술서의 성격이 많은 비중을 차지하기에 행간에 작가 신진호의 다른 글에서 보이는 매력을 제대로 드러내지 못한 점이 아쉽다. 그리고 스페인에서의 인터뷰 진행을 도와준 신 대표의 동료 까를로스Carlos, 조르디Jordi, 세련된 포르투갈어로 통역을 맡아준 아나Ana에게도 특별히 감사의 뜻을 전한다.

본 책의 출판에 관심을 가지고 기꺼이 출간을 해주시는 미세움 출판사의 강찬석 사장님과 임혜정 편집장님에게 깊은 감사를 드린다. 그리고 이 책이 나오기까지 인내심을 가지고 지켜봐 준 동료 연구진들에게도 깊은 감사를 드린다.

2017년 6월

필진 대표

고령친화공동체 구축과 상생발전전략연구단 단장　김수영

차 례

PART 2 고령친화도시의 조건

PART 3 고령친화도시 네트워크 가입

PART 4 고령친화도시 사례

PART 1

고령친화도시란?

1. 인구고령화와 고령친화도시의 필요성

1) 세계적인 인구고령화

노인인구의 절대수의 증가와 더불어 상대적 비율이 증가하는 인구의 고령화 현상이 세계 곳곳에서 가속화되고 있다. UN(2015)의 인구추계에 따르면, 전 세계적으로 인구증가율은 둔화되고 있으나, 출산율 저하와 평균수명의 연장으로 인해 2015년 9억 명이던 전 세계 60세 이상의 노인인구가 매년 3.3%씩 증가하여 2050년에는 21억 명으로 세계 인구의 21.5%를 차지할 것으로 추계되고 있다.그림 1-1

65세 이상을 노인으로 분류하는 통상적 기준을 적용한다 하더라도 유럽은 이미 초고령사회[1]에 근접하였으며, 2050년이 되는 시점에는 총인구 중 노인 비중이 압도적으로 높아질 것으로 예측된다.

이와 같이 노인인구가 증가하게 된 배경에는 사망률과 출산율의 변화가 있다. 사회의 발전에 따라 보건의료기술의 발달과 건강에 대한 관심과 관련 서비스의 증가, 영양·안전·위생환경의 개선 등과 같은 전반적인 생활수준의 향상으로 평균수명은 증가하고 사망률은 감소하였다. 이러한 제반 환경의 변화는 노인인구의 절대수의 증가로 이어지게 되었다.

한편 세계 각 지역에 따라 출산율의 편차가 존재하기는 하지만, OECD 국가들을 중심으로 보면 출산율은 점점 낮아지고 있는 추세이다. 농경사회, 산업사회를 거쳐 현재의 정보사회로 변모하면서 기계와 전산, 정보화가 노

---

[1] UN은 65세 이상의 인구비중이 총인구에서 차지하는 비율이 7% 이상일 때 고령화사회(aging society), 14% 이상일 때 고령사회(aged society), 20% 이상일 때 초고령사회(super aged-society) 또는 후기고령사회(post-aged society)로 칭한다.

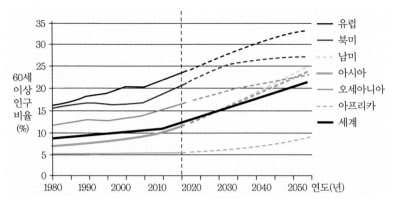

[그림 1-1] 세계 주요 지역의 60세 이상 노인인구 구성비율 변화추이

자료: UN, World population Prospects: The 2015 Revision, 2015.

동력에 대체됨에 따라 자녀출산에 대한 인식에도 영향을 미쳤다. 이에 따라 선진국들을 중심으로 저출산 현상이 확산되어 노인인구의 비율이 상대적으로 증가하게 되었다.

2) 인구고령화의 사회경제적 파급효과

급속한 인구고령화가 전체 사회에 미치는 영향에 대해 학계를 비롯하여 다양한 차원에서 활발하게 논의되어 왔다. 인류역사상 가장 오랫동안 삶을 이어가고 있는 현존 인구에게 있어 장수는 축복이지만, 동시에 국가사회적 차원에서 볼 때 이는 지금까지 직면한 적이 없는 위기상황을 초래하였다. 즉, 우리나라를 비롯한 세계 각국에서 나타나고 있는 노인인구의 절대수와 상대적 비율의 증가는 사회 전반에 걸쳐 다양한 노인문제를 야기하고 있으며, 이러한 노인문제에 대응하기 위한 국가사회적 부담이 가중되고 있다.

인구고령화의 파장을 지진에 비유하는 'Agequake'라는 신조어가 생길 정도로Wallice, 1999, 인구고령화는 한 국가의 산업구조, 재정, 금융, 주택시장, 문화, 직업환경 등 사회 전체에 강력한 영향을 미친다. 인구고령화가 미치는 사회경제적 파장에 대해서는 주로 노인인구 증가에 따른 부정적인 측면에 초점이 맞춰지며 그에 따른 사회적 비용을 줄이는 문제와 관련된 내용이 중심이 되고 있다김경혜 외, 2010. 선행연구를 중심으로 인구고령화의 사회경제적 파급효과를 요약하면 다음과 같다.권중돈, 2016

첫째, 인구고령화는 경제활동인구의 감소로 직결되므로 노동력 부족과 전반적인 노동생산성 저하와 같은 노동시장의 변화와 경제성장 둔화현상이 나타날 것이다. 실제로 노인인구 비율이 1% 증가하는 경우에 국내총생산GDP이 0.04% 감소하는 것으로 보고되고 있어OECD, 2005, 인구고령화와 경제성장 둔화 간의 관계를 직접적으로 설명하고 있다. 노인인구가 증가하면 소비와 투자가 위축되는 것도 경제성장에 부정적인 영향을 미치는 이유가 된다.

둘째, 금융시장의 변화이다. 노인인구 증가로 인해 노동력은 감소하고 노인부양에 따르는 부담 증가로 인해 저축률이 줄어들 것이며, 저축 감소는 가용자금의 축소, 투자 위축, 경상수지 악화, 경제성장 둔화로 이어질 것이다.

셋째, 국가의 재정부담의 증가이다. 노인인구 증가에 따라 연금, 의료 및 복지비용 등의 사회보장비용이 급격히 증가함으로써 국가는 재정위기에 직면할 수 있다.

넷째, 지역 간 발전의 불균형 문제를 야기할 수 있다. 농촌지역은 이미 고령사회에 진입하여 갈수록 농업생산성이 저하되고 있다. 이러한 상황에서 실질적인 농민지원대책과 농촌지역 노인을 위한 복지대책이 마련되지 않는다면 농촌지역은 공동화, 피폐화될 것이다.

다섯째, 세대 간 갈등이 심화될 것이다. 노인부양을 둘러싼 사회경제적 비용의 증가는 생산인구와 노인인구 간 세대갈등의 핵심이 될 수 있다. 또한 가족구조의 변화와 산업화로 가족을 통한 노인부양기능이 약화된 상황에서 노인부양을 가족에게 강요하면 가족구성원 간 갈등을 높일 수 있으며, 심한 경우 노인학대나 방치라는 사회문제로 확대될 소지가 있다.

위에서 지적한 인구고령화의 부정적 파급효과는 사회복지 안전망이 제대로 구축되어 있지 않은 여러 국가에서 보편적으로 나타날 것으로 보인다. 따라서 각 국가에서는 인구고령화로 인해 야기되는 인구구조의 변화 및 사회경제적 환경변화 등에서의 강점과 취약점 등을 충분히 파악하고, 이를 토대로 예측 가능한 문제에 대한 예방 및 적극적인 해결방안을 모색할 필요성이 대두되었다.

3) 우리나라의 인구고령화 및 노인문제 현황

한국사회의 인구고령화 현상은 세계적으로도 유래가 없는 압축적 양상을 보인다. 현재의 노인인구 비율은 초고령사회에 이미 진입한 일본, 이탈리아, 스웨덴 등의 고령국가에 비해서는 낮은 편이지만, 고령화 속도가 매우 빠르게 진행되고 있다표 1-1. 2000년에 고령화사회에 진입한 이래로 2017년에 고령사회, 2026년에 초고령사회에 진입할 것으로 예측되고 있다통계청, 2012. 우리나라의 급격한 인구고령화는 평균수명 연장 및 저출산 현상과 함께, 베이비붐 세대1955-1963년 생가 한꺼번에 노인인구로 전환되는 것이 결정적인 원인이 되고 있다.

인구고령화 현상의 또 다른 지표인 노령화지수 역시 지속적으로 높아지고 있다. 노령화지수는 14세 이하의 유년인구 대비 65세 이상의 노인인구의 비율을 나타내는 것으로, 1990년에 20.0, 2000년에 34.3, 2012년에 77.9

〈표 1-1〉 노인인구 증가 속도 국제비교

국가	도달연도			소요연수	
	7%	14%	20%	7→14%	14→20%
대한민국	2000	2017	2026	17	9
일본	1970	1994	2006	24	12
프랑스	1864	1979	2019	115	40
미국	1942	2014	2030	72	16
스웨덴	1887	1972	2012	85	40

자료: 통계청, 장래인구 추계결과, 2012.

로 점진적으로 높아지다가, 2030년에 193.0, 2050년에 376.1로 급격히 높아
질 것으로 보인다통계청, 2012; 표 1-2. 즉, 2050년에는 유년인구에 비해 노인인구
가 3.76배 많아질 것이라는 예측이다.

과거에는 노인에 대한 부양은 가족의 책임이라는 사회적 합의에 의해 자
녀가 노부모부양을 책임지는 것이 일반적이었다. 그러나 현대사회에는 핵가
족화, 출산율의 감소, 여성의 사회참여 증가, 지역사회 공동체의 해체 등과
같은 사회변화와 노인부양에 대한 가치관의 변화가 동반되면서 노인부양과
보호의 문제는 심각한 사회문제로 대두되고 있다. 생산가능인구15-64세와
노인 간의 비율을 의미하는 노년부양비는 1990년 7.4이던 것이 2017년에는
19.2, 2030년에는 38.6, 2050년에는 71.0으로 급격히 높아질 것으로 예측된
다통계청, 2012; 표 1-2. 이러한 노인인구에 대한 생산인구의 부담 증가는 노인인
구 증가가 주된 이유이지만, 저출산으로 인한 생산가능인구의 급격한 감소
에도 원인이 있다. 또한 일반적으로 15-64세의 인구를 생산가능인구로 규
정하고 있지만, 15-24세 인구는 많은 경우 취학상태에 있으며, 현실적으로
퇴직은 50대 중반에 이루어지는 경우가 많으므로 실질적인 생산가능인구
의 노인부양에 대한 부담은 현재 통계적으로 산정하고 있는 수치보다도 더

〈표 1-2〉 노령화지수 및 노년부양비

	1990	2000	2017	2030	2040	2050
노령화지수[1]	20.0	34.3	104.1	193.0	288.6	376.1
노년부양비[2]	7.4	10.1	19.2	38.6	57.2	71.0
노인 1명당 생산가능인구(명)[3]	13.5	9.9	5.2	2.6	1.7	1.4

주: 1) 노령화지수=(65세 인구/0~14세 인구)×100
   2) 노년부양비=(65세 인구/15~64세 인구)×100
   3) 노인 1명당 생산가능인구=15~64세 인구/65세 인구
자료: 통계청, 장래인구 추계결과, 2012.2.

높을 것으로 예상된다.

노인인구의 증가는 노후소득보장을 위한 연금수요 및 공적의료나 노인복지수요 등의 사회보장비를 증가시켜 국가와 지방정부의 재정을 위협하고 있다. 국민연금의 경우 단계적으로 연금수급연령을 늦추고 수급액을 낮추는 등의 제도개선을 하고 있지만, 근본적인 대책이 되기에는 역부족이다.

의료비의 경우 노년층의 신체적·정신적 기능저하, 노인성 질환 발병 등으로 인한 지출이 갈수록 늘어나고 있으며, 실제로 전체 의료비 중 노인의료비가 차지하는 비율은 2002년 19.3%에서 2010년 32.2%로 증가하였다. 이러한 사회보장비 부담증가로 인한 국가의 재정불균형 상태를 해결하기 위한 직접적인 대책인 증세 역시 생산가능인구의 감소와 더불어 국민들의 조세저항에 부딪힐 수 있다.

이러한 공공재정 문제의 심각성을 더욱 가속화시키는 것은 우리나라 노인들의 빈곤문제이다. 우리나라 노인빈곤율[2]은 49.6%로 OECD 국가 중 1위로 OECD 가입국 평균12.6%보다 4배 정도의 높은 수치이다OECD, 2016. 노후보

---

2   65세 이상 노인 가운데 전 국민 중위소득의 50% 미만 소득으로 생계를 꾸려가는 노인의 비율

장제도인 국민연금이 있지만 도입의 역사가 길지 않고 연금납부기간이 짧은 현 노인세대들은 생계유지도 어려운 수준의 적은 연금액을 받는 것이 현실이다. 또한 국민연금의 보완적 노후보장제도인 기초연금 역시 전체 노인을 대상으로 한 것이 아니며 실질적인 수령액수가 적어 안정적인 노후보장으로는 부족함이 있다.

노인빈곤에 관한 또 다른 이슈는 소득의 양극화 문제이다. 우리나라 노인들의 세후 지니계수는 0.409로 OECD 국가 중 세 번째로 높은 것으로 불평등 정도가 매우 높음을 알 수 있다석상훈, 2012. 우리나라 전체 인구의 경우 OECD 평균에 근접한 지니계수를 보이는 것으로 볼 때, 우리 사회에서 다른 연령층에 비해서도 노인인구의 소득격차는 상대적으로도 매우 심각한 수준이다.

한편 우리 사회의 총 가구 가운데 노인단독가구의 비율은 해를 거듭할수록 증가하는 추세에 있다. 노인단독가구에는 노인부부가구와 독거노인가구 및 노인형제가구 등을 포함한 기타 노인단독가구가 포함된다. 그 중에서도 특히 독거노인가구는 2000년에 3.7%, 2010년에 6.1%로 점차 증가하고 있으며, 2030년에는 13.0%, 2050년에는 15.4%가 될 것으로 전망된다. 이와 같은 노인단독가구의 증가는 빈곤, 질병, 소외 및 고독, 무위, 성 등의 문제를 파생할 수 있고, 특히 갑작스러운 질병발생 시 위기개입이 어려운 노인보호상의 문제를 야기할 수 있다이은희, 2013. 이렇듯 질병과 생활고, 고독과 소외, 상대적 박탈감에 시달리는 노년의 삶은 노인들로 하여금 자살이라는 극단적인 선택을 하게 한다. 실제로 우리나라 노인의 자살율은 OECD 국가 중 압도적 1위를 차지하고 있는데통계청, 2014, 이는 우리 사회 전반에 만연해 있는 노인문제가 해소되지 못한 결과라고 볼 수 있다.

지금까지 살펴본 우리나라의 인구고령화 및 노인문제들을 살펴보면, 증가일로인 노인층을 위해 그들의 생계유지에 대한 걱정을 최소화하고, 적절한 노인복지서비스와 의료서비스에 대한 접근성을 높이고, 안전하고 외롭지 않은 삶의 환경을 만들어가는 것이 얼마나 중요하며 시급한 일인지를 알 수 있다. 이는 노인들에게 생산적이고 활기찬, 안전한 노년을 보낼 수 있게 하여 노인 개인적 차원의 삶의 질을 높일 뿐만 아니라, 장기적으로는 사회 전체적 차원에서도 노동력 감소로 인한 국가경쟁력 약화와 재정위기를 해소할 수 있는 실마리를 제공할 수 있을 것이다.

인구고령화와 이에 맞물려 파생되는 다양한 노인문제에 대한 구체적 해결방안은 각 국가와 사회의 여건에 따라 달라질 수는 있다. 그렇지만 노인문제 해결을 위해서는 기본적으로 노인의 건강과 안전에 최우선의 관심을 갖고, 적극적인 노인의 사회참여를 촉진할 수 있는 사회를 만드는 것이 중요하다는 점에 대해서는 대체로 공통된 시각을 보인다. 왜냐하면 정부 차원의 정책만으로는 노인들의 개별적 어려움에 대한 대응에 한계가 있고, 노인들의 자립과 건강, 활기찬 삶을 지속시킬 수 있는 예방적 차원에서의 대응이 점차 더 중요해지기 때문이다.

이에 따라 2007년 WHO에서는 전 세계적 인구고령화와 도시화에 따른 사회경제적 파급효과에 효과적으로 대처하기 위해 활기찬 노화를 목표로 하는 고령친화도시 조성을 위한 가이드라인을 제시하였다. 이는 2002년 스페인 마드리드 노인 강령에서 그 필요성이 언급된 이후 본격적으로 가동된 것이다. 이후 2009년 12월에는 고령화에 따른 국제적 대응을 유도하기 위해, 각국의 도시특성을 반영한 고령친화도시 조성을 독려하는 WHO 국제 고령친화도시 네트워크가 구축되었다.

2. 고령친화도시의 개념

1) 고령친화도시의 개념 및 구성요소

고령친화도시는 WHO가 전 세계적인 인구고령화 및 도시화 현상에 착안하여 고령친화적 지역사회age-friendly community의 개념을 '도시'에 적용시킨 것이다. 고령친화도시의 모태적 개념인 고령친화적 지역사회는 일반적으로 '노인들이 존중받으며 역동적으로 생활하고 이들의 욕구를 효과적으로 충족시킬 수 있는 시설 및 서비스가 지원되는 곳Alley et al., 2007', '노인의 다양한 욕구가 충족될 수 있게 하는 지역적 기반과 서비스를 갖춘 사회정경희 외, 2008' 등으로 설명된다.

고령친화도시는 활기찬 노화와 정든 곳에서 나이 들어감의 개념인 지역사회 계속거주aging in place 등을 주요한 가치로 삼고 도시에서 거주하는 노인

| 지역사회 지원과 보건 | 교통 | 주택 | 사회참여 |
| 외부 공간 · 건물 | 존중 · 사회적 통합 | 시민참여와 고용 | 커뮤니케이션과 정보 |

[그림 1-2] WHO 고령친화도시 가이드라인의 8개 주제 영역

자료: WHO Age-Friendly World

의 삶의 질 향상을 목표로 한다. 궁극적으로는 노인의 건강과 참여, 안전을 최적화하여 노인을 비롯한 모든 연령과 계층이 다함께 살기 좋은 도시환경 조성을 지향한다. 고령친화도시는 노인이 건강할 때는 물론이거니와 신체적 및 인지적 기능이 저하되더라도 자신이 사는 지역사회에서 불편함이 없이 거주할 수 있도록 지원해야 하며, 다양한 욕구와 기능수준을 가진 노인들이 손쉽게 이용할 수 있는 다채로운 서비스들이 마련되어 있어야 한다. 이를 위해서 도시환경에 대한 거시적인 안목을 형성하는 것과 동시에 노인 당사자의 의견수렴과정을 중요시한다.

한편 WHO[2007]는 고령친화도시 조성을 위한 표준적 가이드라인을 개발하였다. 이것은 고령친화도시 구축을 위해 주목해야 할 주요 영역과 점검 항목들에 대한 가이드이며, 이에 기초한 실행계획이 회원가입을 희망하는 도시에게 요구되는 주요한 과업이 된다. 여기서는 WHO 가이드라인에 따른 8개 주요 영역에 대해 간단히 언급하고, 각 영역별 세부항목들에 대한 구체적인 설명은 2장에서 다루도록 한다.

8대 고령친화도시 구성요소 가운데 첫 번째는 노인에게 독립적인 생활유지를 위해 필수적인 요소인 '지역사회 지원과 보건Community support and health service', 두 번째는 노인의 활동성에 영향을 미치는 요소인 '교통Transportation', 세 번째는 노인의 안녕과 안전에 영향을 미치는 요소인 '주택Housing', 네 번째는 노인의 건강과 안녕감에 영향을 미치는 요소로 활기찬 노년을 보내기 위한 핵심적 개념인 '사회참여Social participation', 다섯 번째는 노인의 이동성, 독립성 및 삶의 질과 밀접하게 관련 있는 요소인 '외부공간·건물Outdoor spaces and building', 여섯 번째는 다른 연령대들의 노인에 대한 태도와 행동과 관련 있는 '존중·사회적 통합Respect and social inclusion', 일곱 번째는 노인들은 은퇴 후에도 지속적으로 가족과 사회에 공헌해야 하는데 이에 관한 요소인 '시민참여와 고용Civic participation and employment', 마지막으로 노인들이 사회적으로 통합되기 위해서는 소통과 지속적인 정보가 필요한데, 그것과 관련된 요소인 '커뮤니케이션과 정보Communication and information'이다. 위의 8개 영역은 고령친화도시 구축을 위한 도시계획 전반을 아우르고 있다.

2) 활기찬 노화: 고령친화도시의 이론적 틀

활기찬 노화는 고령친화도시를 구성하는 가장 핵심적인 틀이다. 활동적 노화 내지는 활기찬 노년의 개념은 1960년대를 전후하여 노년학에서 논의되기 시작하였다. 노년학의 대표적인 이론 가운데 하나인 활동이론에 따르면 사람들은 노년기에 접어들어도 중년기처럼 지위에 따르는 역할이나 다양한 활동에 참여함으로써 긍정적인 자아개념을 유지하고 성공적으로 노화에 적응할 수 있다고 본다. 이와 같은 사회참여 활동은 1980년대 이후에 대두된 성공적 노화이론의 핵심적인 요소로 포함되었으며, 2002년에는 WHO가 활기찬 노년을 고령사회 정책의 주요 패러다임으로 재정립하였다.박영란, 2013

WHO의 개념정의에 따르면, 활기찬 노화란 노화과정에서 삶의 질을 높이기 위해 건강·참여·안전의 영역에서 사회구성원들에게 최대한의 기회를 제공하는 것을 의미한다. 이때 '활기찬'의 의미는 단지 신체적인 활동이나 노동시장에 참여할 수 있는 능력만을 지칭하는 것이 아니라, 사회적·경제적·문화적·정신적인 활동과 시민으로서의 활동에 지속적으로 참여함으로써 타인과 가족, 지역사회와 독립적이고 지속적으로 상호작용하는 것을 의미하는 것이다.Walker, 2009

활기찬 노화의 주요한 3대 정책의 축은 앞서도 언급된 건강·참여·안전이다. 이 세 영역에 대해 설명을 덧붙이자면, 우선 '건강'영역에서는 개인의 건강을 위협하는 위험요인을 최소화하고 건강을 증진시키는 요인을 최대화함으로써 수명연장과 삶의 질 향상을 도모한다. 이는 궁극적으로 노인 개인의 기능감퇴를 예방하고 독립적인 생활을 오랫동안 지속시킬 수 있게한다. 다음으로 '참여'의 영역에서는 경제활동 기회와 다양한 평생교육 및 프로그램 제공 등을 통해 노인들의 능력과 욕구, 기호에 맞는 사회경제적·문화적·영적 활동을 가능하게 함으로써 노년기에도 보수와 무보수의 생산적 활동을 지속할 수 있도록 지원한다. 마지막으로 '안전'영역은 노년기에 사회적·재정적·신체적으로 안전한 생활을 영위할 수 있는 다양한 정책과 프로그램을 제공함으로써 개인의 존엄성과 보호받을 권리의 보장을 목표로 한다.WHO, 2002

한편 활기찬 노화에 대해서는 OECD[1998]이나 EU와 같은 국제기구에서도 개념적 정의를 제시한 바 있다. OECD에서는 '노화과정에서도 사회와 경제체제 속에서 생산적인 삶을 이끌 수 있도록 하는 역량'으로 정의하며, 퇴직시기에서의 유연한 선택과 경제활동을 하는 노인들의 생산적 기여에 주목하고 있다. EU에서는 활기찬 노화를 '더 오랫동안 일하고 더 늦게 은퇴하며, 은퇴 후에 건강한 생활양식의 실천과 함께 자원봉사나 돌봄 제공과 같은 사회적으로 생산적인 활동들에 관여함으로써 성취되는 장기적인 경제활동'으로 간주한다Avramov & Maskova, 2003 김교성, 김수연, 2014에서 재인용. OECD나 EU에서 바라보는 활기찬 노화는 다분히 노인의 노동시장에서의 경제적 활동, 고용가능성에 큰 비중을 두고 논의되고 있으며, 그 기저에는 '생산적 노화 productive aging'가 강조됨을 알 수 있다.

이에 비해 WHO의 활기찬 노화의 개념은 노인들의 노동시장 참여에 국한되기보다는 노인들의 권리와 독립, 참여, 보호, 존엄성, 자아실현이라는 UN의 5가지 원칙을 토대로 노인의 권리보장과 삶의 질 향상이라는 보다 폭넓은 관점을 취하고 있다김교성, 김수연, 2014. 이는 궁극적으로 노인을 비롯한 모든 연령, 장애인, 다양한 사회경제적 계층의 시민들의 삶의 질 향상에 기여할 수 있다.

이러한 활기찬 노화에 기초한 고령친화도시는 몇 가지 특징을 지닌다서울시복지재단, 2011. 첫째, 인구고령화를 문제가 아닌 기회로 보는 시각이 반영되었다는 점이다. 노인들을 타인에게 의존하는 존재이자 부양의 대상으로 여기던 기존의 정책 패러다임에서 벗어나 강점관점에서 노인이 가진 자원과 능력에 주목하여 노인의 존재와 역할에 대해 새롭게 인식하고자 하였다. 따라서 고령친화도시에서는 사회에 기여할 수 있는 노인들을 위해 노동시장은 물론 사회 모든 분야에서 노인들이 참여할 수 있는 최적의 환경을 조성하고자 한다.

둘째, 노인보호에 있어서 기존의 시설보호 중심에서 지역사회 중심으로의 전환에 토대를 두고 있다는 점이다. 노화로 인한 기능장애가 있더라도 시설에 입소하거나 다른 지역으로 이동하지 않고 지금까지 지내오던 익숙한 곳에서 지역사회서비스를 제공받으면서 생활하는 지역사회 계속거주를 실현하고자 한다. 이는 기능수준이 다양한 노인들이 지금까지 살아온 지역사회에서 불편함 없이 거주할 수 있도록 도시환경을 변화시키고자 하는 것이다.

셋째, 기존의 '욕구기반 접근needs-based approach'에서 '권리기반 접근rights-based approach'으로의 패러다임 전환에 기초하고 있다는 점이다. 즉, 젊은 세대와 마찬가지로 노인에 대해서도 건강증진이나 사회참여, 안전한 삶을 위한 기회를 보장함으로써, 연령에 관계없이 누구나 안전하고 편하고 활동적인 삶을 누릴 수 있는 도시 조성을 목표로 한다.

이러한 특징에 기초한 활기찬 노화의 구축은 개인, 가족, 그리고 국가를 포괄하는 다양한 요인에 의해 결정된다. WHO는 활기찬 노화의 결정요인으로 물리적 환경, 사회적 환경, 경제적 결정요인, 개인적 결정요인, 건강 및 사회서비스, 행동적 결정요인의 6개 차원과, 이것에 영향을 미치는 요인으로 문화culture와 젠더gender를 제시하고 있다. 문화는 활기찬 노화를 구성하는 다른 결정요소들에 영향을 주며, 문화적 가치와 전통은 노인과 노화에 대한 관점에 영향을 미치게 된다. 또한 젠더는 다양한 정책적 선택이 남성과 여성의 삶의 질에 각기 어떠한 영향을 미칠지 고려하게 한다정경희, 2010. 다음의 〈표 1-3〉는 WHO가 제시한 활기찬 노화의 결정요인과 세부 구성요소이다.

〈표 1-3〉 활기찬 노화의 결정요인과 세부 구성요소

결정요인	구성요소
물리적 환경	1. 안전하고 편리한 생활공간(공원녹지, 주거, 교통 등) 확대
	2. 쾌적한 도시환경 조성
사회적 환경	1. 긍정적 사회적 관계형성 지원
	2. 폭력 및 학대 예방
	3. 평생교육을 통한 역량 강화
경제적 결정요인	1. 소득보전
	2. 지역사회 보호 확대
	3. 경제활성화를 위한 고령인력 활용 강화
개인적 결정요인	1. 개인의 생물학적·유전적 특성 고려
	2. 개인의 사회적응력 강화
건강 및 사회서비스	1. 건강증진 및 질병예방
	2. 건강관리 진료체계 강화
	3. 지속적인 공식·비공식 돌봄서비스 활성화
행동적 결정요인	1. 금연 독려
	2. 연령별, 신체기능별 적정한 운동 장려
	3. 건강한 식습관 형성 지원
	4. 치아건강 유지
	5. 음주로 인한 안전사고 예방
	6. 올바른 약물사용

자료: 서울시복지재단, 고령친화도시 가이드라인 개발연구, 2011.

3. 고령친화도시 구축의 활성화를 위한 국제적 네트워크

1) WHO 고령친화도시 네트워크 가입 현황

전 세계적으로 증가하고 있는 노인인구의 다양한 욕구를 충족시킬 수 있는 고령친화적인 환경구축을 활성화하기 위해 2010년 WHO 고령친화도시 네트워크The WHO Global Network of Age-Friendly Cities and Communities가 시행되었다. 고령친화도시 네트워크는 WHO와 참여도시들 간의 연계를 통해 고령친화도시 구축에 대한 가이드라인을 전파하고 정보 및 실천전략을 공유함으로써, 노인의 삶의 질 향상을 위한 적절한 개입의 강화와 기술지원 및 훈련기회의 제공을 목적으로 한다Warth, 2016. 이러한 고령친화도시 네트워크가 갖는 역할과 비전에 동참하기 위해 2016년 11월 현재까지 전 세계적으로 35개국 314개 도시가 WHO 고령친화도시 네트워크에 가입하였다.그림 1-3

2016년 6월 현재 각 국가별 도시들의 구체적 가입 현황은 다음과 같다표 1-4. 뉴욕이 첫 회원도시로 가입한 이래로 각국의 가입도시 수는 스페인이

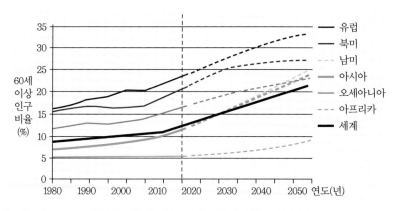

[그림 1-3] WHO 고령친화도시 네트워크 가입 회원국가 및 도시 현황

〈표 1-4〉 WHO 고령친화도시 네트워크 국가별 가입도시 리스트

국 가	도 시	국 가	도 시
안도라 (1)	Andorra la Vella		Welland, ON
아르헨티나 (1)	La Plata		Whitby, ON
호주 (13)	Banyule		Windsor, ON
	Boroondara	칠레 (1)	Victoria
	Canberra	중국 (4)	Kwai Tsing(Hong Kong)
	Cockburn		Qiqihaer
	Clarence City		Sai Kung(Hong Kong)
	Great Lakes		Tsuen Wan(Hong Kong)
	Lane Cove	핀란드 (1)	Tampere
	Liverpool	프랑스 (27)	Le Cres
	Maroondah		Angers
	Melville		Bar-le-Duc
	Rockingham		Besançon
	Unley		Bey
	Warrnambool		Bordeaux
벨기에 (2)	Brussels		Carquefou
	Mons		Coulounieix-Chamiers
캐나다 (21)	Edmonton, AB		Dijon
	Gelph, ON		Halliun
	Hamilton, ON		Le Havre
	Hearst, ON		Limonest
	Kingston, ON		Lyon
	London, ON		Metz
	Moncton, NB		Nice
	Noëlville, ON		Nogent sur Marne
	Ottawa, ON		Quatzenheim
	Port Colborne, ON		Quimper
	Portage La Prairie, MB		Rennes
	Saanich, BC		Royan
	Sault Ste. Marie, ON		Sceaux
	St. Catharines, ON		Sélestat
	Summerside, PE		St. Denis (Réunion)
	Thunder Bay, ON		Strasbourg
	Verner, ON		Toulon
	Waterloo, ON		Toulouse

국 가	도 시	국 가	도 시
인도 (2)	Villeneuve-sur-Lot		Odivelas
	Kolkata		Oliveira de Azemeis
	South Delhi Municipal Corporation		Ponte de Sôr
			Porto
아일랜드 (8)	Cavan		Póvoa de Lanhoso
	Fingal		Setubal
	Kildare		Torres Vedras
	Kilkenny		Vila do Conde
	Louth		Vila Nova de FozCôa
	Meath	한국 (2)	Jeongeup-si
	Monaghan		Seoul
	South Dublin	러시아 (22)	Agidel
이란 (1)	Tehran		Baymak
			Belebey
이스라엘 (1)	Haifa		Beloretsk
이탈리아 (1)	Udine		Birsk
일본 (1)	Akita		Blagoveschensk
멕시코 (2)	Guadalajara		Chichmy
	San Agustín Tlaxiaca		Davlekanovo
네덜란드(1)	The Hague		Dyurtyuli
노르웨이 (2)	Oslo		Ishimbay
	Trondheim		Kumertau
포르투갈 (22)	Alfandega da Fé		Meleuz
	Alpiarça		Neftekamsk
	Alter do Chão		Oktyabrskiy
	Campo Maior		Salavat
	Castro Marim		Sibay
	Esposende		Sterlitamak
	Fátima		Tuymazy
	Funchal		Uchaly
	Gondomar (S.Cosme)		Ufa
	Grândola		Volgograd
	Horta (Açores)		Yanaul
	Maia	슬로베니아 (10)	Celje
	Mocão Frio		IvančnaGorica

국 가	도 시	국 가	도 시
스페인 (53)	Kobarid		Los Santos de Maimona
	Kostel		Madrid
	Ljubljana		Manresa
	Maribor		Mata de Alcántara
	ObčinaŠentrupert		Mérida
	RavnenaKoroškem		Oliva de la Frontera
	Ruše		Ordizia
	Velenje		Orio
	Almendralejo		Ourense
	Armiñon		Palma de Mallorca
	Arriate,Málaga		Puerto Lumbreras
	Badajoz		Pinos Puente
	Barcelona		Ribera Alta
	Berantevilla		Santander
	Berga		Tarragona
	Bilbao		Terrassa
	Castellar del Vallès		Torrent
	Castellón de la Plana		Tres Cantos
	Castrelo de Miño		Utrera, Sevilla
	Cuadrilla de Añana		Valdegovia
	Donostia–San Sebastiàn		Vic
	Durango		Villanueva de la Serena
	Ezcaray		Vitoria–Gasteiz
	Gava		Zambrana
	Granollers		Zaragoza
	Guadalajara		Zumarraga
	Hondarribia	스리랑카 (1)	Wellaway Division (Mo–neregala District)
	Igualada		
	Iruña de Oca	스위스 (3)	Bern
	Kuartango		Geneva
	La Palma del Contado		Lausanne
	La Puebla de Cazalla	터키 (1)	Muratpasa (Antalya)
	Lantaron	영국 (9)	Belfast, Northern Ireland
	Las Rozas de Madrid		Brighton & Hove
	Llíria		Glasgow

국가	도시	국가	도시
	Leeds City Council		Fairfax, CA
	Liverpool		Fayetteville,AR
	Manchester		Great Neck Plaza,NY
	Newcastle upon Tyne		Highland Park,MI
	Nottingham		Honolulu, HI
	Stoke-on-Trent		Lexington, KY
미국 (45)	Atlanta,GA		Macon-Bibb County, GA
	Auburn Hills, MI		New York City, NY
	Augusta,GA		Philadelphia, PA
	Austin, TX		Portland, ME
	Boston, MA		Portland, OR
	Bowdoinham, ME		Princeton, New Jersey
	Bowling Green, KY		Roseville, CA
	Brookhaven, NY		Saint Louis County, MO
	Brookline, MA		San Antonio,TX
	BrownsVille,TX		San Fransico,CA
	Carlsbad, NM		Sausalito,CA
	Chemung County, NY		Suffolk county,NY
	Chicago, IL		Town of Elmira,NY
	City of Elmira, NY		Town of Los Altos Hills, CA
	City of Los Altos, CA		
	City of Newport		Washington, DC
	Cleveland, OH		Westchester Borough,PA
	Denver, CO		West Chester County,NY
	Des Moines, IA		Wichita, KS
	Evanston, IL		Yarmouth,MA

자료: http://agefriendlyworld.org/en/wp-content/uploads/2013/08/GNAFCC-Network-List-March
-2015.pdf, WHO.

53개로 선두를 달리고, 미국 45개, 프랑스 27개, 포르투갈 22개, 러시아 22
개, 캐나다 21개, 호주 13개, 슬로베니아 10개, 영국 9개, 아일랜드 8개, 중국
4개, 스위스 3개, 한국 2개, 인도 2개, 노르웨이 2개, 벨기에 2개, 멕시코 2
개, 일본 1개, 이탈리아 1개, 네덜란드 1개, 핀란드 1개, 이스라엘 1개, 이란 1

개, 터키 1개, 칠레 1개, 아르헨티나 1개, 안도라 1개, 스리랑카 1개이다.

위의 국가별 데이터는 2016년 6월 기준으로 작성된 것이며, 우리나라는 서울시와 정읍시가 가입해 있었다.

여기서 주목할 점은 이 책에서 다루는 스페인 및 포르투갈의 경우 고령친화도시 네트워크에 가입된 도시가 무려 53개 및 22개로 압도적인 숫자를 나타내고 있다는 것이다. 이처럼 스페인과 포르투갈이 고령친화도시 네트워크 가입에 적극적인 이유는 현재의 인구고령화 문제의 심각성에 대해 지방자치단체들이 적극적으로 대응하였기 때문이다. 물론 또 다른 배경에는 WHO가 스페인을 고령친화도시 네트워크 가입을 권장하기 위한 타깃 국가로 삼았고, 같은 이베리아 반도에 위치한 포르투갈은 스페인의 영향을 받았던 점도 있다.

2) 고령친화도시 네트워크 가입의 긍정적 기대효과

스페인을 필두로 WHO 고령친화도시 네트워크에 가입하는 도시가 해를 거듭할수록 늘어나는 이유는 네트워크 가입으로 인해 인구고령화에 직면한 각 도시가 다음과 같은 긍정적인 효과를 기대해 볼 수 있기 때문이다.김경혜 외, 2010

첫째, 고령친화도시 가입도시들의 경험사례, 비교분석, 사용된 평가지표 및 분석틀 등과 관련된 다양한 기술적 지원 및 교류가 가능하다는 점이다. 이를 통해 고령친화도시 조성에 필요한 개발계획, 정책적 접근방안 등에 대해 벤치마킹이 가능해진다. 또한 참여도시 간의 계획의 적정성, 비용효과성 등과 관련된 평가를 통해 향후 추진계획에 참고하기 위한 정보를 도출할 수 있다.

둘째, 가입도시들과의 교류가 가능해짐에 따라 하위 네트워크의 형성도

가능해진다. 현재 WHO 고령친화도시 네트워크에 가입한 도시들은 주로 서유럽 및 북미 국가들의 비중이 압도적으로 높다. 그러나 고령친화도시가 추구하는 방향은 전 세계적으로 보편적인 특성을 지니지만, 동시에 문화권에 따른 개별성을 반영해야 한다. 따라서 하위 문화권역별로 고령친화도시 네트워크를 형성하여 상호 교류하는 것이 필요하다.

마지막으로 WHO 국제고령친화도시 네트워크에 가입함으로써 국제공인 기구의 인정과 지원을 받을 수 있다는 것이다.

PART 2

고령친화도시의
조건

1. WHO의 고령친화도시의 조건

인구의 고령화가 급격하게 진행됨에 따라 고령화문제는 개인적 차원뿐만 아니라 사회적 차원에서도 중요한 의제로 등장하고 있다. 다시 말해서 고령화문제는 개인적 차원에서는 노후준비의 중요성에 관심을 가지게 하며, 사회적 차원에서는 고령자에게 필요한 고령친화적인 물리적·사회적 제반 인프라에 대한 수요를 야기한다. 이에 사회적 차원에서 고령친화적인 지역사회 구축을 위한 방안들이 강구되어 왔다. 미국의 클리블랜드의 '성공적 노화추진단체Successful Aging Initiative', 캐나다의 캘거리의 '고령친화적 지역사회 프로젝트EFCL: the Elder Friendly Communities Project', 호주의 애들레이드Adelaide 등이 대표적인 사례이다정경희, 2010. 이와 같은 개별 국가의 지역사회 수준에서 진행되어 오던 고령친화사회 기반구축을 위한 노력은 2007년 WHO가 『Age-Friendly Cities: A Guide』라는 지침서를 발간함에 따라 국제사회로부터 주목을 받게 된다. WHO가 고령친화도시 지침서를 내놓게 된 배경은 세계적으로 가속화되는 고령화문제와 도시화문제를 하나의 의제로 묶어서 해결책을 마련하고자 하는 것이다. 도시라는 곳은 한때 지역사회의 발전을 주도하는 성장엔진의 기능을 하며, 슈펭글러Spengler가 언명한 '희망과 자유 그리고 평등'을 보장하는 곳으로 간주되었다. 하지만 현대사회에서는 빈곤, 범죄, 환경오염의 근원지로 부각되고 있다. 여기에 도시화에 의한 인구집중과 성장의 한계에 이른 도시들은 급격한 인구구조의 변화에 따른 고령화문제까지 부담하게 되면서 고령친화적 도시기반 구축의 수요가 폭증하고 있는 것이다.

WHO의 고령친화도시 구축을 위한 지침서 발간계획은 2005년 브라질 리우데자네이루Rio de Janeiro에서 개최된 제18회 국제노년학대회에서 이루어졌으며, 그 이후 WHO의 주도하에 33개국 정부와 NGO단체들, 그리고 관련 학회의 참여를 통해 개발되었다. WHO의 고령친화도시 지침서는 60세이상 고령자를 지역사회 및 경제의 주요 자원으로 간주하고, 활기찬 노년을 전 생애에 걸친 과정으로 보는 관점에 기초하고 있다(정순둘, 어윤경, 2012). WHO는 세계의 모든 도시들이 고령친화도시로 나아갈 수 있는 지침을 마련하기 위해 33개 도시에서 약 7개월에 걸쳐 표적집단면접Focus Group Interview을 통해 고령친화도시 지침을 8개 영역으로 구분하고, 다시 66개 소분류 및 169개 지표를 고안하여 제시하였다.

WHO의 고령친화도시 지침서에서 제시하고 있는 고령친화도시 구축을 위한 8개 영역은 고령친화적 외부공간·건물, 교통, 주택, 사회참여, 존중·사회적 통합, 시민참여와 고용, 커뮤니케이션과 정보, 지역사회 지원과 보건이다. 8개 영역별 구체적인 내용은 〈표 2-1〉과 같다.

〈표 2-1〉 WHO의 고령친화도시 지침서 8개 영역내용

WHO 고령친화도시 8개 범주	내 용
고령친화적 외부공간과 건물	쾌적하고 깨끗한 환경, 녹지의 중요성, 휴식공간의 확보, 고령친화적 도로, 보행자가 안전한 교차로, 안전한 환경, 인도와 자전거 도로의 확보, 고령친화적 건물, 적절한 공공화장실의 확보, 고령자에 대한 배려 등이 언급됨.
고령친화적 교통	이용가능성, 가격의 적절성, 신뢰성과 운영빈도, 목적지로의 이동가능성, 고령친화적인 수송수단, 노인을 위한 특별한 서비스, 노인우대석 마련, 대중교통수단의 정중한 운전자, 안전성과 평안함, 지역사회 이동정보 제공, 고령운전자 우대 및 주차시설 등이 언급됨.
고령친화적 주택	가격의 적절성, 고령친화적 디자인, 주택서비스의 접근성, 지역사회 및 가족과의 연계, 주거선택권, 고령친화적 주거환경 등이 언급됨.

고령친화적 사회참여	폭넓은 참여기회의 확대, 참여촉진과 고립에 대한 관심세대·문화·지역사회의 통합 등이 언급됨.
고령친화적 존중·사회적 통합	노인에 대한 정중한 행동, 연령차별주의와 무시 해소, 세대 간 교류와 고령친화적 공교육 확대, 고령자에 대한 지역사회의 도움, 가족 내 고령자의 위상제고와 경제적 참여배제 축소 등이 언급됨.
고령친화적 시민참여와 고용	자원봉사기회 확대, 더 나은 고용기회, 고령노동자와 자원봉사에 대한 유연한 적응, 시민참여 촉진·사회기회, 노인의 기여에 대한 인정 등이 언급됨.
고령친화적 커뮤니케이션과 정보	정보의 폭넓은 전파, 적절한 시점에서의 적절한 정보제공 등이 언급됨.
고령친화적 지역사회 지원과 보건	접근가능한 보호서비스, 폭넓은 건강서비스, 재가서비스, 집에서 거주하기 힘든 사람을 위한 주거서비스, 지역서비스의 네트워크, 자원봉사의 필요성 등이 언급됨.

자료 : WHO, Global Age-Friendly Cities : A Guide, 2007.

2. 도시들의 고령친화도시 조건 마련을 위한 노력

고령친화도시 네트워크는 기본적으로 활기찬 노화와 노인이 현재 살고 있는 곳에서 계속 살아가기Aging in place 등을 주요한 가치로 삼고 있다. 따라서 도시 내 노인의 삶의 질 향상을 주요 목적으로 하고 있으며, 궁극적으로는 노인을 비롯한 전 세대가 함께 살기 좋은 도시환경을 지향하는 것이다정은하, 2016. 최근 WHO 고령친화도시 네트워크Global Network of Age-Friendly Cities and Communities, GNAFCC 가입은 우리나라에서도 노인 관련 정책분야에서 화두가 되고 있다. 하지만 WHO 네트워크 가입의 결과는 일률적인 기준으로 평가되거나 어떤 가시적인 성과가 반드시 도출되어야 하는 것이 아님을 분명히 이해할 필요가 있다. 이런 점은 이미 네트워크에 가입한 외국도시들의 가입 이후의 경험에서 잘 나타나고 있다. 또한 WHO도 네트워크 가입이 지향하는 바를 유사한 맥락에서 설명하고 있다. 즉, 네트워크 가입은 해당도시나 지역공동체들이 고령친화적이라는 것을 인정받는 것이 아니라, 그들이 당면한 고령화와 관련된 문제들을 해결하기 위해 노력하고 있다는 점을 인정받는 것http://extranet.who.int/agefriendlyworld이라고 언급했다.

WHO는 고령친화도시 네트워크 프로젝트를 시행한 이후에 많은 국가 또는 지역들이 WHO 네트워크 회원도시들을 확대하기 위한 차원에서 권역별로 네트워크 프로그램을 추진할 것을 권장하고 있다. 이를 위해 WHO 네트워크에서는 가입도시들 간의 정보교환, 상호 학습과 지원을 위해 온라인 플랫폼을 제공하였고, 현재 플랫폼에서는 각국 도시 간의 고령친화도시 구축을 위한 협력 프로그램을 소개하고 있다표 2-2. 최근 WHO에서는 아시아권의 여러 도시가 WHO 네트워크에 관심을 보이자, 우리나라 서울이 아시아권 네트워크 프로그램 구축의 중심도시가 되어줄 것을 요청한 바 있다.

한편 캐나다 퀘벡주는 WHO 네트워크 프로젝트가 시작되기 전부터 이미 주 차원에서 여러 지자체들이 네트워크를 구축하였다. 이 절에서는 몇몇 네트워크 프로그램 사례와 함께 일부 특정 도시의 WHO 네트워크 가입 사례를 소개한다.

1) WHO 고령친화도시 네트워크의 협력 프로그램

우선 〈표 2-2〉에서 '미국은퇴자협회AARP: American Association of Retired Persons 고령친화지역 네트워크'를 살펴본다. 미국은퇴자협회는 38,800명의 은퇴자들이 회원으로 가입해 있는 비영리조직이다. 미국의 경우도 인구구조가 고령화되면서 고령자들이 건강하고 더 오랫동안 활력 있게 살아가기 위해 그들의 삶터인 지역사회의 중요성이 강조되었다. 미국은퇴자협회는 이러한 정책적인 추이를 반영하여 '미국은퇴자협회 고령친화지역 네트워크'를 설립하였

협력 프로그램	국가 및 대륙지역
AARP Network of Age-friendly Communities (미국은퇴자협회 고령친화지역 네트워크)	미국
Age-friendly Ireland (고령친화 아일랜드)	아일랜드
AGE Platform Europe (에이지 플랫폼)	유럽
International Federation on Aging (국제노령연맹)	국제협력
Municipalite Amie des Aines(MADA) (퀘백 고령친화도시)	캐나다 퀘벡
Pan-Canadian Age-friendly Communities Initiative (팬-캐나다 고령친화공동체 이니셔티브)	캐나다
Regional Programme Bashkortosrtan (바쉬콜토스탄 지역프로그램)	러시아
Reseau Francophonedes villes amies des aines (고령친화도시 프랑스어권 네트워크)	국제협력
Slovene Network for Age-friendly Cities (솔베니아 고령친화도시 네트워크)	솔베니아
Spanish National Programme on Age-friendly Cities (스페인 고령친화도시 국가 프로그램)	스페인
UK Network of Age-Friendly Cities (영국 고령친화도시 네트워크)	영국

자료: WHO 고령친화도시 국제네트워크 홈페이지(https://extranet.who.int/agefriendlyworld/affiliat-ed-programmes).

다. '미국은퇴자협회 고령친화지역 네트워크'는 WHO 고령친화도시 네트워크의 협력 파트너가 되었고, 2012년에 6개 도시가 회원으로 가입하였으며, 2016년 현재 65개 도시가 가입해 있다. '미국은퇴자협회 고령친화지역 네트워크'는 안전하고 걷기 편한 거리, 보다 나은 주거와 교통시설, 거주자들의 공동체활동 참여기회 제공 등 지역사회를 모든 연령대를 위한 공간으로 만드는 데 중요한 역할을 하고 있다. 또한 미국은퇴자협회 네트워크 회원도시가 되면 WHO의 고령친화도시 네트워크에 자동적으로 가입이 되며 국내외 다른 도시들과 연계를 하게 된다.http://www.aarp.org

캐나다 퀘벡주에서 진행되고 있는 고령친화도시 모델은 퀘벡지역 노령인 구의 급격한 증가에 대한 대응책으로 시작되었다. 캐나다의 경우 2006년부터 베이비붐 세대[1]가 노년기에 진입하였으며, 낮은 출산율과 의학발전, 각종 돌봄서비스가 확대됨에 따라 기대수명이 높아지면서 고령화 속도가 더 빨라지게 되었다. 따라서 2006년 퀘벡주에서는 고령친화도시 모델 연구팀이 발족되었고, 2008년까지 7가지 시범사업이 수행되었으며, 2015년 기준으로 퀘벡주 내 1,133개 지방정부 중 750개 이상이 고령친화도시 모델 프로그램을 시행하게 되었다. 인구분포를 기준으로 보면 퀘백주 전체 인구 중 86%가 프로그램이 추진되는 지방자치단체에 거주하고 있다. 현재 퀘벡주의 프로그램은 WHO의 8개 영역에 기초하고 있으며, 고령자의 삶의 질을 제고하기 위해 사회환경을 조성하는 활동들과 연계되어 있다. 한편 지역마다 조건이 다르기 때문에 8개 영역에서 동일하게 접근하지는 않는다. 특히 퀘벡주의 프로그램은 지역사회 개발계획으로 접근하고 있다. 그러므로 시행단계마다 고령자들의 참여를 강조하면서, 고령자들이 제기하는 욕구와 제공되는 서비스 기준 간의 연관성을 확인하는 것을 중요하게 여긴다. 이처럼 고령자들이 참여하게 되면 그들의 욕구를 보다 정교하게 다룰 수 있다. 이러한 접근방식은 서비스 제공자 중심이 아닌 수요자 중심을 지향하는 것이다.www.mfa.gouv.qc.ca

한편 일본의 경우는 2016년 기준으로 아키타秋田시 1개 도시만 WHO 네

---

1   캐나다의 베이비붐 세대는 제2차 세계대전 종전 직후인 1946년부터 1965년 사이에 출생한 인구집단이다.

트워크에 가입해 있어서 고령화 수준이나 진행속도에 비한다면 유럽 국가들에 비해 아직 국제적 네트워크 가입에 대한 관심은 크지 않은 편이다. 하지만 고령화율이 높은 도쿄도東京都가 그동안 진행해 온 정책은 소위 '일본형 초고령사회 대응책'으로서 일본 전역에서 많은 관심을 받고 있다. WHO 네트워크 협력도시는 아니지만 우수사례로 도쿄도를 소개한다. 도쿄도는 지역사회 복지체계 정비, 고령자 거주안정 확보계획, 고령자 시설설치 및 운영기준 마련 등 다양한 측면에서 고령친화도시의 기반을 준비하여 왔다. 특히 고령친화적 물리적 환경조성을 위해 '저출산·고령화 시대'에 부합하는 새로운 거주실현 프로젝트 팀을 구성하고, 도쿄도의 도지사 본부, 재무국, 도시정비국, 보건복지국, 교육청이 참여하여 2009년에 '도시형 노인복지주택' 등 3가지 도쿄도 모델을 제시하였다. 또한 도쿄도 복지마을만들기 조례를 제정하였고, 이를 실현하기 위한 'Heartful' 도쿄도 추진계획을 수립하였으며, 유니버설디자인을 반영한 '새로운 도쿄도 복지마을 만들기 조례'를 시행하였다. 이와 같이 도쿄도는 일본의 다른 도시들보다 선제적으로 고령친화도시를 지향하기 위해 고령친화적인 물리적 생활환경을 조성하고 기초자치단체 차원에서 고령자들의 문제에 대응할 수 있도록 여러 가지 조례도 제정하였다.

2) 각국의 주요 도시 사례

미국 뉴욕시는 2009년에 도시의 고령친화성을 제고하기 위한 정책과제로 4개 영역과 15개 소영역을 제시하였다. 이는 WHO의 가이드라인을 토대로 하였지만, 고령자들의 욕구파악과 다양한 의견수렴 과정을 거쳐 뉴욕시에 적합한 고령친화적 조건을 제안한 것이다. 4개 영역은 지역사회 및 시민참여, 고령친화적 주택, 고령친화적 공공공간 및 교동, 건강과 사회서비스

부문이다정경희,2010. 먼저 지역사회 및 시민참여부문에서는 노인의 사회참여와 고용기회를 제고하는 것을 목표로 하며, 고용 및 경제적 안정, 자원봉사, 문화와 여가, 정보와 계획의 4개 소영역으로 다시 구분하였다. 두 번째로 주택부문에서는 안전하고 적절한 주택의 접근성과 가격의 적절성을 제고하는 것을 목표로 하여 적절한 가격의 주택개발, 자가 소유주 및 임대거주자 지원, 지역사회에서 그대로 살기Aging in Place의 3개 소영역으로 다시 분류하였다. 세 번째는 공공공간 및 교통부문으로, 고령친화적 공공공간과 그곳에서 발생할 수 있는 안전문제를 해결하기 위해 안전한 수단을 제공하는 것을 목표로 하여 접근이 용이하고 가격이 적절한 교통, 안전하고 고령친화적인 공공공간, 미래를 위한 계획이라는 3개 소영역으로 분류하였다. 네 번째는 건강 및 사회서비스부문으로, 독립적인 생활을 지원하는 건강 및 사회서비스에의 접근성을 보장하는 것을 목표로 하였고, 안녕 및 건강관리계획, 위험에 처한 노인지원, 영양식에의 접근성, 간병 및 장기요양보호, 완화케어와 죽음교육이라는 5개 소영역으로 다시 구분하였다. 결과적으로 뉴욕시 고령친화도시 구축의 목표는 시민들이 나이가 들어도 독립적이고 활력 있게 살아갈 수 있도록 역량을 강화하고 이를 위해 고령친화적인 사회적 조건을 마련해 준다는 것이다.

미국의 애틀랜타시는 고령화 추세에 대응하여 새로운 도시의 상像을 모색하기 위해 '평생지역사회 모델Lifelong Community Model'을 제시하였다. 이 모델은 이미 도시의 인구구조가 고령화되어가는 가운데 시민의 욕구에 적합하지 않은 도시환경과 여건을 종합적으로 재설계한다는 전략을 담고 있다. 시민들의 평균수명이 짧고 노인인구가 적을 때 계획된 도시설계는 젊고 건강한 시민을 대상으로 하였다. 하지만 이제 종전방식의 도시계획은 인구고령화가 급속히 진행되고 노인비중이 높은 지역에서는 주민의 욕구에 유연하게 대응하기 어렵게 되었다. 따라서 애틀랜타시의 '평생지역사회 모델'이 지향하는 고령친화도시의 조건을 고령친화적 주거와 교통 등과 같은 물리적 생활환경, 건강, 접근성이라는 세 가지 영역으로 구분하였다. 그리고 고령친화도시의 조건을 갖추기 위해 다음과 같은 전략을 추진하였다.

우선 주거와 교통부문에서는 시민들의 요구와 선호 변화를 반영하여 대안적 주거 모델을 개발하고, 대중교통수단 및 체계의 개선에 초점을 두었다. 또한 시민들의 건강한 라이프스타일을 지원하기 위해 건강교육 프로그램과 신체적 활동의 기회를 제공하였고, 병원과 재활기관 간 서비스 네트워킹을 추진하였다. 마지막으로 서비스와 정보에의 접근성을 높이기 위해 지역사회 예비은퇴자들을 대상으로 재취업과 자원봉사에 대한 정보와 교육을 제공하였다(김선자, 2010). 애틀랜타시 '평생지역사회 모델'에서 눈여겨 볼 수 있는 것은 다음과 같다. 한 가지는 고령친화적 물리적 환경부문의 디자인부문에도 원칙을 마련하였다는 것이다.[2] 또한 고령친화도시의 조건을 마련하기 위해 애틀랜타 지역위원회와 지역주민 전문가 그룹이 적극 참여하였으며, 애틀랜타 시내 5개 지역에서 시범사업을 실시하여 각 지역의 상황에 맞는, 즉 지역의 역사와 주민의 특성을 반영함으로써 실천가능성을 더 높였다.

일본 후쿠시마현의 아키타시는 2011년에 시작한 '아키타 발전계획'에 일본 사회가 직면하고 있는 초고령사회에의 대응방안으로 '고령친화도시 구

---

2   첫째, 다양한 이동수단을 통해 편리하게 원하는 곳에 갈 수 있는 물리적 공간의 연결성 보장. 둘째, 걷기 좋고 안전한 거리환경과 다양한 이동수단 제공을 통한 보행자 접근성과 이동성 보장. 셋째, 필요한 시설과 서비스들이 집에서 걸어서 갈 수 있는 거리에 위치(접근성). 넷째, 녹지공간, 지역사회센터, 공원 등 사회적 관계를 활성화하는 공간 제공. 다섯째, 개인의 요구와 선호가 변화해도 지역 내에서 머물 수 있도록 하는 다양한 형태의 주거옵션 제공. 여섯째, 신체적인 활동을 촉진하는 공간제공과 적절한 건강서비스 제공. 일곱째, 현재 거주민을 고려한 단계적 계획과 추진.

현Age-Friendly City Realization'을 포함시켜 추진해왔다. 또한 아키타시는 2013년 '고령친화도시 네트워크'에 가입하면서 '고령친화도시 아키타 실행계획'을 마련하였다. 여기에는 고령친화도시에 대한 기본적 정책방향을 담고 있고, 시와 시민들 간에 상호 협력해서 수행해야 하는 행동방안들을 구체화하고 있으며, 시민들 스스로 적극적으로 계획을 마련하고 실천할 것을 강조하고 있다. '고령친화도시 아키타 실행계획'에는 특별히 지방정부가 지향하는 실행계획과 시민들이 지향하는 실행계획이 각각 별도로 구성되어 있음을 볼 수 있다. 즉, 지방정부와 시민들이 도시의 '고령친화도시 이미지'를 공유하고 각자가 지향하는 접근방식을 구체화하면서 상호 밀접하게 협력해 나간다는 것이다.

독일의 쾰른Cologne시는 2010년 기준으로 전체 인구 중 노인인구비중이 18.1%이며, 2001년~2011년 고령인구 증가율은 1.7% 정도이다. 쾰른시의 고령친화도시 정책은 모든 세대의 인적 자본화를 추구하면서 학생들과 노인들이 함께 거주하며 살아갈 수 있는 멀티세대형 거주방식을 지원하고 있다. 쾰른시의 시니어 네트워크 프로그램senior network programme은 근린지역 수준에서 지역구성원 간의 상호 협력을 유도하여 노인을 위한 공동체 형성에 기여할 뿐만 아니라 노인들에게는 사회참여의 기회를 제공해 준다. 쾰른시가 시행하고 있는 노인복지 정책들은 사회통합에 목적을 두고 있으며, 주거, 보건, 사회적 돌봄서비스 등에 초점을 두고 있다.OECD, 2015

한편 우리나라에서는 2016년 기준으로 서울시와 정읍시, 부산시, 수원시 4개 도시가 WHO 네트워크에 가입해 있다. 우선 서울시가 처음으로 WHO 고령친화도시 네트워크 가입준비를 하였다. 2011년에 관련 조례 제정, 고령친화도 조사, 이슈 및 전략과제 개발 등의 진단과정을 거쳐 2012년에 실행계획을 수립하였고, 2013년에 WHO 네트워크에 가입하였다. 서울시 고령친화도시 실행계획의 가이드라인은 8개 영역으로 되어 있으며, 구체적으로는 주거편의 환경, 교통편의 환경, 안전 및 고령친화시설, 지역사회활동 참여, 사회적 존중 및 배려, 고령자원 활용 및 일자리 지원, 의사소통 및 정보제공, 지역복지 및 보건이 제시되어 있다. 특히 서울시는 실행계획 시행에 대한 시민참여형 평가체계를 마련하였다. 이어서 2016년에는 정읍시·수원시·부산시가 WHO 네트워크 회원도시로 가입하였다. 부산시는 서울시의 가입절차와 동일하게 관련 조례제정, 진단과정을 거쳐 실행계획을 마련하여 가입하였다. 한편 정읍시와 수원시는 네트워크에 먼저 가입한 후에 실행계획을 마련하는 수순으로 진행하였다. 후자는 이미 WHO에 가입한 많은 외국도시들이 진행했던 방식이다. 이는 WHO 네트워크에서 언급한 것처럼 가입한다는 것 자체가 하나의 약속임을 의미한다는 전제에서 선가입방식을 선택한 것이다. 하지만 해외사례에서 보면, 일부 도시에서는 가입 후 아직 실행계획을 제시하지 못하고 있어서 선출직 단체장들의 정치적인 목적으로 활용되지 않을까라는 우려가 있기도 하다.

지금까지 살펴본 외국 대표도시들의 경험에 따르면, WHO 네트워크 회원도시들은 각 도시의 강점과 필요에 따라 고령친화도시로서 지향하는 방향을 정하고 추진해 나가고 있다. WHO가 제시한 8대 가이드라인은 단지 고령친화도시를 추구하는 도시들이 참고해야 할 기준일 뿐이다. 이러한 정책적 판단과 이행은 WHO가 고령친화도시 네트워크 가입단위를 국가가 아닌 도시, 즉 지방자치단체 단위로 정한 것이 가져온 장점이라고 볼 수 있다. 그럼으로써 각 도시들은 각자가 추구하는 방향과 방식대로 고령친화도시를 만들어갈 수 있고, 그 과정에서 지역사회 고령자들의 지속적인 참여를 통해 고령화되는 도시에 적합한 사회적 패러다임의 전화를 이루어내는 것이다.

고령친화도시라는 용어는 가끔 혼란을 가져오기도 한다. 즉, '도시'라는 표현을 사용함으로써 규모가 작은 지자체나 농촌지역이 배제되는 것으로 오해할 수 있다는 것이다. 여기서 사용하는 '도시'라는 용어는 물리적인 제한된 공간을 의미하는 지역사회일 뿐이며, 중소도시나 농어촌 등 모든 지방자치단체가 독자적으로 가입할 수 있다. 따라서 이 책에서 추구하는 고령친화성을 지향하는 '지역사회' 또는 '공동체'에는 여러 유형의 지역사회가 모두 포함되어 있다.

3. 고령친화적 조건의 대전제: 공동체성 회복과 새로운 공동체

지역사회가 고령친화적이라는 것은 거주하는 고령자들이 자신이 살던 곳에서 불편함 없이 늙어갈 수 있는 successful aging in place 조건이 마련되었다는 것을 의미한다. 다시 말해서 고령자에게 적합한 생활환경이 갖추어지고, 고령자들이 다른 연령대의 구성원들과 공존하며, 노화가 더 진행되어도 세대 내 또는 세대 간 호혜적 관계 속에서 돌봄을 받으면서 지역사회에 통합되어 살 수 있는 조건이 가능하다는 것이다. 이 절에서는 고령자들이 지역사회에 통합될 수 있는 전제로서 '공동체성의 회복'과 '새로운 공동체'의 모습에 대해 살펴본다.

1) 공동체성 회복

일반적으로 공동체란 '공동의 삶의 형태를 지닌 사회조직'이다. 그러나 공동체 개념은 학자에 따라 다양하게 규정되어 있다. 사회학자인 힐러리G.

Hillery는 공동체에 관한 다수의 연구를 통해 공동체 개념을 "하나의 지리적 영역 내에서 하나의 혹은 그 이상의 부가적인 공동의 유대를 통해 사회적으로 상호작용하는 사람들로 이루어진 것"이라고 정의하였다Hillery, 1995, 유성희 2008 재인용. 힐러리의 개념에 따르면 공동체의 구성요소는 '지리적 영역', '사회적 상호작용', '공동의 연대감'이다. 여기서 지리적 영역이란 물리적 공간을 말하며, 사회적 상호작용은 지속적인 사회적 관계이며, 구성원 간의 연대감은 서로 공유하는 규범이나 가치를 의미한다.

공동체 개념을 구성하는 세 가지 구성요소의 내용은 시대의 흐름에 따라 변화되어 왔다. 근대화가 시작되기 전만 하더라도 다수의 사람들은 태어난 곳에서 생활하다가 그곳에서 생을 마감했다. 바꿔 말하자면 생활공간이 상당히 제한되어 있었던 것이다. 그러나 근대화와 도시화가 이루어지고 교통수단이 발달하면서 생활공간은 다양화되고 이질화되기 시작하였다. 기존의 혈연이나 연고 중심의 생활터전은 점차 와해되었고 이질적인 속성이 지배하는 삶의 공간이 등장하게 된 것이다. 이에 따라 생활터전을 공유하던 사람들 간의 관계는 지속적이기보다는 이해타산에 따른 일시적인 관계의 비중이 높아지게 되었고, 같은 지역공간에 정주하더라도 공동의 연대감은 점차 약화되면서 구성원들 간의 관계는 파편화되어 갔다. 이러한 과정이 바로 공동체성이 상실 또는 해체되어 가는 과정이라고 할 수 있다.

공동체의 해체는 사회적으로 가장 작은 조직체인 가족의 와해로부터 시

〈표 2-3〉 연령대별 지역사회 공동체의식

	20대	30대	40대	50대	F
지역공동체의식	34.99	36.19	37.19	39.48	21.34***

*** $p < .001$

작되어 지역사회의 해체로 이어진다. 최근 우리 사회에서 빈번하게 기사화되는 고독사, 묻지마 범죄 등은 우리 사회의 공동체성이 어느 정도 수준에 이르고 있는지를 잘 나타내어 주고 있다. 〈표 2-3〉은 이 책을 집필한 연구단에서 우리나라 대도시, 중소도시, 농촌 지역에서 성인 남녀 932명을 표집하여 지역사회 구성원의 공동체의식을 조사한 결과이다장수지 외, 2014. 조사 결과에 의하면 연령대별로 공동체의식의 차이가 두드러지고 있다. 즉, 연령대가 높을수록 공동체의식이 강한 반면, 연령대가 낮을수록 지역사회에 대한 관심보다는 개인의 문제에 더 많은 관심을 가지는 개인주의적 성향이 강하게 나타나고 있다. 세대 간 공동체의식의 차이는 사회구성원이 공동으로 대처해야 할 여러 가지 문제해결에 필요한 사회적 연대감 형성에 장애요인이 될 수 있다. 현대사회에서 노인돌봄은 이미 가족 차원을 넘어 사회적 돌봄의 형태로 바뀌고 있다. 즉, 노인돌봄은 사회구성원들이 공동으로 대처해야 하는 문제로 등장하게 된 것이다. 따라서 젊은 세대의 공동체성 회복을 통해 연령 간 연대의식을 강화하는 것이 사회적 돌봄을 가능케 하는 방안 중 하나가 될 것이다. 이는 곧 사회구성원들의 공동체성 회복을 기반으로 하는 사회통합의 대안이면서 곧 고령친화적 공동체를 지향하는 전략이기도 하다.

2) 새로운 공동체

지역사회 수준에서 고령친화적 조건을 갖추는 기본적인 대전제는 앞서 언급한 것처럼 공동체성을 회복하는 것이다. 그렇다면 그것은 우리의 생활방식이 종전의 전통적인 공동체의 생활방식으로 회귀하는 것인가? 이에 대해서는 동의하지 않을 부분도 있다. 근대 이전의 공동체의 삶의 모습은 정적인 신분사회를 기반으로 한 공동체 사회였다. 당시 공동체 구성원들은 거주이동의 제약과 더불어 특정한 사상을 근간으로 하는 지배 이데올로기에 의한 한정된 세계관이나 가치관을 강요받았다. 근대 이전의 공동체는 개인적인 삶이나 자아실현이 우선되기보다는 지배계급 중심의 위계구조 속에서 구성원들의 생존이 보장되던 사회였다.김수영 외, 2014a

여기서 공동체성의 회복을 통해 지향하고자 하는 공동체는 근대 이전의 공동체가 아닌 새로운 공동체를 의미한다. 하나의 사회조직이 공동체로서 역할과 기능을 한다는 것은 공동체성을 가진다는 것이다. 공동체성은 구성원 간의 '공유하는 가치와 신념', '직접적인 대면관계', '호혜성'을 주요한 구성요소로 하며방영준, 2007, 이러한 구성요소는 공동체 구성원들의 지리적 공간의 공유를 전제로 한다. 현대사회의 사회조직은 전통사회와 달리 다양한 가치와 신념을 가진 구성원들로 채워져 있으며, 구성원 간의 대면관계는 지리적 공간의 제약을 넘어 사이버 공간에서도 이루어지고 있다. 하지만 공동체성을 형성하는 데 있어 전통사회와 현대사회를 불문하고 똑같이 강조되는 것은 구성원 간의 신뢰와 호혜성이다. 여기서 논의하게 될 새로운 공동체는 구성원들의 다양한 가치와 신념을 수용하며, 물리적 제약을 받지 않는다. 다만 구성원 간의 관계에 있어서 변화를 요구한다. 그것은 전통사회에서 공동체 유지를 위해 요구되었던 구성원 간의 수직적 관계가 아닌 구성원 간의 수평적 관계를 형성하는 것이다. 수평적 관계가 형성되어야 상호소통이 원활하게 이루어질 수 있고, 신뢰와 호혜성 규범을 기반으로 하는 연대의식을 가질 수 있으며, 구성원의 연대의식이 강화되면서 지속적인 사회적 관계를 유지할 수 있다.

따라서 지역사회가 고령친화적이라는 것은 지역사회의 공동체성이 강화되어 모든 연령대가 상호 연대하고 공생할 수 있는 새로운 공동체적 조건이 형성되는 것이 전제되어야 하는 것이다.

4. 고령친화도시의 조건영역

오늘날 노인들에게 당면한 문제는 노후에 '어디서', '누구와', '어떻게' 살 것인가이다. 이는 노인을 대상으로 하는 여러 학문영역에서 제시할 수 있는 공통된 질문이다. WHO가 제시하는 고령친화도시의 가이드라인뿐만 아니라, 고령친화도시를 지향하는 모든 도시가 제시하는 고령친화적인 조건은 이 세 가지 질문에 대한 해답을 찾는 과정에서 도출되었다고 볼 수 있다.

1) 어디서 살 것인가?

우선 '어디서 살 것인가'는 노인이 거주하는 물리적 환경과 관련된다. 특히 현대사회에서는 지역사회 내 물리적 구조가 공동체 형성에서 중요한 역할을 한다. 물리적 구조가 노인을 포함한 모든 연령계층이 불편 없이 생활할 수 있도록 되어 있고, 구성원들이 빈번하게 만날 수 있도록 되어 있으면 자연스럽게 노인과 다른 연령층의 구성원들이 직접적인 접촉을 통해 신뢰나 호혜 등이 축적된 공동체성을 가지게 되며, 이를 통해 고령친화적 지역사회가 형성·유지되는 것이 촉진될 것이다김수영 외, 2014b. 게다가 후기 노년기로 접어들면 대다수의 노인들은 일상생활수행activities of daily life: ADL 또는 도구적 일상생활수행institutional daily life: IDL에 장애가 생기면서 실외보다는 실내에 머무는 시간이 길어지거나 실내에서의 활동조차 불편해지게 된다Hooyman & Kiyak, 2008. 따라서 노인의 신체적 의존성이 높아지더라도 집안에서 독립적인 생활이 가능하도록 주택개조 또는 노인이 생활하기 편리하도록 설계된 주택을 공급하는 것이 필요하다Lawbr & Thomas, 2008, 김수영 외 2014b 재인용

또한 노인들이 생활하는데 이동권이 보장되는 보행환경과 교통이용시설 개선 등 전반적인 물리적 환경의 개선도 고려되어야 한다. 왜냐하면 노인들

은 주변 환경의 영향을 많이 받는 연령층으로, 주변 물리적 환경의 지원정도에 따라 신체활동에 제약을 받을 수 있기 때문이다. 우선 근린생활권 내 안정적이며 편리한 보행환경이 개선되면 노인들의 일상적인 걷기활동이 증진되어 건강한 삶을 유지하는 데 도움이 될 것이다이형숙, 2012. 또한 도보로 이동할 수 없을 만큼 먼 곳으로 이동할 경우에는 대중교통수단을 이용해야 한다. 하지만 노인들은 시각, 청각, 인지반응 시간 등 신체적 기능이 감소되어 건강한 성인을 기준으로 한 교통수단 이용에 어려움이 동반될 수 있다김수영·이재정, 2009. 따라서 교통수단과 이용시설의 편리성과 안전성도 고령친화적 조건으로 개선되어야 한다.

이와 같이 고령친화적인 조건을 갖추기 위해서는 노인이 거주하는 실내구조의 재설계, 근린지역의 물리적 시설정비 등이 이루어져야 한다. 그리고 도시환경도 고령친화적인 물리적 기반으로 변화되어야 할 것이다. 가끔 어떤 지역은 다수의 거주자들이 노화되면서 자연적으로 고령자 중심의 지역사회로 변화되어가는 것을 볼 수가 있다. 말하자면 '자연발생적인 은퇴자 지역공동체Naturally Occurring Retirement Community: NORC, 이하에서는 NORC로 표기함'가 만들어지는 것이다. NORC는 자연스럽게 노인들이 모여 살게 되면서 거주자의 50% 이상이 노인연령층으로 구성된 지역공동체이다. 이 지역은 노인들이 생활하기에 적합한 각종 사회서비스가 제공되고 고령소비자 중심의 시장이 형성되면서 자연스럽게 젊은 세대도 유입되어 고용창출 및 세대통합적 지역사회로 정착된 것이다.

NORC는 근린지역 규모에서 형성될 가능성이 높다. 즉, 지역특성이나 서비스 인프라 등이 고령친화적인 조건으로 형성되고 근린지역의 특성상 이웃 간의 접촉이 많아지면서 공동체성과 고령친화적인 물리적 환경이 잘 결합된 새로운 공동체가 형성되는 것이다. 우리나라에서도 이미 대도시의 작은 행정단위나 중소도시의 기초자치단체 수준에서 NORC의 조건과 특성을 갖춘 곳들을 찾아볼 수 있다. 그런 지역을 집중적으로 고령친화적으로 변화시켜 간다면 노후에 어디서 살 것인가에 대한 대안을 가까이에서 찾을 수 있을 것이다.

2) 누구와 살 것인가?

노년기가 되면 젊은 시기와는 달리 점차 생활반경이 줄어들면서 주로 근린지역 내에서 생활하게 된다. 위에서 언급했던 NORC도 그런 의미에서 노인들의 일상생활 반경 속에서 생산, 소비, 인간관계 등의 욕구가 충족되는 노후의 삶터로 규정했다. NORC에서의 인간관계는 혈연 중심의 관계는 아니지만 상호 신뢰하고 호혜하면서 공생할 수 있는 관계를 의미한다. 이처럼 공생하는 인간관계의 중요성이 강조되는 이유는 현대사회로 오면서 혈연 중심의 동거가 점차 불가능해지면서, 노년기 삶에 필요한 지원이 가능한 친밀한 관계의 중요성이 커지기 때문이다.

한편 노인들은 노화로 인해 육체적·정신적인 활동성이 저하됨에 따라 타인에 대한 의존성이 커지면서 누군가로부터의 돌봄이 필요해진다. 특히 가족구조가 대가족에서 핵가족으로 변화된 이후 노인1인가구, 노인부부가구 등 노인들만 사는 가구가 증가하고 있어 종전과 같이 가족에 의한 혈연 중심의 돌봄 대신에 비혈연 중심의 노인돌봄, 즉 사회적 돌봄에 대한 관심이 커지고 있다. 지역사회 수준에서 사회적 돌봄의 대표적인 예로 1986년에 에드가 칸Edgar Cahn이 창안한 '시간은행Time Bank' 프로그램을 들 수 있다.

이 프로그램은 지역사회 내에서 회원제로 운영되는데, 회원 간 돌봄서비스나 봉사에 대한 대가로 시간달러를 받아서 저축한 뒤 나중에 도움이 필요할 때 시간은행 관리소에 돌봄을 신청하고 저축한 시간달러로 지불하는 방식이다김수영 외, 2014a. 예를 들자면 40·50대 중장년층 회원이 60·70대 고령자회원에게 서비스를 제공해 주면 그것에 대한 대가로 시간달러를 받아 저축하게 되고, 나중에 고령이 되어 서비스가 필요해지면 그 동안 저축한 시간달러를 사용하는 것이다. 이 프로그램이 지역사회에 정착되면 중장년층과 고령층 간의 세대간 돌봄체계를 구축할 수 있을 뿐만 아니라, 고령층에서도 활동가능한 전기 고령층이 후기 고령층을 돌보는 세대 내 돌봄, 즉 노-노 돌봄체계를 갖출 수 있다. 물론 이 프로그램이 지속되기 위해서는 지역사회 구성원 간의 신뢰와 호혜성을 바탕으로 하는 지역공동체 구축이 전제되어야 한다.

3) 어떻게 살 것인가?

노년기에 "어떻게 살 것인가"의 질문은 노인의 삶의 태도, 사회경제적 참여, 세대 간의 연대 등의 논의와 관련된다. 대부분의 사람들은 노년기에 접어들면 가족부양과 같은 생계책임으로부터 점차 벗어나게 된다. 그렇게 되면 노인들은 향후 삶의 의미를 어디에 두느냐에 따라 '어떻게 살 것인가'라는 의미가 달라질 수 있다. 과거 농업사회에서 노인은 삶의 지혜를 가진 자로서 존경받아 왔지만 오늘날과 같은 지식정보사회에서는 그들의 삶의 지혜의 가치는 이전보다는 평가 절하되고 있어 더 이상 존경의 대상이 되지 못하고 있다. 특히 효율성 가치를 중시하는 현대사회에서 생산력이 저하된 노인의 이미지는 '무기력', '쓸모없음'과 연관되고 있다. 이러한 노인에 대한 인식변화는 궁극적으로 노인을 사회적 배제의 대상으로 전락시키게 된다.이소정, 2009

반면 평균수명이 연장됨에 따라 노동시장에서 은퇴한 고령자들은 신체적·정신적 건강이 유지되는 경우 사회참여에 대한 욕구를 가지고 있다. 노인들의 사회참여는 경제활동참여와 사회활동참여로 구분할 수 있다. 경제활동참여는 주로 노년기의 생계유지나 안정된 생활을 위한 욕구충족을 목적으로 하며, 사회활동참여는 은퇴 전의 사회활동으로 축적된 지식과 경험을 사회에 환원하고자 하는 목적에서 비롯된다.

노인의 경제활동참여는 앞서 언급한 것처럼 노인에 대한 편향된 인식으로 인해 제약을 많이 받는 편이다. 하지만 저출산·고령화로 인한 생산가능인구의 감소를 고려해 보면 노동시장에서 은퇴한 지 얼마 되지 않은 전기노인세대는 지역사회의 주요한 인적 자원이 될 수 있다. 이들의 지속고용은 두 가지 측면에서 긍정적인 효과를 기대할 수 있다. 우선 노인들이 퇴직 후 재취업하게 되면 연금수령시기를 늦추거나 감액연금의 적용을 받게 되므로 취약한 연금재정을 유지하는 데 도움이 될 것이며, 그들은 지속적인 납세자로서 국가재정에도 기여하게 된다. 만약 정년퇴직이 빠른 국가라면 연금개시 연령보다 조기퇴직하여 노후소득보장의 혜택에 바로 적용되지 못하는 은퇴자들이 재취업하여 소득공백기를 메울 수 있고 당연히 고령빈곤문제도 완화할 수 있어 사회적인 부담도 줄이게 된다.

사회활동참여는 노인들이 은퇴 후 사회적 역할이나 지위하락에서 비롯되는 자존감 상실을 회복하는 기회를 만들어줄 수 있다. 자원봉사활동은 노인 개인에게 지역사회에 필요한 역할이 있음을 인식시켜주게 된다. 특히 노년기의 사회공헌활동은 그들이 지역사회의 구성원으로 인정받는다는 자긍심을 가지게 해줌으로써 활기찬 노년을 보낼 수 있는 계기가 된다.

노년기의 경제활동이나 사회참여활동은 넓은 의미에서 노인의 자립independence과 관련된다. 노인들이 신체적 기능수준을 유지하여 독립적으로 생활할 수 있도록 건강증진과 관련된 서비스를 제공하는 것, 경제적 독립성을 유지할 수 있는 제도적 여건과 일자리를 제공하는 것, 적극적 사회참여

활동을 통해 개인의 정체성과 자존감을 유지하며 사회적 관계를 활성화시킬 수 있는 여건을 만드는 것 등은 노인의 자립을 증진시켜주는 조건이다. 그러므로 이러한 여건들은 고령친화적인 지역공동체를 만들어가는 데 있어서 중요하게 다뤄야 하는 요소들이다.

마지막으로 세대 간 연대는 현재 만연해 있는 세대갈등을 해소하고 다른 세대 간의 새로운 관계 모색을 통해 사회통합을 이룰 수 있는 중요한 가치이다한정란, 2002. 세대통합을 위해서는 세대 간 교류의 기회를 더 많이 제공하고, 세대 간 정보격차digital divide를 해소할 수 있도록 고령자들에게 정보통신 서비스와 교육을 제공해야 할 것이다.

5. 고령친화도시의 조건

앞서 논의한 세 가지 질문인 '어디서 살 것인가', '누구와 살 것인가', '어떻게 살 것인가'를 지역사회의 고령친화적인 조건과 연관지어 보면 [그림 2-1]과 같다.

먼저 '어디서 살 것인가'는 고령자들이 생활하는 물리적 환경조건을 의미하는 것으로, 이동조건·주거조건·근린환경조건을 포함한다. 다음으로 '누구와 살 것인가'는 고령자를 대상으로 하는 건강돌봄조건을 의미한다. 마지막으로 '어떻게 살 것인가'는 노인들의 사회참여조건과 다른 연령세대와의 교류조건을 의미한다.

이와 같은 고령친화적인 조건이 구축된 지역사회가 고령친화공동체이다. 고령친화적인 조건을 구체적으로 살펴본다.

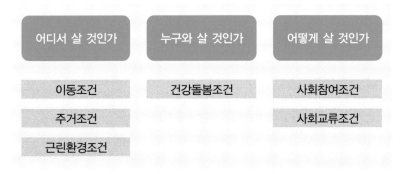

[그림 2-1] 고령친화적인 조건

1) 이동조건

- 보행이동 시 고령자가 안전하게 걸을 수 있도록 안전한 보도 설치
- 횡단보도 이동 시 고령자의 걸음걸이 속도에 맞도록 적절한 신호시간
- 이동도구휠체어 등 이용가능한 보도 설치
- 대중교통수단 이용 시 승·하차할 때 안전 확보
- 대중교통수단 내 고령자를 배려한 안전좌석 확보
- 대중교통수단 이용대기 시 정거장에 고령자를 배려한 시설 확보
- 대중교통수단 이용 시 고령자가 행선지를 쉽게 찾을 수 있는 안내판 설치
- 고령운전자 안전운전을 위한 안내표시 설치

2) 주거조건

- 고령자를 위한 공동주택 제공
- 고령자 주거지 내 실내이동의 안전성 확보
- 고령자 주거지 내 냉난방시설 확보

- 도구휠체어 등 이용 고령자를 위한 주거지 내 편리성 확보
- 세대통합적 차원의 주택 및 공동주택 제공

3) 근린환경조건

- 근린지역 내 도보이동 시 휴식장소 설치
- 근린지역 내 도보이동 가능한 고령자모임 공간경로당 확보
- 근린지역 내 도보이동 가능한 주민모임 공간주민센터 등 확보
- 근린지역 내 도보이동 가능한 의료기관 확보
- 근린지역 내 도보이동 가능한 생활편의시설은행, 쇼핑센터, 시장 등 확보
- 근린지역 내 도보이동 가능한 문화 및 복지시설공공도서관, 복지관 확보
- 근린지역 내 도보이동 가능한 공원 및 산책로 확보

4) 건강돌봄조건

- 가사 및 간병의 도움을 받기 위한 정보 제공
- 파킨슨씨병, 치매질환 예방교육 제공
- 스트레스 및 정신보건우울증 등 상담정보 제공
- 무료급식 및 도시락·반찬 제공기관에 대한 정보 제공
- 노인학대 예방교육 및 학대받는 노인 상담서비스 제공
- 노인대상 범죄예방 정보 및 정기적 순찰서비스 제공
- 노–노 돌봄 및 중장년층의 노인돌봄서비스 체계 마련

5) 사회참여조건

- 고령친화기업 지원센터 마련
- 노인일자리 정보 제공

- 재취업을 위한 교육 및 훈련정보 제공
- 은퇴고령자 대상 자산관리 및 노후설계 컨설팅 제공
- 지역 내 사회복지관, 노인대학 등에서 고령자 대상 평생교육 프로그램 제공
- 지역 내 취미 및 여가 프로그램 정보 제공
- 자원봉사활동 참여정보 제공

6) 사회교류조건

- 근린지역 내 지역행사정보 및 참여방법 제공
- 지역사회 내 대학 평생교육강좌 고령자에게 개방
- 지역 내 문화행사공연, 연극, 예술품 전시 등 고령자에게 개방
- 고령자 대상 스마트 기기 이용방법 및 활용에 관한 교육 제공
- 취미 및 오락 중심으로 모든 연령층 참여가능한 온라인 커뮤니티 정보 제공

PART 3

고령친화도시
네트워크 가입

1. 고령친화도시 네트워크 가입의 의미와 과정

1) 고령친화도시 네트워크 가입

노화에 관한 연구가 축적되면서 새로운 사실과 관점들이 제시되었다. 한 가지는 사회적인 노화로서, 국가나 지역사회 차원에서 인구집단 중 일정 비율이 노화되면서 사회 전체가 고령화되어 가는 것이다. 또 다른 한 가지는 개인의 노화로서, 사람에 따라 그 정도나 특성이 다르게 나타난다. 따라서 노화현상을 이해하고 이에 따른 여러 가지 상황에 대처하기 위해서는 노화에 따른 개인적 삶의 변화는 물론 사회적 차원에서도 폭넓게 노화를 조망해 봐야 할 것이다.

노화와 관련하여 사회적 차원의 관심이 부각된 것은 2000년 뉴밀레니엄이 도래하면서 WHO가 세계적인 노화에 집중적인 관심을 가진 이후이다. 물론 그 이전에도 노화에 대한 연구와 논의들은 많았지만, 주로 선진국 중심의 관심사에 치중해 있었다. 즉, 기존의 노화 관련 연구들은 선진국의 R&D에 치중하면서 주로 선진국의 노화에 대한 이해와 대응에 초점이 맞춰져 있었다. 그러나 1970-80년대 이후 개발도상국과 후진국의 사회적 수준이 향상되면서 2000년대 이후에는 폭넓게 세계적인 차원에서 인구고령화를 조망하기 시작하였다. 즉, 각 국가의 인구고령화는 각기 그 특성을 달리하면서, 개발도상국들의 인구성장과 성숙, 뒤이은 후진국들의 약진이 점차 부각되기 시작한 것이다. 게다가 최근 세계적으로 더 많은 관심을 받는 것은 한국처럼 단기간에 압축적인 고령화가 진행되거나 사회적으로 준비되지 않은 저개발국가에서도 장기적으로 인구고령화 속도가 선진국보다 더 빠를 것으로 전망되는 현상이다. 그리고 많은 국가에서는 중앙정부 못지않게 노인들의 삶터인 지역사회 단위에서도 노인들이 양질의 일상생활을 영위하도록 지원하는 정책이 강조되고 있다. 즉, 국가와 지역사회 단위에서 동시에 적극적으로 노화에 대응하는 전략을 모색하고 있는 것이다.

WHO는 이러한 세계적인 추이를 감안하여 각 국가나 지역사회가 노화에 대처할 수 있도록 일정한 기준을 제시하였다. 이것이 '고령친화도시 가이드라인'이다. 이 기준이 제시된 배경은 다음과 같다. 현재 모든 국가에서는 노인인구가 일정 비율 이상 존재하고, 앞으로 의학과 과학기술의 발전에 따라 점차 더 증가할 것으로 전망된다. 따라서 노인들이 자신이 살던 지역사회에서 지속적으로 살도록 지원해주기 위해서는 정부나 지자체가 노인들의 삶을 둘러싼 모든 영역에서 최소한의 기준을 갖춰야 한다. 이에 대해 WHO는 세계적 기준으로 고령자들에게 친숙한 지역사회가 갖추어야 할 8개 영역의 가이드라인을 제시하였다. 또한 이에 많은 국가의 동참을 권장하는 차원에서 '고령친화도시 네트워크'를 구축하고, 많은 국가지역사회들이 가입할 것을 권장하였다. 물론 WHO가 제시한 기준은 권장사항일 뿐이며 어느 국가에게도 의무사항은 아니다. WHO의 취지는 범세계적으로 이 기준을 적용하여 노인들이 편하고 건강하고 행복하게 살 수 있는 조건을 확대해 가자는 것이고, 이를 실천할 의지가 있는 모든 지역사회에 멤버십을 부여하여 네트워크를 구축해 보자는 것이다. 특히 노인들이 살고 있는 지역사회가 이 기준을 준수해야 함을 강조하기 위해 네트워크 가입단위를 국가가 아닌 지역사회, 즉 도시city로 명시하였다.

2) 고령친화도시 네트워크 가입의 과정

원칙적으로 고령친화도시 네트워크 가입의 절자는 나음과 같나. 민저 긱 도시는 WHO에 가입의사를 밝히고, 자체적인 진단과정을 거쳐 해당 도시를 고령친화적으로 변화시켜 나가겠다는 약속과 전략이 담긴 실행계획을 WHO에 제출하고, 멤버십 확인증을 받게 된다. 물론 각 도시들은 멤버십을 가진 이후에도 첫 3년, 나아가서 다음 단계로 매 5년마다 갱신된 실행계획을 제시하면서 그 도시의 노인정책 어젠다를 발전시켜 나가게 된다. 즉, 정해진 단계마다 실행가능한 실행계획을 제시하고 이행해 가면서 국제사회의 신뢰를 얻고 노인들이 살기 좋은 조건을 지속적으로 추구해가는 과정을 반복하는 것이다.

노인들이 살기 편한 고령친화적인 조건은 모든 도시에서 동일하지는 않을 것이다. 특히 각 도시의 문화적 전통이나 경제적 수준, 노인에 대한 인식, 현실적인 사회보장제도의 수준 등에 따라 이행해야 하거나 노인들이 원하는 내용은 다를 것이고, 그 약속을 이행하는 데 소요되는 기간이나 과정 또는 전략도 다를 수 있다.

아무튼 WHO는 멤버십을 가진 도시들이 고령친화도시로서의 기준을 준수하겠다는 약속을 사회구성원들과 공유하고, 정책결정자들의 관심을 유발하며, 당사자집단인 노인들이 정책의 시행과정에 관심을 가지고 적극적으로 참여하는 것을 중요한 성과로 본다. 그래서 WHO의 고령친화도시 네트워크는 기존의 노화 관련 프로젝트와는 다르다. 가장 큰 차이는 우선 당사자인 노인들이 의사결정과정에 참여하도록 정보를 공유하고, 그들이 참여할 수 있도록 시스템을 갖추어 간다는 것이다. 다음으로는 그들이 추진하는 어젠다가 8개 영역으로 펼쳐져 있어서 노년기의 삶 전체에 관여한다는 것이다.

고령친화도시 네트워크에 가입하는 공식적인 과정을 구체적으로 살펴본다.

첫째, WHO에 회원가입 신청서를 보낸다.

둘째, WHO의 8대 영역별로 도시의 고령친화적인 조건을 자체 진단한다. 구체적으로는 지역사회 노인이나 관련 기관 또는 전문가집단, 공공을 대상으로 의견을 수렴한다. 의견수렴의 방법은 설문조사, 표적집단면접 등을 활용할 수 있다

셋째, 진단결과를 근거로 실행계획을 수립한다. 실행계획은 각 도시의 여건에 따라 전문가집단에게 의뢰하거나 지자체가 자체적으로 수립할 수 있다.

넷째, 작성한 실행계획을 WHO에 제출하고, 가입 확인서certificate를 받는다.

다섯째, WHO에 제시했던 실행계획을 3년에 걸쳐 이행하고, 이행결과와 새로운 실행계획을 수립하여 다시 WHO에 제시하면서 멤버십을 유지한다. 그리고 이행과정과 결과를 지속적으로 점검할 수 있는 조직을 공식적으로 마련한다.

여섯째, 각 도시는 5년마다 이행결과와 새로운 실행계획 제시를 반복하면서 고령친화도시로서의 조건을 발전시켜 나간다.

위의 과정을 보면 고령친화도시 가입과정은 탄력적이고 유연하므로 각 도시의 자발적인 의지에 따라 참여가능하고 지속될 것이다. 이와 같이 각 지역사회는 그 지역에 살고 있는 노인들의 특성과 욕구에 기반하여 지역사회의 역량이 가능한 수준에서 고령친화도시로서의 위상을 만들어가면 된다. 이때 중요한 것은 도시의 실행계획이 이행되어가는 과정이 객관적으로 제시되고 모니터링되어야 하는 것이다. 수행주체인 지방정부는 해당 지역이 노화에 대처해 나가는 모습을 보여줌으로써 사회구성원들의 관심과 참여를 이끌어내고 또한 그들의 신뢰를 받을 수 있을 것이다.

하지만 실제로 WHO는 고령친화도시 가입을 확대하기 위해 지자체의 의지만 있으면 네트워크 가입 신청서만으로 바로 멤버십을 주고 있다. 즉, WHO와 신청도시 간의 약속을 중요시하는 것이다. 그러다보니 멤버십을 가진 도시들 중에는 아직 실행계획이 마련되지 않은 채 가입만 한 경우도 다수 있다. 또 다른 숙제로 남아 있는 것은 이 프로젝트의 역사가 길지 않다보니 실행계획은 있지만 그 계획대로 수행되는 과정을 모니터링하기 위한 시스템이 제대로 작동하는 지자체가 많지 않다는 것이다. 고령친화도시 가입은 정치가나 행정가들에게 돌아가는 선물이 아니라 실제 그 지역사회에 살고 있는 노인들의 삶의 질을 지켜주는 기준이며 약속이다. 그러므로 각 지자체들은 이 프로젝트를 지속적으로 실행하기 위해 3년간 실행계획의 진행 과정을 꾸준히 모니터링하고 그 결과를 가지고 다음 5년을 준비할 수 있는 자체평가 시스템을 마련해야 한다.

또한 실행계획에 따라 이행되어가는 전 과정은 지속적인 모니터링과 더불어 해당 도시의 구성원들에게 모두 공개되어야 한다. 왜냐하면 고령친화도시 네트워크 가입의 취지 중 중요한 한 가지인 지역사회 구성원들과의 공유를 통해 구성원 모두 고령친화도시에 대한 이해를 높이고 고령친화도시로서의 조건들을 실천하는 참여의 폭이 더 확대되어야 하기 때문이다. 예를 들면 이런 성과를 통해 버스 운전자들은 승객인 고령자들을 더 배려하게 될 것이고, 주변에 노인 유기나 학대가 발생하면 자발적으로 이웃들이 나서서 돕거나 신고하는 것도 확대될 것이다. 즉, 사회 전반에 걸쳐 노인들에 대한 관심이 증가하고 그것이 확대·실천됨으로써 고령자들에게 친화적인 도시로 더 발전해 나갈 수 있을 것이다.

이런 취지에 동참하여 2016년 현재 전 세계적으로 35개 국가 314개 도시가 가입하였다. 이처럼 가입도시가 늘어나면서 세계적인 운동으로 확산되고 있다는 것은 세계적으로 인구고령화에 대한 관심이 증가하고 있음을 의미한다. 인간의 수명이 연장되면서 고령자들의 수명life span은 점차 늘어나고 있다. 그러나 노화가 진행되어도 사회적인 조건이 고령자에게 친화적이라면 노인세대는 젊은 세대와 더불어 지역사회에서 공생할 수 있고 더 오랫동안 건강한 생활을 영위할 수 있게 된다. 이것은 개인의 삶의 질은 물론이거니와 사회구성원 전체의 행복지수를 높여주고 더 건강한 사회를 유지하는 데도 도움이 될 것이다. 긴 안목으로 보면 이러한 지역사회 단위의 고령친화운동이 지속되면 그 지역은 현재의 노인은 물론 다가올 다음 세대 노인들도 살기 편한 곳이 되어 우리 모두의 삶의 질 향상에도 기여하게 될 것이다.

그러므로 여러 국가의 도시들이 어떤 취지에서 누가 중심이 되어 어떤 절차에 따라 고령친화도시 네트워크에 가입하였는지는 매우 중요하다. 왜냐하면 각 도시의 정책결정과정의 속성과 전략은 고령친화도시 가입 이후에도 어떤 사회적 합의를 거치면서 장기적으로 고령친화도시로 발전해 갈 것인가를 결정하는 중요한 요소가 될 것이기 때문이다. 3장에서는 이 책에서 소개하는 고령친화 사례도시들이 어떤 과정을 거쳐 고령친화도시 네트워크에 가입했는가를 비교의 관점에서 소개한다. 사례도시들은 도시 규모, 역사성, 노인 관련 정책에 대한 관심, 경제적 상황 등이 모두 다르다. 따라서 도시 간의 차이를 전제로 하면서 가입단계별로 각 도시의 가입과정을 살펴본다. 가입과정에서 나타나는 도시별 차이는 앞으로 고령친화도시에 가입하고자 하는 도시들에게 필요한 기초자료로서 의미가 있을 것이다.

2. 도시별 고령친화도시 가입과정

　EU는 2012년을 건강한 노년을 위해 활기찬 노화를 실천하는 해로 선언하였다. 이러한 EU의 정책은 유럽 전역에서 많은 도시들이 WHO 고령친화도시 네트워크에 가입하는 계기를 만들어주었다. 특히 WHO는 이 프로젝트를 제안하면서 유럽에서도 스페인을 타깃 국가로 삼았고, 프로젝트를 적극적으로 추진하기 위해 전략적으로 스페인 노인복지청인 임세르소(IMSERSO; Instituto de Mayores y Sevicios Sociales)와 협정을 맺었다. 결국 임세르소가 많은 도시들이 고령친화도시 네트워크에 가입하도록 권유한 결과, 스페인은 세계적으로 가장 고령친화도시 네트워크에 가입한 도시 수가 많은 국가가 되었다. 스페인의 도시들은 2011년부터 가입을 시작하였다. 필자들이 스페인의 고령친화도시들을 주목하고 연구사례로 채택하게 된 배경도 여기에 있다. 포르투갈은 유럽 전체의 가입 분위기와 더불어 스페인의 영향을 받아 많은 도시들이 WHO 네트워크에 가입하였다. 하지만 가입절차는 스페인과는 다소 다른 양상을 보여준다.

　이 장에서는 여러 사례도시 중 네트워크 가입의 양상이 각기 다른 세 도시의 가입과정을 소개한다. 이 도시들의 경험은 앞으로 WHO 네트워크에 가입을 희망하는 여러 지자체에게 좋은 선례가 될 것이다. 우선 소개하는 한 도시는 재정적 여건이 좋고 다양한 집단이 참여한 스페인의 대도시 바르셀로나이다. 바르셀로나 사례는 WHO가 권장하는 대표적인 사례 중 하나라고 할 수 있다. 즉, 지자체와 전문가들이 그 도시의 노인문제와 노인욕구를 진단한 결과를 근거로 하여 해결과제인 실행계획을 수립하고, 그 실행계획을 노인정책 어젠다로 제시하면서 지속적으로 고령친화도시를 향해 정진하는 것이다. 두 번째 도시는 스페인 소도시 만레사인데, 중앙정부 노인

조직인 임세르소의 권유로 가입을 검토하였다. 만레사는 부족한 예산을 전제로 하면서 자체적으로 실현가능한 실행계획을 만들어낸 도시라는 의미를 가진다. 이 도시의 가입과정은 관 주도로 이루어졌는데, 노인분야의 경력이 많고 고령친화도시 네트워크 가입에 의욕적인 공무원이 적은 예산으로 실현가능한 계획을 이끌어낸 사례라고 평가하였다. 세 번째 도시는 아직 노인인구집단에 대한 정책적 배려가 부족한 포르투갈의 포르투로, 대학교수인 민간전문가가 중심이 되어 네트워크 가입은 물론 지역진단 및 실행계획 수립의 전 과정을 이끌고 있는 사례이다.

세 도시의 사례를 보면 각 도시의 정책환경에 따라, 그리고 누가 정책결정과정에 관여했는가에 따라 네트워크 가입 및 실행계획 수립과정이 다르다. 이러한 차이는 향후 실행계획의 추진과정에서도 차이를 가져올 수 있을 것이다.

1) 민관 역할배분 모델: 바르셀로나

바르셀로나는 스페인에서 경제적 여건이 좋은 대표적인 도시 중 하나이다. 그들이 고령친화도시 네트워크에 가입하기 위한 과정문제확인 및 진단, 실행계획 수립, 노인복지정책 어젠다 제시을 보면 WHO가 제시한 과정을 모범적으로 따른 모습을 볼 수 있다.

(1) 가입서 제출 및 진단

가입의사 결정 및 가입

바르셀로나시의 경우 우선 2009년에 바르셀로나시 차원에서 구성되어 있던 '노인자문회의Consell Assessor de la Gent Gran'가 먼저 가입을 제안하였고, 이를 바르셀로나시가 받아들임으로써 고령친화도시 네트워크 가입을 결정하였다. 노인자문회의는 EU의 활기찬 노화를 실천하기 위해 노인참여를 권장하면서 조직화되었는데, 지자체는 물론 기초자치단체에까지 설치되어 있는 영향력 있는 노인조직이다. 그 후 바르셀로나시는 가입신청서를 WHO에 제출하였고, 2011년 3월 멤버십을 얻었으며, 이어서 바르셀로나시의 고령친화 정도와 노인들의 욕구를 진단하기 위한 준비를 시작하였다.

지역 진단

바르셀로나시는 2010년 객관적인 진단을 위해 바르셀로나 자치대학UAB: Autonomous University of Barcelona의 건강 및 노화연구소Health and Ageing Foundation에 용역을 의뢰하여 결과를 도출하였다. 즉, 전문가집단에게 진단과정을 위임한 것이다.

UAB 연구소는 선임연구원인 노년학 의사를 실무 책임자로 하여 다음의 과정대로 도시의 노인문제와 노인들의 욕구를 수렴하였다.

1. **설문조사 실시** 노인, 노인 관련 단체의 대표자, 노인전문가 등을 대상으로 조사함. 조사는 온라인으로 진행되었음.
   1-1. **추가조사** 설문조사에서 배제된 노인집단을 대상으로 추가 조사했음. 집시, 레즈비언, 노인부양자 등 의견수렴이 쉽지 않은 소수집단 노인을 대상으로 인터뷰를 실시하여 의견 수렴함.

2. **워크숍 개최** 조사를 통해 도출된 주제들을 가지고 노인들을 대상으로 워크숍을 실시하였음. 시는 예산을 지원해 주는 노인단체들에게 협조를 요청하였고, 각 노인단체 회원들이 100명 이상 참석함. 워크숍은 당사자인 노인들의 의견수렴의 최종단계임. 전체 행사는 오전·오후로 나누어졌음. 오전 워크숍에는 현재의 상황과 문제에 대한 인

식공유에 초점을 두었고, 오후에는 향후 해결과제에 대한 의견청취로 진행함. 즉, 오전에는 바르셀로나시의 노인 관련 문제에 대해 집중적으로 이야기함으로써 그들의 욕구를 파악했고, 오후에는 동일한 노인들을 대상으로 향후 그들이 기대하는 노인정책과 서비스에 대해 의견을 들었음.

2–1. 워크숍 진행방식 오전과 오후 모두 포럼 형식으로 진행되었음. 참석한 노인들을 각각 5개 집단으로 나누고, 각 집단에 퍼실리테이터facilitator가 한 명씩 배치되어 포럼을 진행하였음. 퍼실리테이터인 전문가는 심리학자, 사회학자, 노년학 의사들이었음.

2–2. 진단결과 발표 및 의견수렴 설문조사 및 소수자 인터뷰 결과와 워크숍에서 도출된 내용을 취합하여 욕구조사 결과를 발표함. 오전은 진단결과를 발표하는 시간으로 대규모 컨퍼런스로 진행되었는데, 참석자 수는 1,000명 이상으로 많은 사람들이 관심을 보임. 오후에는 참여를 희망하는 사람 약 400명을 40–50명씩 8개 집단으로 나누어 포럼 형태로 의견수렴 절차를 가짐. 이때 8개 집단에는 각각 WHO 8개 영역의 주제를 한 가지씩의 질문으로 주었고, 한 명의 퍼실리테이터가 한 집단씩 맡아 진행하였음. 퍼실리테이터는 역시 학제 간 전문가들이었음.

3. 전문가집단의 진단결과 도출 UAB 연구소는 이 컨퍼런스의 결과를 모아서 진단결과를 도출하였고, 보고서를 작성하여 바르셀로나시에 제출하였음. 여기까지가 전문가집단인 UAB 연구소의 역할이었음.

(2) 실행계획 수립 및 제출

실행계획 수립

바르셀로나시는 2011년 3월 WHO 네트워크에 가입을 하였고, 그 직후인 2011년 4월에 UAB 연구소가 제출한 진단결과 보고서를 여러 분야 공무원들이 검토한 후에 실현가능한 실행계획을 수립하였다. 구체적으로는 공무원들이 두 집단으로 나누어져서 검토하였는데, 한 집단은 시 차원에서 8개 영역 가이드라인과 관련되는 여러 국의 공무원들로 구성하였고, 다른 한 집단에는 바르셀로나시 산하 10개 구청의 노인 관련 공무원들이 참여하였다. 즉, 시청의 부서 간, 그리고 시와 구의 상하조직 간 실행계획을 마련하기 위해 참여한 것이다. 이때 참여한 공무원 중에는 스페인 공공조직에서 일하는 개방직 공무원들도 다수 있었다. 이들은 전문성이 있는 민간인들로서, 시나 구의 행정조직에서 계약직으로 일한다.

실행계획 제출

바르셀로나시는 실행계획을 WHO에 보냈고, 그 이후 지금까지 이 실행계획은 바르셀로나시 노인정책의 어젠다로서 실천되고 있다.

바르셀로나시 고령친화도시 가입과정의 특징

바르셀로나시가 가입준비를 시작하던 시기는 시민들이 고령친화도시 네트워크 가입에 관심을 많이 가질 만큼 노인인구 비중이 높았다. 그리고 바르셀로나시는 이미 EU의 '활기찬 노화 프로젝트'를 실천하기 위해 시청 및 구청 단위에서 노인자문회의가 구성되어 있었고, 이 조직이 주관하는 노인 관련 컨퍼런스도 정기적으로 열리고 있어서 노인문제 논의에 대한 분위기는 성숙되어 있었다. 따라서 2009년 시 노인자문회의가 WHO 네트워크 가입 요청을 하자, 최고 정책결정자들의 정치적인 판단이 즉각적으로 가입을 결정한 것이다. 실행계획 수립에서 가장 핵심이 되는 진단을 전문가집단인 UAB 연구소에 의뢰하여 바르셀로나시의 고령친화 정도와 노인욕구를 진단함으로써 민관 협력의 성과를 보여주었다. 특히 전문가집단인 UAB 연구소의 고령친화 정도 및 욕구 진단과정을 보면 과학적인 근거에 따라 의견수렴을 하여 바르셀로나시가 정책적 판단을 하는 데 필요한 근거자료를 적절하게 제공했음을 알 수 있다. 예를 들면 집시나 성소수자 중 노인들을 대상으로 소수자 집단의 의견수렴 절차를 거친 것이나, 학제 간 퍼실리테이터들이 이해 당사자들의 의견을 수렴하는 과정에 참여한 것 등은 매우 합리적이고 개방적이었다. 결과적으로 이런 절차는 시민들의 관심을 이끌어내고 대안을 제시하기에 충분하였다. 뿐만 아니라 바르셀로나시의 노인담당국에서는 UAB 연구소에서 제출한 보고서를 시의 여러 관련 부서의 공무원들로 구성된 집단, 또는 시·구 단위 공무원들로 구성된 집단이 함께 검토함으로써 공공 차원의 실천가능성을 높였던 점도 주목해볼 만하다.

요약하자면 바르셀로나시의 고령친화도시 가입은 당시 WHO의 추진의지에 힘입었고, 활기찬 노화를 실천하고 있던 노인자문회의는 WHO 고령친화 네트워크가 추구하던 노인 당사자집단의 의사결정 참여정신을 제대로 실현하였다. 또한 가입결정과정에서 중요한 변수가 되는 최고결정자의 정치적 판단도 작용하였으며, 진단을 맡은 전문가집단은 과학적인 방법에 따라 노인욕구를 수렴하여 문제를 확인해 주었다. 시는 실현가능성이 높은 계획을 수립하기 위해 여러 분야의 행정전문가와 상·하부 공공조직의 행정가들이 중심이 되어 전문가집단의 연구결과를 검토하는 최종단계를 거쳐 실행계획을 완성하였다. 현재 이 실행계획은 실질적인 바르셀로나시의 노인정책 어젠다로서 추진되고 있다.

2) 관 주도의 모델: 만레사

만레사는 인구 75,695명의 소도시로서, 세계적 수준의 대도시 바르셀로나와는 노인문제 해결을 위한 정책환경이 다를 수밖에 없었다. 그러므로 고령친화도시 네트워크에 가입하기 위한 과정을 보면 WHO가 권장하는 가입의 원칙보다는 만레사시가 추진할 수 있는 현실적인 방법으로 접근하였다.

(1) 가입서 제출 및 진단

가입의사 결정

만레사시는 2011년에 임세르소의 권유를 받아들여 고령친화도시 네트워크 가입을 결정하였다. 이때 담당 공무원의 정책적인 판단이 시의 결정에 중요하게 작용하였다. 그리고 만레사시는 재정사정이 충분하지 못하기 때문에 진단과정을 포함하여 실행계획 수립까지 모두 공무원이 주도한다는 전제에서 가입을 결정하였다. 즉, 네트워크 가입까지의 과정을 원칙적으로 추가예산 없이 진행한다는 것이었다.

네트워크 가입

만레사시는 2011년 5월에 우선 가입의사를 담은 신청서를 WHO에 제출하였고, 같은 해 9월에 승인을 받아 멤버십을 획득하였다. WHO 본래 취지에 따른 가입과정은 지역의 고령친화 정도와 노인들의 욕구를 진단하고 그 결과를 토대로 실행계획을 수립하는 것이 전제가 되어야 한다. 왜냐하면 현재 노인들을 위한 도시의 조건이나 수준이 어느 정도인가를 진단하는 것이 향후 고령친화적인 계획수립의 출발점이기 때문이다. 하지만 만레사시처럼 신청서만으로 가입이 가능했던 것은 WHO가 회원도시를 늘이고 재정이 여의치 못한 소도시들의 참여를 격려하기 위한 차원에서 방침을 탄력적으로 적용하였기 때문이다. 그러므로 이런 과정을 통해 멤버십을 획득한 도시들은 고령친화도시를 구현해 나가겠다는 약속을 국제사회에 미리 하는 것으로 이해할 수 있다.

지역 진단

만레사시에서는 노인문제를 확인하는 절차도 담당 과의 공무원들이 직접 시행하였다.

1. **설문조사 및 표적집단면접 실시** 노인, 노인부양자, 노인 관련 단체의 대표, 전문가 등 10개 집단, 108명에 대해 설문조사를 실시하였음. 그중 일부 대상자들에게 표적집단면접을 실시하여 지역의 고령친화 정도와 노인문제를 취합하였음. 이 과정은 고령친화도시 네트워크에 가입한 직후부터 약 1년에 걸쳐 시행되었음.

2. **워크숍 개최** 만레사시의 담당 과에서는 발표된 결과를 가지고 여러 노인 관련 단체들과 토론을 거쳤음. 그러나 이 과정은 공식적인 의견 수렴 과정은 아니었고, 실행계획 수립을 위해 관련 단체들과 협의하는 수준이었음. 비록 이 절차가 비공식적이었지만 만레사시가 관련 단체들에게 노인들을 위한 고령친화도시를 만들겠다는 의지를 나타내었다는 데 의미를 둘 수 있음.

(2) 실행계획 수립 및 제출

담당 과에서는 앞서 기술한 것처럼 현실적으로 가능한 절차를 거쳐 도시의 고령친화 정도와 노인문제 및 욕구를 진단하였다. 그리고 그 결과를 근

〈표 3-1〉 만레사시 실행계획

분야	실행과제	내용	예산(유로)
홍보 및 정보화 교육	1. 쉬운 홍보물(Lectura Facil) 제작	노인 관련 홍보물과 안내물 등을 노인들이 보기 편하게 제작	2,000
	2. 지역언론 홍보	노인들의 관심사에 대한 문제제기와 지역토론에 노인들의 참여 유도	500
	3. 정보화기기 활용교육	노인들에게 정보화기기 사용교육을 강화하여 커뮤니케이션을 유도	기존 시 사업 예산 활용
시민의식 함양	4. 노인공경 문화 확산	기존의 시민의식 향상교육 프로그램에 노인공경 내용을 강조	1,500
	5. 노인 자원봉사	기존 자원봉사활동 중 노인 참여 가능한 분야 발굴 및 참여 유도	1,500
노인 편의 시설 확충	6. 노인 접근성 향상	건축, 교통, 표지판, 공공장소 등에 노인들의 접근성 향상을 위한 개선 사업	미정(주정부 지원 요청 예정)
	7. 도시 시설물 개선	기존 도시 시설물 개선 시에 노인 편의 고려	기존 시 사업 예산 활용
	8. 쾌적한 도시 환경	노인들이 편하게 생활할 수 있도록 주변 도시환경 개선	기존 시 사업 예산 활용
	9. 여가공간 조성	노인들의 여가공간 조성	500
	10. 노인안전 도시	노인들이 안전하게 살 수 있는 도시가 되도록 노력 경주	기존 시 사업 예산 활용
주거	11. 주거 개선	취약노인가구의 불편시설(구조 변경이 필요하지 않는 작은 규모) 개선	건 당 평균 1,200 (광역 바르셀로나 의회 80%, 만레사 시청 20% 부담)
이동 및 교통	12. 교통시설물 개선	버스승강장 턱 등 교통시설물을 노인 편의에 맞게 개선	기존 시 사업 예산 활용
	13. 노인 대상 대중교통 사용 홍보	노인들이 대중교통을 편안하고 안전하게 사용할 수 있도록 홍보	기존 시 사업 예산 활용
	14. 보행자 교육	경찰의 협조를 받아 노인들에게 안전한 이동을 위한 교육	기존 시 사업 예산 활용

노인공경을 통한 사회통합	15. 추억 여행	노인들이 소유하고 있는 오래된 사진을 모으는 행사를 통해 노인들의 추억을 도시 전체가 공유	1,500
	16. 세대 간 문화공유	젊은 세대와 노인세대 간 문화교류 증진을 위해 양 세대가 참여하는 미술전시회 등 문화행사 개최	2,000
	17. 아동+노인	시립 유치원 아동들과 노인들이 함께 참여하는 프로그램 개발	250
	18. 치매노인+아동	알츠하이머센터와 협조하여 치매노인들이 아동들에게 자신의 유아기 기억을 이야기하는 기회 마련	1,000
사회복지와 건강	19. 사회복지 접근성 강화	사회복지서비스의 노인대상 접근성 강화 노력	기존 시 사업 예산 활용
	20. 노인학대 방지	노인학대 방지를 홍보하고 대처요령 등을 보급	기존 시 사업 예산 활용
	21. 건강정보 제공	의료시설 등을 효율적으로 사용할 수 있도록 홍보하고, 예방의학 관련 정보도 홍보	2,000
	22. 운동과 건강	운동을 통한 건강증진 위해 노인들을 위한 운동 프로그램 개발과 산책로 조성	기존 시 사업 예산 활용
	23. 지역 내에서 사회복지사 배출	사회복지사 양성교육을 지역 내에서 할 수 있도록 홍보	1,000/년
	24. 치매노인 주민발견 시스템	지역 상인들을 통해 치매노인을 발견하고 신고하는 시스템 구축	2,000
사회 관계망 및 친목망 구축	25. 카탈로그 제작	노인 관련 모든 프로그램을 한 곳에 모으는 카탈로그 제작	4,000
	26. 문화 +65	노인들이 문화 콘텐츠를 쉽게 향유할 수 있도록 가격 등 장벽 제거	기존 시 사업 예산 활용
	27. 공공장소 문화행사 개최 시 노인좌석 우선 확보	도로, 공원 등 공공장소에서 개최되는 문화행사에 노인들을 가장 앞쪽에 자리할 수 있도록 조치	기존 시 사업 예산 활용
	28. 청년창업 멘토	청년 창업자들에 노인들의 지식을 나눠주기 위한 멘토 사업 실시	3,000/년간

출처: Manresa, ciudad amiga de las personas mayores, 2013.

거로 2013년 9월에 실행계획을 수립하였고, 이를 WHO에 제출하였다. 실행계획에 포함되었던 28개의 이행 과제는 2016년 현재까지 만레사시의 노인정책 어젠다로서 시행되고 있다. 비록 가입이 우선되었고 추후 실행계획이 수립되었지만, 가입 시의 약속을 이행하기 위한 과정을 그대로 따른 것이다.

만레사시 실행계획에는 원래 WHO 네트워크 가입을 결정할 때 실현가능한 사업으로 계획된 것들이 그대로 포함되어 있다표 3-1. 지자체가 하고 있던 여러 부서의 기존 사업에 고령자인 시민들을 배려하는 관점을 추가하였고, 부서 간 협업을 통해 성과를 공유하는 방법으로 접근한 것이다. 좋은 예를 들어보면, 도로보수 사업을 맡은 부서와의 협업을 통해 기존 사업 진행 시에 고령자의 보행을 용이하게 하기 위해 유니버설디자인을 추가하도록 하였다.

결과적으로 만레사시의 진단 및 계획수립 과정은 재정부담이라는 현실적인 제약을 극복하고 지방자치단체의 고령친화도시 구현의지를 적절히 담아서 실현가능한 실행계획을 수립한 사례라고 볼 수 있다.

만레사시 고령친화도시 가입과정의 특징

만레사시가 고령친화도시 네트워크에 가입하게 된 출발은 중앙정부 차원의 노인조직인 임세르소가 각 지자체의 임세르소를 통해 가입을 권유한 것에서 비롯되었다. 여기에 담당 공무원의 노인분야 근무경력에 따른 경험과 정확한 판단이 작용하여 고령친화도시 네트워크 가입과 이후 추진계획을 수립하게 되었다. 일반적으로 정책결정의 방법 중에서 상향식 의견수렴 방법bottom up을 민주적인 것이라고 평가한다. 왜냐하면 상향식의 과정은 주민이나 이용자들의 의사를 적극적으로 반영할 수 있는 이점이 있기 때문이다. 그러나 만레사시에서 보이는 관 주도, 즉 하향식의 정책결정top-down은 나름대로의 장점을 가진다. 관료들의 정확한 판단과 즉각적인 하향식 결정을 통해 사회구성원들에게 제공되는 파급효과가 크다면 관료적인 정책결정이 장점이 될 수 있을 것이다. 따라서 만레사시 사례는 관 주도의 성공 사례로 평가할 수가 있으며, 특히 재정여건이 취약한 도시에서 적용가능한 모델이라고 할 수 있다. 다만 앞으로 그들이 제시한 실행계획을 어떻게 추진해 나가며, 또 어떻게 그들의 성과를 객관적으로 피드백 받아 다음 단계의 계획을 수립하고 멤버십을 유지해 갈 것인지가 관건이다.

3) 민간전문가 주도의 모델: 포르투

포르투갈은 현재 고령화율이 20%로 초고령사회에 진입했음에도 불구하고, 중앙정부는 물론 지자체인 포르투시도 아직 노인인구집단에 대한 정책적 관심이 부족한 실정이다. 단지 포르투시에서는 관광객 중 다수가 노인이므로 도시행정 중 교통체계, 도로망 등에서 고령자들의 접근성에 관심을 가져야 한다는 논의가 있을 정도일 뿐 공적 차원에서 고령자들의 삶에 대한 논의는 거의 없었다. 그러나 공공의 관심이 부족한 데 반해 민간의 관심과 노력은 국가나 지역사회의 노인문제 해결에서 주도적인 역할을 하기도 한다. 포르투시의 고령친화도시 네트워크 가입은 그중 한 가지 예가 된다.

(1) 가입서 제출 및 진단

가입의사 결정

WHO의 고령친화도시 네트워크 담당부서의 알렉산드레 칼라쵸Alexandre Kalacho 씨는 2007년에 리스본을 방문하여 고령친화도시 가입을 위한 설명회를 개최하였다. 마침 이 컨퍼런스에는 포르투 고등보건기술대학ESTSP 작업치료학과 교수인 빠울라 뽀르뚜갈Paula Portugal이 참석하였다. 그는 컨퍼런스에서 들은 WHO 고령친화도시 네트워크 가입정보를 포르투시 담당 공무원에게 전하였고, 포르투시가 네트워크에 가입해야 할 당위성을 설명하였다. 물론 최종적인 의사결정은 포르투시가 하였지만, 그 과정에서 시와 시의회가 최종 결정을 하도록 설득하고 정책결정의 확신을 준 것은 민간전문가였다. 특히 그가 시의회 의장을 설득하여 동의를 얻어낸 것이 중요한 계기를 만들어내었다.

일반적으로 지방정부는 노인들의 욕구에 대한 민감도가 높아야 하지만 포르투시의 경우에는 중앙정부와 마찬가지로 노인문제 전반에 대한 정책적 관심이 낮았다. 따라서 시 차원에서는 전혀 관심을 기울이지 않았으며, 오히려 민간전문가의 역할을 통해 정책결정의 계기가 마련되었다.

네트워크 가입

포르투는 민간전문가인 교수가 의회와 공무원들을 지속적으로 설득함으로써 WHO 네트워크 가입의사를 결정하였다. 특히 그는 포르투시가 고령친화도시 네트워크 가입을 위한 준비과정에 예산이 반영되기 어렵다는 현실을 사전에 알면서도 가입을 준비하자고 제안하였다. 따라서 포르투는 2010년에 소도시인 만레사처럼 WHO에 가입 신청서를 보내어 네트워크 멤버십을 가진 후 실행계획을 마련하고 있는 중이다.

지역 진단

포르투의 경우 네트워크 가입준비를 위한 예산은 확보되지 않았지만 전문가가 주도하였기 때문에 기본적인 수준의 성과를 얻을 수 있었다. 주로 예산은 지역의 노인욕구를 진단하는 과정에 필요한 것이다. 따라서 시에 제안을 했던 교수는 자신이 속한 작업치료학과 학생들과 함께 포르투시의 고령친화적인 조건과 노인욕구를 조사하였다. 이런 자발적인 과정이 가능했던 것은 주도했던 교수가 작업치료를 전공하는 학생들은 노인 관련 이슈를 실제로 보고 체험해야 한다고 생각하여 수업의 일환으로 학생들과 함께 지역진단을 했기 때문이다. 학생들은 조사에 참여한 후 그 과정에서 파악한 자료들을 직접 보고서로 작성하였고, 그것을 근거로 하여 포르투시 노인들의 욕구가 확인되었다.

노인 관련 전문가 및 실무자들을 대상으로 시작한 진단은 3년만에 종료되었다. 이 과정에서 시의 협조를 통해 노인단체들의 참여와 지역사회 홍보가 이루어졌다. 결과적으로 시와 민간전문가가 상호 역할분담을 함으로써 진단이 이루어질 수 있었다. 다시 말해 포르투는 민과 관이 협력관계

1. **표적집단면접 실시** 표적집단면접은 전문가 2명과 훈련된 고등보건기술대학 학생 10명이 실시했음. 면접은 효율적으로 진행하기 위해 두 단계로 진행되었는데, 1단계는 구도심 위주로, 2단계는 포르투 전역에서 이루어졌음. 표적집단면접에는 15개의 노인 그룹, 8개의 복지서비스 제공 그룹, 3개의 노인돌보미 그룹에서 총 147명이 참여하였음. 10명의 학생을 포함한 12명의 조사원들이 인터뷰 내용을 기록하고 녹음하였음.

2. **워크숍 개최** 진단과정의 책임을 맡은 교수 주도하에 6회의 워크숍이 개최되었음. 워크숍에는 노인돌보미, 노인 관련 기관 종사자, 의사, 심리학자 등이 참석하였음. 워크숍은 한 집단에 90명씩, 6회에 걸쳐 진행되었으며, 각 회당 진행시간은 2시간 30분 정도였음. 워크숍 결과는 컨퍼런스를 통해 발표되었고, 참석한 청중들의 의견도 추가로 수렴하였음.

를 유지함으로써 WHO 고령친화도시 네트워크 가입 이후의 진단과정이 진행되었다.

(3) 실행계획 수립 및 제출

포르투시는 최종 발표회에서 수렴된 내용을 토대로 하여 2016년 현재 실행계획을 마련하고 있다. 포르투시의 경우도 실행계획의 실현가능성을 높이기 위해 다른 소도시처럼 기존의 노인서비스나 관련 정책을 실행계획에 배치시키고 있어서 실현가능성에는 크게 무리가 없을 것이다. 왜냐하면 실행계획 자체가 포르투시의 노인정책 어젠다이므로, 현재 시행되고 있는 노인사업이나 계획은 당연히 이 프로젝트에 포함될 수 있기 때문이다.

예를 들면 포르투시는 원래 도시계획 속에 물리적 환경개선이 포함되어 있어서 WHO 고령친화도시 8차원의 영역 중 하나인 물리적 환경에 고령친화적 조건을 부여하는 것은 실현가능성이 높다. 시의 생각은 포르투시는 관광객이 많고 그중 다수가 노인이므로 그들을 위한 시설개선이 곧 고령친화적인 환경조성으로 연결된다는 것이다. 이처럼 기존 노인 관련 사업을 실행계획에 포함시키는 것은 실현가능성을 높여준다는 의미에서 매우 고무적이다.

포르투시 고령친화도시 가입과정의 특징

포르투시 고령친화도시 네트워크 가입은 앞서 소개한 다른 도시들과는 달리 공공이 아직 관심을 갖지 않은 시점에서 민간전문가의 제안으로 이루어졌다는 특징을 볼 수 있다. 즉, 민간전문가가 공무원과 정치인들을 설득하여 WHO 네트워크에 가입한 것이다. 또한 공공예산이 반영되지 않은 상태에서 도시의 고령친화조건과 노인욕구에 대한 진단이 이루어졌다는 점도 볼 수 있었다. 그럼에도 불구하고 전문가가 주도하였기 때문에 진단과정은 매우 체계적이었다. 한편 공공은 예산지원은 하지 않았지만 표적집단면접과 워크숍 등 진단이 원활하게 진행될 수 있도록 행정적으로 지원해 주었다. 특히 작업치료학과 학생들이 실습의 연장선상에서 노인과 노화를 더 많이 이해하도록 참여시켰다는 점도 인상적이다.

전문성을 전제로 한 진단과정은 총 3년만에 마무리되었다. 즉, 같은 전문가집단이 시행한 바르셀로나에 비해 예산이 반영되지 않음으로 인해 기간이 더 많이 소요되었다. 포르투시의 WHO 고령친화도시 네트워크 가입과 이후의 진행에서 나타난 특징은 민과 관이 적절하게 윈윈한 결과라고 평가할 수 있다. 또한 실행계획의 실천가능성을 높이기 위해 다른 소도시처럼 기존의 노인서비스나 관련 정책을 계획 속에 포함시키고 있다는 점도 눈여겨 볼 수 있다. 게다가 전문가의 입장에서 실행계획의 실천전략으로 관광도시인 포르투의 관광정책과 연계하려는 계획이나 시민들의 홍보를 중요전략으로 생각하는 것도 재정이 약한 포르투시를 고령친화도시로 발전시키는 데 중요한 전략이 될 것이다.

3. 고령친화도시 네트워크 가입 이후의 과제

네트워크에 가입한 도시들이 직면한 공통된 과제는 누가 어떻게 실행계획에 근거한 정책어젠다를 수행한 결과를 평가하고 추진방향을 객관적으로 제시할 것인가이다. 왜냐하면 네트워크 획득 이후 3년, 그리고 이후 매 5년마다 지자체가 추진한 정책을 자체평가하고, 그 결과에 근거하여 새로운 실행계획을 수립하여 WHO에 제출해야만 회원도시로서의 자격을 유지할 수 있기 때문이다.

객관적으로 볼 때 실행계획의 이행 정도 및 파급효과는 사업의 시행 주체인 지자체가 평가할 수는 없다. 따라서 수행결과를 평가하고 장기적인 방향을 제시하기 위해서는 객관적이고 전문성 있는 주체가 별도로 조직화되어 작동해야 한다. 그리고 이 조직은 매년 지자체가 시행하는 사업의 결과에 대한 자료를 수집하고 분석하며 DB를 구축하여 지자체에 권고해 줌으로써 도시가 추구해 나갈 고령친화도시로서의 방향을 제시해 주어야 한다. 이미 WHO는 제3자로서 평가조직이 있어야 함을 제안하였다. 따라서 모든 고령친화도시에게 주어진 공통된 과제는 지자체가 이행한 실행계획을 평가하기 위한 체계와 조직을 구축하는 것이다.

　하지만 WHO는 이 프로젝트가 시행초기인 만큼 여전히 가입도시의 확대에 주력하고 있는 것 같다. 최근 아시아권에서 많은 도시들이 가입하고 있는 가운데, 대륙별로 권역화하려는 움직임이 보이는 것도 WHO 노력의 일환이라고 볼 수 있다. 하지만 WHO 고령친화도시 멤버십을 가진 도시들 중에는 재정여건이 충분하지 못한 소도시들도 많다. 게다가 WHO 프로젝트는 회원도시들에게 실행계획을 의무적으로 이행해야 한다는 강제성도 부여하지 않았다. 말 그대로 WHO 사업은 프로젝트이며 운동이라고 할 수 있다. 또한 WHO는 이 프로젝트가 추구하는 방향을 노인들의 관심과 참여, 시민들의 고령친화도시에 대한 정보공유 및 이해를 통해 지역사회 구성원들의 인식과 활동을 고령친화적으로 변화시켜 가는 것에 두고 있다. 그러므로 네트워크에 가입한 소도시들은 WHO의 정책적인 방향에 동참하면서 그들 도시여건에 맞춰 고령친화도시를 구현해 보려는 열정과 목표를 가지고 있고, 정책결정자들도 야심찬 계획을 가질 만하다. 그렇지만 장기적으로 멤버십을 가진 도시들이 그 자격을 유지하기 위해서는 객관적인 평가가 병행되어야 하고, 지속적인 피드백을 통해 회원도시들이 책임감을 가지고 이 프로젝트를 계속 추진해 가도록 격려해 주어야 할 것이다.

　한편 재정적 역량이나 도시의 인프라가 상당 부분 축적된 대도시들은 WHO 네트워크에 가입한 결과를 성과로서 보여주어야 할 시점이다. 이와 관련하여 최근에는 일찍 네트워크에 가입했던 도시들을 중심으로 두번째 실행계획을 준비하면서 새로운 문제가 제기되고 있다. 이는 주로 재정여건이 양호한 대도시들이 제기하고 있는 문제로서, WHO 8대 가이드라인의 실용성에 관한 것이다. 다시 말하면 WHO와의 약속인 실행계획과는 별도로 각 도시가 수행하고 있는 노인 관련 정책들을 어떻게 WHO의 계획과 조화롭게 병행할 것인가 하는 것이다. 즉, 유럽 도시들이 추진해 온 활기찬 노화정책과 WHO의 고령친화도시 프로젝트 간의 조율이 필요하다는 것이다. 예를 들면 바르셀로나는 자체적으로 실행계획을 시행해 본 결과, 다음 단계의 실행계획에서 8대 영역의 가이드라인을 5영역으로 조정하는 것을 고려하고 있다. 바르셀로나시는 고령친화적인 조건이 필요한 5영역으로 도시환경, 사회환경, 물리적 환경, 디지털환경, 서비스환경을 포함시키고 있다. 이러한 현상은 유럽 내의 여러 회원도시에서 공통적으로 나타나고 있으며, 매우 고무적이라고 할 수 있다. 왜냐하면 WHO가 이 프로젝트를 제시한 시점에 이미 많은 도시들은 상당한 수준의 노인정책을 시행하고 있었으므로 표준화된 WHO 가이드라인보다는 도시가 지향하는 새로운 정책과 차별화된 노인욕구들을 중요하게 반영해야 하기 때문이다.

　세계 많은 도시들이 이런 현실적인 문제를 해결하고 WHO의 정책에 동참하게 하려면, WHO는 도시별 차이와 가입시점의 차이를 전제로 하면서 회원도시들이 지향해야 할 방향을 폭넓게 제시해 줄 필요가 있을 것이다.

PART 4

고령친화도시 사례

스페인

1. 과거와 현재

세상의 끝

지구가 편평하다고 믿었을 때 스페인은 세상의 끝이었다. 스페인이 세상의 끝이었을 때 스페인에 도착했던 사람들의 선택은 그들이 왔던 곳으로 돌아가든가 스페인에 머무르든가 둘 중의 하나였다. 왔던 곳으로 다시 돌아갔던 사람들은 그리스 사람들과 페니키아 사람들이었고, 머문 사람들은 로마 사람들이었다. 포에니 전쟁에서 승리하고 지중해를 장악한 로마인들은 스페인 반도를 식민지로 삼고 그들의 도시를 건설했다. 그리고 그들의 제도, 관습, 문화, 언어까지 덤으로 남겨주었다. 세비야, 사라고사, 따라고나, 바르셀로나 등 스페인의 주요 도시들은 2000년 전에 로마인들이 건설한 도시들이다.

보다 먼 곳을 향하여, 세상의 시작

1492년 콜롬부스의 아메리카 대륙의 발견은 스페인을 세상의 끝이 아닌, 새로운 세계로 가는 출발점으로 만들었다. 침략 당하던 입장에서 침략하는 입장으로 바뀐 스페인은 이른바 해가 지지 않는 제국을 구축하고 15세기에서 16세기에 걸쳐 세계 최강자로 군림했다. 그러나 신대륙 발견은 외형적으로는 스페인 영광의 시작이었지만 실재로는 스페인 몰락의 시작이기도 했다. 신대륙에서 가져온 수많은 자원들은 스페인 국가 발전이 아닌 왕실과 귀족의 사치품으로만 쓰였다. 자원들은 오히려 스페인을 통해 유럽으로 흘러들어가 영국, 프랑스 등 유럽 국가들을 살찌우는 계기가 되었다. 끊임없는 전쟁에 국민들의 삶은 피폐해졌고 왕실은 무능했다. 국가의 히리를 담당했던 유대인을 몰아낸 것도 결과적으로는 큰 실책이었다. 건사해야 할 몸뚱이는 커졌지만 그 몸뚱이 말단까지 피를 보내야 할 심장은 작아졌다. 몸만 커져버린 스페인이라는 나라는 열강의 틈 사이에서 서서히 몰락하고 있었다.

스페인 내전

스페인이 갖고 있던 주도권은 다른 열강들에게 넘어가고 스페인은 과거의 영광에 만족해야 했다. 1700년대 초반의 왕위계승 전쟁, 1800년대 초반의 나폴레옹군의 침략으로 큰 피해를 입은 스페인은 결국 1898년 쿠바와 필리핀을 마지막으로 모든 식민지를 잃게 된다. 바르셀로나를 중심으로 급속한 산업화를 이루었지만 스페인은 이념 대립의 소용돌이 속으로 빠져들게 되었다. 사회는 혼란스러웠고 국가는 이를 통제할 능력이 없었다. 결국 스페인은 1936년부터 1939년까지 3년에 걸쳐 동족 간에 총부리를 겨누는 내전을 겪게 된다. 역사상 가장 잔인한 전쟁으로 기록되는 스페인 내전은 한동안 스페인을 유럽에서 가장 낙후된 나라로 남게 만들었다.

국제적 고립, 그리고 회복

내전이 끝난 후, 민주진영, 공산진영 양쪽으로부터 버림을 받았던 스페인은 냉전시대의 전략적 가치를 인정한 미국의 경제적 도움으로 서서히 일어서기 시작했다. 로마의 흔적이 고스란히 남아 있고 가톨릭 국가이면서도 이슬람의 흔적이 그 어느 나라보다 잘 보존되어 있던 스페인을 서방 관광객들이 찾기 시작하면서 외국 자본이 빠르게 유입되기 시작했다. 아울러 프랑코 독재기간 동안 육성된 중화학공업은 때마침 불어닥친 전 세계적인 성장 붐을 타고 스페인 성장의 원동력이 되었다. 게다가 1970년대까지만 해도 유럽의 변방이었던 스페인은 EU 편입에 따른 반사효과, 그리고 건설경기 활성화에 따른 경제성장으로 1997년부터 2007년까지 이어진 이른바, 꿈의 십 년을 겪으면서 2007년에는 GDP 기준으로 세계 8위까지 오르기도 했다.

2. 정치·행정

스페인에는 스페인 사람이 없다

스페인은 왕이 국가를 대표하는 입헌군주국이면서 총리Presidente가 행정을 책임진다. 총리는 하원에서 재적과반수의 신임을 받아 국왕이 임명한다. 입법부는 상원과 하원으로 이루어진 양원제이다. 마드리드 자치주Comunidad de Madrid, 까딸루냐Cataluña, 안달루시아Andalucia주 등의 열일곱 개의 지방으로 구성된 스페인은 유럽에서도 지방자치가 가장 발달한 나라 중 하나다. 국방과 외교를 제외한 대부분의 행정은 각 지방정부가 직접 수행하고 있다. 각 지방들은 행정적으로만 나누어져 있는 것이 아니라 지리적·문화적으로도 다른 특성을 갖고 있다. 까딸루냐, 갈리시아, 바스크 지역 같은 곳은 우리가 아는 스페인어가 아닌 자신들의 고유 언어인 까딸루냐어와 바스크어를 사용하고 있으며, 삶에 대한 인식 자체가 다른 지역과 확연하게 다르다. 바르셀로나가 속해 있는 까딸루냐주와 빌바오가 속해 있는 바스크주가 스페인으로부터의 분리 독립을 지속적으로 추진하고 있는 것은 이런 경향의 연장선상이다. 일부 사람들은 스페인에 가면 스페인 사람은 없고 열일곱 종류의 서로 다른 지방 사람들이 있다고 말하기까지 한다.

이러한 특징이 앞으로 소개할 사례에서도 잘 나타나는데, 노인문제 등 제반 문제는 중앙정부 차원에서 대처하기보다는 자신들이 살고 있는 지방자치단체 차원에서 스스로 찾아내고 해결해가는 것을 볼 수 있다. 이러한 방법은 얼핏 보면 더딘 것 같지만 문제해결에 지역의 특성이 반영될 수 있다는 이점이 있다.

3. 경제

스페인 경제의 효자, 관광산업

스페인의 자연환경은 지역별로 매우 다르다. 그라나다 부근 네바다산맥처럼 여덟 달 이상 눈으로 덮여 있는 지역이 있는가 하면, 무르시아 지방에는 할리우드의 서부영화 촬영지로 각광 받았던 사막지역도 있다. 일부지역을 제외하고는 일조량이 풍부하여 실내활동보다는 야외활동에 더 적합한 나라이다. 이와 같은 기후적인 장점은 스페인을 이른바 '태양과 해변Sol y Playa'의 이미지로 자리 잡게 했고, 스페인 정부는 이를 관광객 유치에 적극 활용해왔다. 일 년에 스페인을 찾아오는 외국 관광객이 2012년을 기준으로 57.5백만 명에 달해 프랑스83백만 명, 미국67백만 명, 중국57.7백만 명에 이어 세계 4위를 차지한다. 관광수입면으로는 미국에 이어 두 번째를 차지하고 있다. 이와 같은 관광산업의 중요성은 수치로도 잘 나타난다. 스페인 관광산업은 총 GDP의 10.9%, 그리고 총 고용의 11.9%를 차지하고 있다. 스페인이 경제위기 속에서도 무너지지 않고 버텨나가고 있는 가장 큰 이유는 관광이라는 든든한 버팀목이 있기 때문이다. 2010년 이후 매년 4% 이상의 성장을 달성해오고 있다는 것이 이를 잘 말해준다.

세계 8위 자동차 생산국

스페인은 관광국가의 이미지 말고도 공업국가의 얼굴도 갖고 있다. 스페인 국내에서 생산하는 자동차 대수가 270만 대에 달하는 세계 8위의 자동차 생산국이라는 것을 아는 사람은 많지 않다. 그리고 이중 85%에 달하는 230만 대는 한국을 포함한 외국에 수출을 하였다. 신재생에너지 분야에서도 선진국인데, 2014년 총 전력사용량의 42%를 신재생에너지를 사용하여 발전한 전기로 충당했다. 그리고 스페인은 우리가 일반적으로 생각하듯이 수입만 하는 나라가 아니라 수출도 많이 하는 나라다. 총 GDP에서 수출이 차지하는 비중이 35%나 된다. 주요 수출 품목으로는 올리브, 와인 같은 품목뿐 아니라 기계설비, 자동차, 식품, 화학제품 등 공산품도 많다.

스페인 경제위기

1997년부터 2007년까지 "꿈의 십 년"이라고 불렸던 경제 호황기를 거치면서 스페인 경제는 GDP 기준 세계 8위까지 가파르게 성장했다. 그러나 2007년 말, 이른바 서브프라임 모기지 사태로 촉발된 글로벌 경제위기는 스페인 경제를 심각한 위기 속으로 빠트렸다. 스페인 경제를 견인했던 건설경기는 부동산 버블이 터짐과 동시에 순식간에 위기로 몰아넣었다. 실업률은 2007년 8%대에서 2013년에는 26%까지 치솟았고, 재정적자 폭은 2010년의 경우 총 GDP의 11.4%에 달했다. 스페인 경제위기는 스페인 내부의 문제가 아니라고 그 의미를 축소했던 스페인 정부는 결국 스페인 경제의 구조적인 문제를 시인하고 긴축을 통해 구조조정을 시도했다. 노동생산성을 끌어올리고 임금을 삭감하는 등과 같은 구조조정의 노력을 통해 2013년 3사분기를 기준으로 위기의 저섬을 찍고 비록 느리기는 하나 조금씩 회복되고 있다. 구조조정 노력과 함께 스페인 경제회복의 효자노릇을 한 것은 위기 속에서도 지속적으로 성장하고 있는 관광산업과 스페인 제품의 가격경쟁력 제고로 인한 수출증가를 들 수 있다.

4. 문화

스페인 문화의 특징, 다양성

로마의 식민지화에 이은 서고트족의 유입, 800년에 걸친 이슬람의 지배 등 스페인은 끊임없는 외세의 침략을 받았다. 한편으로는 지중해 진출, 중남미 정복 등 침략의 역사도 가지고 있다. 이처럼 침략당하고 또 침략하면서 자연스럽게 받아들인 새로운 문화들이 오늘날 스페인 문화가 보여주는 다양성의 기반이 되고 있다. 16세기의 엘 그레꼬El Greco, 17세기의 벨레스께스Velazquez, 18세기의 고야Goya, 그리고 이후 소로야Sorrolla, 피카소Picasso, 미로Miro, 달리Dali로 이어지는 스페인 미술과 함께 가우디Gaudi로 대변되는 스페인 건축 역시 이러한 문화적 다양성을 기반으로 하고 있다.

일반적으로 외국인들은 스페인을 뭔가 후진적인 요소를 많이 갖고 있는 나라로 인식하는 경향이 많다. 이는 과거 스페인이 국제 사회로부터 고립된 이후 막 개방되었을 때 보인 낙후된 이미지가 너무 강했기 때문일 것이다. 이런 낙후된 이미지는 스페인이 선진국의 대열에 들어선 오늘날까지도 강하게 남아 있다. 정확하지 않은 시간개념, 동물보호론자들의 반대 속에서도 여전히 시행되고 있는 투우, 집시와 플라멩꼬, 그리고 스페인 특유의 이국적인 축제들은 스페인을 후진적인 나라로 상상하게 한다. 그러나 실제로 만나게 되는 스페인은 일부 후진적인 요소를 갖고 있는 것이 사실이긴 하지만 여러 면에서 선진국이다. 특히 문화적인 면에서는 더욱 더 그렇다.

투우, 플라멩꼬, 집시

한 나라를 생각할 때 떠오르는 이미지들이 있다. 그런데 스페인처럼 확 떠오르는 이미지를 갖고 있는 나라는 많지 않다. 투우, 플라멩꼬, 집시, 축제, 카르멘, 그리고 최근에는 축구까지. 이것들은 우리가 스페인을 생각할 때 떠올리는 일반적인 이미지들이다. 그래서인지 스페인은 더욱 정열적이고 이국적이다.

사실 투우나 플라멩꼬 같은 것들은 워싱턴 어빙Washington Irving과 같은 19세기 낭만주의 작가들에 의해서 만들어진 스페인의 피상적인 이미지일 수도 있다. 스페인 사람에게 투우와 플라멩꼬가 스페인의 대표적 문화 코드라고 이야기하면 득보다 실이 많을 수도 있다는 것에 주의해야 한다. 스페인 중앙정부로부터 멀어지고자 하는 까딸루냐 지방 같은 경우는 투우나 플라멩꼬 같은 것은 자기들 것이 아니라는 인식이 강하다. 실재로 까딸루냐의 경우 2004년부터 투우를 금지하고 있다. 2006년에 스페인 일간 신문 엘 빠이스El Pais가 조사한 바에 따르면 응답자의 72.3%가 투우에 전혀 관심이 없다고 답했다. 그리고 이 비율은 까딸루냐 지방에서는 81%까지 올라갔다. 플라멩꼬 역시 스페인 남쪽에서 주로 추는 춤으로 인식하는 경향이 강하지 자신들의 문화라고는 생각하지 않는다. 까딸루냐 지방에서는 자신들의 민속춤인 사르다나를 좋아하지 플라멩꼬는 좋아하지 않는다.

설령 그렇다 하더라도 투우와 플라멩꼬는 스페인의 외면을 형성하는 중요한 요소임에는 틀림이 없다. 스페인의 유명한 철학자 호세 오르떼가 이 기셋José Ortega y Gasset은 '투우를 배제하고 스페인 역사를 이야기한다는 것은 불가능한 일'이라고 역설했다. 스페인 유명 예술가들의 작품에서 투우를 모티브로 한 것을 보는 것은 어려운 일이 아니다. 화가 고야와 피카소의 그림 속에서, 그리고 로르까Lorca와 같은 작가들의 문학작품 속에서 스페인 투우는 여전히 살아 있는 실체로 존재하고 있다.

집시 역시 스페인의 이미지를 형성하는 중요한 아이콘이다. 우리에게 집시라는 단어는 낭만적인 유랑민족을 떠올리지만 실제로는 유대인 못지않게 핍박 받았던 유럽 소수민족의 하나이다. 그들은 지금까지도 사회에 동화되지 못하고 그들끼리의 유리된 삶을 살아가고 있다. 미움을 받기는 해도 든든한 경제력과 뛰어난 손재주를 갖고 있던 유대인들과는 달리 집시들은 그들의 환영받지 못하는 생활양식으로 인해 사회 최하층민으로 천대를 받으며 살아왔다. 그런 이유로 한곳에 정착하지 못하고 부평초처럼 옮겨 다니며 싸움, 도둑질, 암거래 등을 일삼으며 살아왔다. 그라나다의 알바이신 지구, 세비야, 바르셀로나 등과 같은 도시에는 여전히 집시들의 거주지가 있다.

음식문화

스페인을 대표하는 음식을 말하라고 하면 난감해진다. 왜냐하면 스페인을 대표하는 음식이라기보다는 각 지방을 대표하는 음식이라는 표현이 더 정확하기 때문이다. 물론 발렌시아 지방이 원조인 빠에야Paella 같은 음식은 최근에는 스페인 전역에서 맛볼 수 있기 때문에 빠에야를 스페인을 대표하는 음식이라고 할 수도 있겠다. 세고비아Segovia를 중심으로 중부지방에서 주로 먹는 새끼돼지 요리 꼬치니요 아사도Cochinillo Asado 역시 관광객에게 잘 알려진 음식이다. 이밖에도 갈리시아Galicia 지방 문어 요리인 뿔뽀 가예고Pulpo Gallego나 까딸루냐 지방 파 요리 깔솟Calçot 역시 대중적인 인기를 얻고 있다. 그러나 뭐니 뭐니 해도 스페인 음식하면 하몬Jamon을 들 수 있을 것 같다. 돼지 다리를 잘라 소금으로 염장한 뒤 일정 기간 건조한 후 얇게 잘라서 먹는 하몬을 빼놓고는 스페인 음식문화를 이야기할 수 없다. 상온에서 오래 보관할 수 있다는 장점 때문에 스페인 선원들의 필수 품목이었고, 콜롬부스의 신대륙 발견은 하몬 덕분에 가능했다라는 말이 있을 정도다. 따빠Tapa 역시 스페인 음식을 말할 때 많이 언급된다. 따빠는 따빠르Tapar, 즉 '덮다'에서 유래가 되었는데, 따빠르는 남은 음식을 덮어둘 때 사용하는 작은 접시를 일컫는 말이다. 그래서 따빠는 조그만 접시에 소량의 음식을 담아내는 것인데, 음식 양이 많지 않고 이것저것 다양하게 맛볼 수 있다는 장점이 있다.

5. 노인인구 현황

인구변화 추이

스페인의 국토면적은 약 500,000㎢로 우리나라의 다섯 배 정도이다. 반면 인구는 2014년 1월 기준 46,507,760명으로 우리나라보다 조금 적다. 국토면적은 우리의 다섯 배이면서 인구밀도는 우리의 20% 수준이라 비교적 넓은 공간에서 쾌적한 삶을 누리고 있는 것이다. 이러한 스페인은 전통적으로 인구 증가 국가였다. 그러나 2012년을 기준으로 인구가 감소하는 국가로 바뀌었다. 이는 사망률이 출산율보다 높은데 따른 자연 감소가 주원인이다. 출산율 감소는 가임여성 수의 감소에 기인한다. 스페인은 우리나라와 함께 출산율이 가장 낮은 나라 중 하나이다. 앞으로가 더 문제인데, 15세부터 49세 사이의 가임여성 수가 2029년까지 190만 명이, 그리고 2049년까지는 430만 명이 감소할 것으로 예상된다. 인구 감소의 또 다른 원인은 2008년 이후

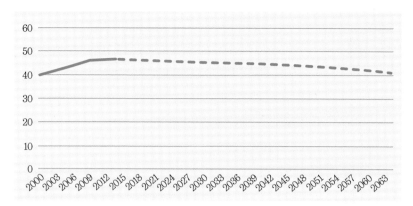

[그림 4-1] 스페인 인구변동 추이(2000-2063)

출처: 스페인 통계청 INE 보도자료(2014.10.28).

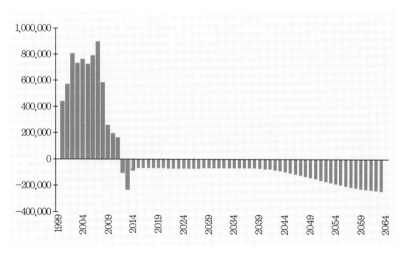

[그림 4-2] 연도별 인구증감율(2000-2063)

출처: 스페인 통계청 INE 보도자료(2014.10.28).

계속되고 있는 경제 위기로 인해 일자리를 잃은 이민자들이 본국으로 돌아가고, 스페인 젊은이들의 해외 취업이 증가하고 있기 때문이다. 연령대별로 보면 20세–39세, 그리고 75세–79세의 감소가 두드러지는데, 이는 향후 지속가능한 성장의 걸림돌로 작용할 것이라는 우려가 있다. 75세–79세 연령대의 감소는 스페인 내전1936-1939으로 인한 출산율 감소에 기인한다.

노인인구 변화 추이

스페인은 일본, 슬로베니아와 함께 세계에서 가장 고령인구가 많은 나라로 분류된다. 2015년 1월에 발간된 스페인 노인자료Informes Envejecimiento en Red에 따르면, 2014년 1월 기준 총인구 46,771,341명 중 65세 이상이 8,442,427명으로 노인인구 비율이 18.1%에 이르는 고령사회이다. 2021년이 되면 이 비율은 20.6%까지 올라가 이른바 초고령사회에 진입하게 되고, 2029년에는 24.9%,

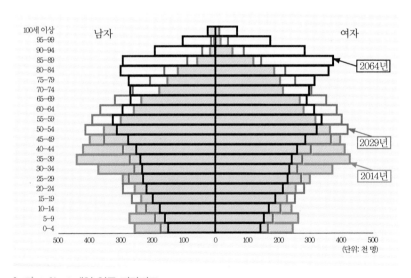

[그림 4-3] 스페인 인구 피라미드
출처: 스페인 통계청 INE 보도자료(2014.10.28).

2064년에는 38.7%까지 크게 늘어날 것으로 전망하고 있다.

젊은 인구 비율이 낮은 것도 큰 문제인데, 유엔의 '2014 세계인구편람El Estado de la Poblacion Mundial 2014'에 따르면, 스페인의 10세~24세 인구 비율이 14%에 불과하여 일본14%, 슬로베니아14%와 함께 세계에서 가장 낮은 수준이다. 1958년-1977년에 태어난 베이비붐 세대는 1천4백만 명에 이르는데, 이는 이후 20년간 태어난 세대에 비해 450만 명이 많고 이전 20년간 태어난 세대에 비해서도 250만 명이 많은 수치이다. 베이비붐 세대의 은퇴시기인 2024년이 되면 이들을 부양해야 하는 사회경제적 비용이 크게 증가할 수밖에 없는 것이 스페인이 당면한 문제다.

〈표 4-1〉 스페인 노인인구 변동 추이

| 년도 | 전체 | 65세 이상 | | 65~79세 | | 80세 이상 | |
	인구수	인구수	%	인구수	%	인구수	%
1900	18,618,086	967,774	5.2	852,389	4.6	115,385	0.6
1910	19,995,686	1,105,569	5.5	972,954	4.9	132,615	0.7
1920	21,389,842	1,216,693	5.7	1,073,679	5.0	143,014	0.7
1930	23,677,794	1,440,744	6.1	1,263,632	5.3	177,112	0.7
1940	26,015,907	1,699,860	6.5	1,475,702	5.7	224,158	0.9
1950	27,976,755	2,022,523	7.2	1,750,045	6.3	272,478	1.0
1960	30,528,539	2,505,165	8.2	2,136,190	7.0	368,975	1.2
1970	34,040,989	3,290,800	9.7	2,767,061	8.1	523,739	1.5
1981	37,683,362	4,236,740	11.2	3,511,599	9.3	725,141	1.9
1991	38,872,268	5,370,252	13.8	4,222,384	10.9	1,147,868	3.0
2001	40,847,371	6,958,516	17.0	5,378,194	13.2	1,580,322	3.9
2011	46,847,371	8,116,347	17.3	5,659,442	12.1	2,456,908	5.2
2021	46,037,605	9,466,481	20.6	6,462,726	14.0	3,003,755	6.5
2031	45,351,545	11,903,963	26.2	8,044,599	17.7	3,859,364	8.5
2041	44,680,774	14,791,516	33.1	9,531,604	21.3	5,259,912	11.8
2051	43,581,814	16,486,938	37.8	9,327,682	21.4	7,159,256	16.4
2061	41,603,330	16,095,184	38.7	7,326,273	17.6	8,768,911	21.1

출처: 스페인 통계청 INE 보도자료(2014.10.28).

[그림 4-3]의 인구 피라미드를 보면 현재 가장 인구가 많은 연령대는 35세-39세인데, 2029년에는 50세-54세 연령대가, 그리고 2064년이 되면 85세-89세 비율이 가장 높아진다. 우리나라의 경우 10세-24세 인구 비율은 스페인보다는 높은 19%지만, 전체적으로는 스페인의 추세를 그대로 따라가고 있다는 점에서 스페인과 크게 다를 것이 없다. 한편, 65세 이상 노인인구 중에는 여성이 4,828,927명[57%]이고, 남성이 3,613,455명[43%]으로 여성이 남성에 비해 1,215,427명 더 많다.

고령화 원인

스페인이 급속하게 고령화되어 가는 이유는 수명 연장과 출산율 감소로 설명할 수 있다. 스페인 사람들의 기대수명은 여성은 85.6세, 남성은 80세로 남녀 평균 82.8세에 달해 유럽에서 가장 기대수명이 높은 국가 중 하나이다. 1900년도의 평균 기대수명이 34.8세에 불과했던 것에 비하면 백 년만에 무려 두 배 이상이 늘어난 셈이다. 반면 앞서 말한 대로 출산율은 가장 낮은 편이고, 10세~24세 인구 비율 또한 14%에 불과한 것도 노인인구 비율을 높게 만드는 요인 중 하나이다.

이렇다보니 고령화로 인한 사회경제적 비용이 큰 폭으로 늘어나고 있다. '오래 산다는 것'은 축복일 수도 있지만, 어떤 의미에서는 개인과 사회의 고통을 동반한다는 양면을 가지고 있다. 스페인의 경우, 20세기 초까지만 해도 사망자의 30%만이 고령자였는데, 지금은 그 비율이 84.9%까지 올라갔다.

이제는 언제 죽는지가 문제가 아니라 어떻게 죽는지가 문제가 되는 시기가 된 것이다. 스페인 노인인구의 34.3%만이 자신이 건강하다고 생각하고 있고, 병원 입원환자의 50% 이상을 노인인구가 차지하고 있다.

노인 소득수준

2016년 현재 스페인 근로자들의 정년퇴직 시기는 65세 2개월이며, 2027
년에는 67세까지 늘어날 예정이다. 스페인 노인인구의 대부분은 어떤 형태
로든 사회보장 시스템Sitema de Seguridad Social하에서 연금을 받고 있다. 2014년
기준으로 1인 평균 월 874.4유로를 지급받고 있는데, 그중 가장 일반적인 퇴
직연금Pensiones de Jubilacion 지급수준은 월 평균 1,000유로 정도이다. 2014년 스
페인 최저임금이 645유로 수준인 것을 감안하면 적어도 경제적인 측면에
서는 노인세대가 다른 세대에 비해 여유롭다고 할 수 있다. 이런 현상을 반
영하듯 노인계층의 빈곤율은 12.7%로, 스페인 전체 빈곤율의 20.4%에 비해
낮은 수준이다. 흥미로운 것은 2011년까지만 해도 15세~64세의 빈곤율이
65세 이상 연령대의 빈곤율보다 낮았는데, 2011년을 기준으로 역전되었다.
이는 경제위기로 인해 경제활동인구의 소득이 급격하게 줄어든 데 비해 연
금수급 노인들의 소득은 큰 변화가 없었기 때문이다.

노인계층의 자가주택 소유율은 스페인 전체 평균인 77.7%보다 높은
89.2%에 이르는 것도 간과할 수 없는 부분이다. 이렇듯이 지출의 가장 큰
부분인 의료비[1]와 주거비에 대한 부담이 없으니 비교적 여유 있는 삶을 누
릴 수 있는 것이다. 지출 중 가장 많은 부분을 차지하는 것은 수도, 전기
등과 같은 공과금으로, 전체 지출의 41%를 차지하며 음식비가 그 뒤를 잇
고 있다.

물론 자가주택을 소유하고 있지 않고 연금소득이 주거비에도 못 미치는

---

[1] 스페인은 전 국민 대상의 의료보장제도가 갖춰져 있고, 의료서비스 이용 시 환자의 부담이 없다.
그러므로 만성질환으로 인해 병의원 이용이 잦은 노인들은 무상의료서비스를 적절하게 이용할
수 있다.

스페인 사회보장제도

스페인 사회보장제도Sistema de Seguridad Social는 스페인 헌법 41조에 기반을 두고 있다. 스페인 정부는 '모든 스페인 국민이 필요로 하는 충분한 범위의 사회보장제도를 유지해야 한다'라고 규정하고 있으며, 공적인 사회보장과는 별개로 개인의 자유 의지로 사적인 보장제도에도 가입할 수 있도록 하고 있다.

스페인 사회보장제도는 '공정하고 균형적이고 상호 연대적이어야 한다'고 정의하고 있으며, ①기본적으로 기여매월 일정액 부담, ②모든 사람에게 적용, ③세대 간의 연대, ④공평하고 비차별적, ⑤충분성 보장, ⑥하나의 계정으로 관리한다는 특징을 갖고 있다.

모든 국민은 사회보장보험Seguridad Social에 가입하고 매월 일정액을 부담하는 것을 기본으로 하지만, 기초수급자 등 부담이 어려운 경우에는 가입 여부와 무관하게 혜택을 받을 수 있으며비기여 혜택, 이에 필요한 예산은 기본적으로 국가에서 부담한다. 혜택의 종류로는 의료부조Sanitaria Asistencia, 사회복지Servicios Sociales, 노령연금Pension de Envejez, 장애연금Pension de Invalidez, 가족수당Prestaciones Familiares Economicas, 출산 및 육아수당Subsidio por Maternidad 등이 있다.

기여 혜택의 경우 모든 급여생활자와 자영업자의 당연 가입을 의무화하고 있다. 매월 일정 금액을 내고 필요할 때 혜택을 받는 것인데, 일반 월급생활자를 대상으로 하는 '일반제도Regimen General'와 자영업자, 탄광 광부와 해양 종사자 등을 대상으로 하는 '특별제도Regimen Espacial'가 있다. 혜택의 종류는 비기여 혜택의 경우와 유사하다. 차이가 있다면 재원의 경우 비기여 혜택은 국가가 부담하고 기여혜택은 근로자가 부담하는 것을 원칙으로 한다.

경우는 문제가 되기도 하지만, 일반적인 경우 적어도 자가주택을 보유하고 있어 주거비 지출이 없는 노인들은 연금만으로 생활할 수 있다. 반면 높은 실업률과 불확실한 미래로 인해 방황하는 젊은 세대는 노인세대가 향유하는 상대적인 넉넉함을 자신들이 짊어져야 할 부담으로 인식하는 경향이 있다. 2014년 10월 스페인 BBVA은행에서 조사한 설문 결과Las pensiones y los habitos de ahorro en Espanya에 따르면, 현재 경제활동을 하는 응답자의 63%가 은퇴 후 연금만으로 살아갈 수 없다고 응답하였다.

노인단독가구의 증가

수명이 늘어난다는 것은 배우자나 자식 등 다른 가족원의 도움을 필요로 할 가능성이 더 높아진다는 것을 의미한다. 전통적으로 가족주의의 특징을 갖고 있던 스페인의 경우 노인을 돌보는 것은 주로 가족 내에서 해결되었다. 그러나 산업화가 급속히 진행되면서 모든 것이 변해왔다. 산업사회에서는 농경사회와 달리 가족을 돌볼 수 있는 시간이 줄어들 수밖에 없는데, 스페인도 예외는 아니었다. 현재 스페인에서는 65세 이상 노인인구의 55% 정도가 가족과 떨어져 부부 두 사람만 살고 있다. 노인단독가구 수는 약 180만 가구인데, 그중 여성노인이 남성노인보다 네 배가 높다. 특히 단독가구 노인 비율이 증가하면서 이들의 고독사 문제가 사회문제로 대두되고 있다.

[그림 4-4]를 보면 65-74세 연령대에는 부부가 함께 사는 비율이 가장 높고, 더 나이가 들면서 점차 노인단독가구 비율이 늘어난다. 또한 [그림 4-5]에서 성별로 보면 65세 이상에서 남성의 독거 비율은 6.2%인데 반해 여성의 독거 비율은 28.3%로 그 비율이 훨씬 높다는 것을 알 수 있다.

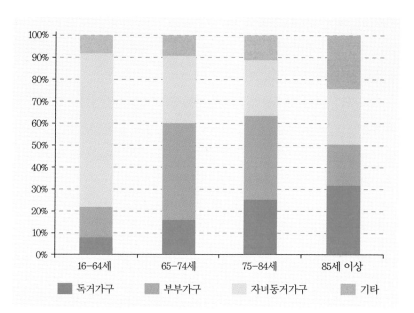

[그림 4-4] 연령대별 주거형태

출처: Informes Envejecimiento en Red, CSIS.

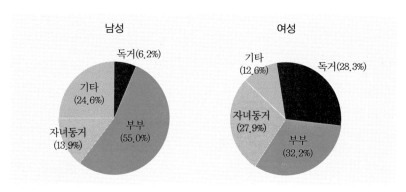

[그림 4-5] 성별 주거형태

출처: 2015 Informes Envejecimiento en Red, CSIS.

6. 활기찬 노화와 고령친화도시 가입

활기찬 노화

스페인 베이비붐 세대의 은퇴가 시작됨에 따라 이들의 지속적인 사회참여는 개인적으로나 사회적으로 매우 중요한 문제가 되었다. 바르셀로나에 있는 비즈니스 스쿨 IESE의 에우헤니오 비아사 몬떼이로ugenio Viassa Monteiro 교수는 '활기찬 노년: 건강을 위한 최선의 방법Jubilacion Activa : mejor salud, sirviendo, IESE Business School, 2012'이라는 주제의 칼럼에서, 퇴직자들은 은퇴 후 처음 며칠간은 새로운 삶에 대한 기대와 희망으로 가득 차 있는데 은퇴 후 한 주가

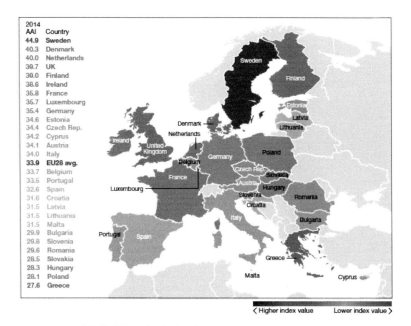

[그림 4-6] 국가별 활기찬 노화 지표(2014)

출처: Active Ageing Index 2014 Analytical Report(UN 2015.4.).

지나가면 그 기대와 희망이 불안으로 바뀌는 경험을 한다고 지적했다. 그리고 한 주가 더 지나면 무기력과 무력감에 빠지게 되는 급격한 심리적 변화를 겪는다고 하였다. 따라서 미리 퇴직 이후의 활기찬 노년에 대비하는 삶을 사는 것은 무엇보다 중요할 것이다.

EU는 국가별 활기찬 노화의 정도를 파악하기 위해 '활기찬 노화 지표 Active Ageing Index: AAI'를 개발했다. 이 지표는 노인 고용률, 사회참여, 독립적 생활 및 건강하고 안전한 삶 영위, 활기찬 노년생활을 영위하기 위한 사회적 준비라는 4개 영역과 하위지표로 구성되어 있어, 노인 또는 노화와 관련되는 개인적·사회적 항목들을 측정하는 것이다. [그림 4-6]을 보면 유럽의 평균은 33.9점이며, 스페인은 32.6점으로 유럽 평균에 못 미친다. 분야별로 보면 노인 고용률은 28개국 중 18위, 사회참여는 15위, 독립적이고 건강한 생활 영위 15위, 사회적 준비 12위를 차지해서 전체적으로 유럽 28개국 중 17위를 차지하고 있다.

고령친화도시 가입

독일, 이탈리아, 프랑스, 영국 등과 함께 노인인구 비율이 높은 스페인은 베이비붐 세대가 본격적으로 노년기에 진입하는 2024년이 되면 65세 이상 노인인구 비율이 23%대에 이르게 된다. 따라서 스페인에서 노인문제는 미래의 문제가 아니라 당면한 현실의 문제이다. 스페인 정부는 이를 잘 인식하고 보건사회복지부Ministerio de Sanidad, Servicio Sociales e Igualdad 산하에 노인문제를 전담하는 노인복지청인 임세르소를 두고 있다. 임세르소는 노인문제 일반, 그중에서도 특히 활기찬 노화에 많은 관심을 갖고 있다. 임세르소의 또 다른 관심 분야 중 하나는 WHO에서 역점 프로젝트로 추진하고 있는 고령친화도시 네트워크 가입의 확산이다. 스페인은 임세르소의 관심과 노력에 힘입어 세계적으로 가장 많은 도시가 고령친화도시 네트워크에 가입해 있다. 2015년 3월 기준으로 WHO 고령친화도시에 가입한 도시 수는 28개국 258개인데, 이중 스페인이 가장 많은 53개이다. 스페인에 이어 미국은 45개 도시가 가입해 있고, 한국은 2016년 8월 기준 서울, 정읍, 수원, 부산이 가입해 있다. 스페인이 고령친화도시 가입에 적극적인 것은 노인문제에 대한 중앙정부, 지방정부의 관심이 크기도 하지만, 앞에서 언급한 대로 임세르소의 역할 때문이다. 스페인 고령친화도시 활성화는 WHO와 임세르소 간의 긴밀한 협력의 산물이라고 평가할 수 있다. 양 기관은 2012년 초에 고령친화도시 확산협력에 관한 상호 협정을 맺고 지금까지 이 사업을 적극적으로 추진하고 있다. 즉, WHO가 고령친화도시 네트워크를 활성화하기 위해 정치사회적인 여건과 기후여건이 좋은 스페인을 일종의 타깃 국가로 선택한 것이다.

활기찬 노화의 실천

스페인 노인들은 비교적 활기찬 노년을 살고 있다고 볼 수 있다. 스페인의 좋은 기후는 노인들을 집에 있기보다는 바깥으로 나오게 한다. 다른 세대에 비해서 상대적인 경제적 여유를 갖고 있다는 것도 활기찬 노년을 보내는 데 중요한 요소가 된다. 이와 함께 사회 전반적으로 노인세대들을 멀리하지 않는 경향도 다른 산업화된 사회에 비해 노인들의 사회참여를 유인한다. 이는 스페인 축제에서 잘 볼 수 있다. 스페인의 축제는 어떤 특정 계층이나 세대만의 잔치가 아니라 그 지역의 남녀노소 모두가 함께 참여한다. 이와 같은 참여의 문화가 사회통합의 구심점으로 작용하고 있다.

스페인에서는 나이가 들었다고 사회활동에 소극적이지 않다. 이는 앞에서 언급한 것처럼 축제 등을 통한 참여와 통합의 정신에 익숙해져 있기 때문이다. 여기서 스페인 중고령자들의 여가문화 및 사회참여활동에 대해 몇 가지 자료를 통해 살펴보자. 먼저 노인복지청에서 지원하는 중고령자 바캉스 프로그램Programa de Turismo del Imserso이 있다. 이 프로그램은 퇴직연금 수령자, 55세 이상의 미망인 연금 수령자, 65세 이상의 사회보장보험 가입자 등이 대상인데, 여행비의 일부를 정부에서 부담한다. 2016/2017년 시즌의 경우 해변 지역에서 7박 8일을 보내는데 성수기에는 202.02유로, 비수기에는 166.03유로만 부담하면 된다.

노인복지청에서 2011년에 발간한 『활기찬 노년 백서Libro Blanco de Envejecimiento Activo』에 따르면 65세~74세 노인 중 48%가 임세르소에서 준비하는 바캉스 프로그램을 활용하여 여행을 떠났는데, 그중 19%는 80세 이상의 노인들이었다. 임세르소 바캉스 프로그램은 노인들의 여가생활에도 기여하고 있지만, 2013년의 경우 90만 개의 일자리를 제공하는 등 일자리 창출에도 큰 역할을 하고 있다. 또한 사회보장국Seguridad Social에서 제공하는 온천여행 프로그램 역시 노인들이 많이 이용하는 여가 프로그램으로, 2013년에 20만 명이 넘는 노인들이 이용하였다. 중고령자들의 문화활동 역시 활발한 편이다. 2013년에 문화체육관광부에서 발표한 자료에 따르면, 2010년~2011년

임세르소에서 지원하는 '중고령자 바캉스' 프로그램에 참여한 스페인 고령자들.

<표 4-2> 55세 이상 연령대의 문화활동 참여 비율(%)

문화활동 종류	2006-2007	2010-2011
뮤지엄이나 전시장 방문	24.2	25.8
유적지 방문	21.6	-
독서	36.9	40.0
공연 관람	21.5	22.9
영화 관람	19.7	20.1
기타 문화활동	24.9	24.5

출처: 2013 스페인 문화체육부(Ministerio de Cultura y Deporte).

<표 4-3> 자원봉사자 연령대별 비율

연 령	성 별(%)		합 계(%)
	남 성	여 성	
25세 이하	14.1	14.4	14.3
25-34세	18.6	21.6	20.4
35-44세	17.8	10.8	13.7
45-54세	15.2	16.2	15.8
55-64세	17.1	17.0	17.0
65세 이상	17.1	20.1	18.8
합 계	100	100	100

출처: 2013 Perfil del Voluntariado Social de Espana.

에 55세 이상 연령대의 사람들 중 25.8%가 전시장을 찾았고, 26.5%가 유적지 방문, 22.9%가 음악회 방문, 22.9%가 영화관 방문, 그리고 40%의 사람들이 책을 읽은 것으로 조사되었다. 자원봉사 역시 스페인 퇴직자들이 활기찬 노년을 이어가는 방법 중 하나이다. 스페인 자원봉사단체연합PVE: Plataforma de Voluntariado de Espana의 자료에 따르면, 스페인 총 자원봉사자 중 55세-64세가 17%, 65세 이상이 18.8%일 정도로 중고령자들의 자원봉사 참여

또한 활발한 편이다.

　활기찬 노화라고 말하기에는 다소 적당하지 않을 수도 있지만 노인들의 육아 참여 역시 스페인 사회에서 흔한 현상이다. 현재 스페인 사회에서 여성 취업은 매우 보편화되어 있다. 그러나 출산휴가 기간은 여성의 경우는 16주이며, 남성은 4주로, 제3자의 도움이 없으면 육아에 많은 어려움이 있다. 스페인 경제위기는 맞벌이 부부의 아이를 어린이집 또는 유치원에 보내는 것을 어렵게 만들었고, 이 분야에서 조부모의 역할이 자의든 타의든 커질 수밖에 없게 되었다. 스페인 일간지 El Diario Vasco의 2016. 6. 26자 보도에 따르면 스페인의 대다수 할아버지와 할머니들은 하루 6시간을 손자들을 돌보며 보낸다고 한다.

바르셀로나 _ Barcelona

1. 바르셀로나의 특징

스페인 반도의 북동쪽 지중해 연안에 자리 잡고 있는 항구도시 바르셀로나는 인구가 약 160만 명으로 수도 마드리드에 이은 두 번째 도시다. 여름에는 30도를 잘 넘지 않고 겨울에도 영하로 떨어지지 않는 좋은 기후적 조건으로 로마시대부터 지금까지 스페인 반도의 중요한 도시로 자리 잡고 있다.

한때는 지중해 중심 무역항으로 크게 번성했던 바르셀로나는 마드리드와 정치적으로 끊임없이 대립하는데, 현실적인 힘의 열세로 인해 마드리드의 그늘에서 벗어나지 못하고 오히려 1939년 스페인 내전에서 승리한 프랑코가 집권하자 자신들의 언어마저 빼앗기게 되는 수모를 겪는다. 1975년 프랑코가 사망한 후 민주화로 향한 쉽지 않은 과도기를 겪은 후 바르셀로나

바르셀로나 해변에 설치된 의자에서 일광욕을 즐기는 사람들

는 다시 한 번 도약의 길을 걷게 된다. 이런 역사적 경험을 한 세대가 지금의 노인세대이다.

바르셀로나는 유럽 최고의 관광도시 중 하나이지만 그렇다고 관광객의 편의에만 맞춰진 도시는 아니다. 바르셀로나시의 생각은 관광객은 단지 며칠 머무르다 가는 이방인일 뿐이고, 이런 이방인을 위해 바르셀로나 시민의 삶의 질이 손상되어서는 안 된다는 것이다. 바르셀로나에는 '관광객을 위한 정책은 없고 시민을 위한 정책만 있다'고 할 정도로 시 정책의 가장 우선순위는 시민의 편안함이다. 시민이 편안하면 관광객도 편안하다는 것이 바르셀로나시의 생각이고 이것이 바르셀로나가 지속가능한 도시로 발전할 수 있게 하고 있다.

바르셀로나는 시민 중에서도 노인, 어린이, 장애인 등 이른바 사회의 약자들을 위한 배려들을 정책의 최우선으로 삼는다. 이는 약자가 편안하면 시민 모두가 편안하다는 바르셀로나의 정책 철학이다. 실재로 바르셀로나는 2007년에 유네스코에서 주관하는 어린이 친화도시에 가입하였고, 2011년에 WHO가 주관하는 고령친화도시 네트워크에 가입하였다. 그리고 더 중요한 것은 이러한 가입에만 그치지 않고 이들 사회적 약자들이 편안하게 살 수 있도록 다양한 정책적 배려들을 최우선적으로 시행하고 있다는 점이다. 잡지 포브스Forbes는 바르셀로나를 세계에서 가장 행복한 도시 3위로 뽑았다.

아울러 바르셀로나는 정보통신기술을 잘 활용하고 있는 도시다. 시내 전역에 최신 정보통신기술을 이용한 버스와 지하철 안내 시스템이 구축되어 있다. 스마트 신호등과 스마트 가로등, 센서를 이용한 쓰레기 자동 수거 시스템 등은 시민들이 좀 더 효율적이고 지능적으로 생활할 수 있도록 해준다. 바르셀로나 시청은 2012년 1월 '스마트시티 바르셀로나' 계획을 발표하

늦은 밤 구도심의 골목을 물청소하는 시청 청소원(좌)
안전하고 넓은 자전거도로(우)

고 아홉 개 추진 분야에 팔십여 개의 세부 프로그램을 선정하였다. 그리고
그런 첨단기술들을 노약자를 비롯한 사회적 약자들의 삶의 질 향상을 위
해 적극 활용한다는 것도 눈여겨 보아야 할 대목이다.

2. 노인인구 현황

바르셀로나는 행정구역상 10개의 구Distritos와 73개 동Barrios으로 구성되어 있다. 〈표 4-4〉에서 보면 2012년 기준으로 바르셀로나의 총인구는 1,627,447명인데, 이중 65세 이상의 노인인구가 338,509명으로 노인인구 비율이 전체의 20.8%에 달해 이미 초고령사회에 접어들었다. 전체 노인인구중 80세 이상 노인인구 비율이 2003년의 26.4%에서 2013년에는 34.3%까지 늘어나는 등 후기노인 비율이 빠른 속도로 늘어나고 있는 것도 특징이다.

바르셀로나 인구의 기대수명은 1991년 76.7세에서 2013년에는 82.8세까지 늘어났다. 노인인구의 25.7%가 노인 혼자 사는 가구로, 스페인 전체 평균인 18%를 훨씬 상회한다. 단독가구 중 78.1%가 여성가구이다.

〈표 4-4〉 바르셀로나 구별 성별 노인인구 비율

	65세 이상	전체 시 인구에서 65세 이상 비율(%)	전체 구 인구에서 65세 이상 비율(%)	65세 이상 중 여성의 비율(%)
Ciutat Vella	16,286	4.9	15.24	60.45
Eixample	58,250	17.4	21.77	62.97
Sants—Montjuic	35,511	10.6	19.27	59.94
Les Corts	18,346	5.5	22.04	58.13
Sarria—Sant Gervasi	30,354	9.1	20.85	61.52
Gracia	25,548	7.6	20.73	62.76
Horta Guinerdo	38,544	11.5	22.54	60.05
Nou Barris	38,077	11.4	22.52	59.23
Sant Andreu	28,550	8.5	19.37	59.87
Sant Martl	44,807	13.4	19.29	59.62
Barcelona	334,273	100.0	20.50	60.64

출처: 2013–2016 바르셀로나 노인정책보고서.

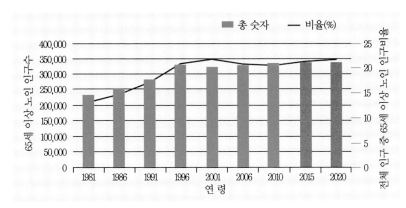

[그림 4-7] 1981~2020 바르셀로나 65세 이상 노인인구 비율 추이

출처: 2013-2016 바르셀로나 노인정책보고서.

〈표 4-5〉 바르셀로나 노인 관련 주요 지표

바르셀로나의 노인지표

- 인구의 20.8%가 65세 이상이다: 총 338,509명(2012)
- 노인의 60.4%가 여성이다: 총 여성 204,635명(2012)
- 고령지수(전체 노인 중에서 80세 이상의 사람)는 2003년 26.4%에서 2012년 34.3%로 상승하였다.
- Les Corts 지역에서 인구의 23.4%는 65세 이상이다. 그러나 Ciutat Vella에서 이 비율은 14.7%이다(2012).
- 1991년 기대수명은 76.7세이었다(2012): 2013년은 82.8세
- 노인의 25.7%는 혼자 살고 있다: 총 86,474명(2011)
- 혼자 살고 있는 노인의 78.1%는 여성이다(2011).
- 75세 이상의 노인 중 31.2%는 혼자 살고 있다: 총 58,164명(2011)
- 60세 이상의 노인 중 22.8%는 한 달 동

- 안 532.51유로 미만 소득(IPREM): 총 98,138명(2012)
- Ciutat Vella(32.8%)와 Nou Barris(31.1%)는 IPREM 이하 소득을 가진 60세 이상의 노인들의 비율이 높은 지역이다. Les Corts(15.3%)와 Sarria-Sant Gervasi (10.5%)는 상대적으로 낮다(2012).
- 사회변동 이전에 노인 중 빈곤율의 위험은 77.6%이다. 변동 후, 그 지표가 19.4%로 감소하였다.
- 노인의 18%는 장애의 공식인증을 받았다: 총 60,055명(2011)
- 노인인구 중 장애의 비율은 8.2%(2001)에서 18%(2011)로 증가하였다.
- 노인을 위한 자문위원회는 35개 조직들로 구성한다: 300명 이상의 노인이 포함된 지역협의회 및 위원회(2012)
- 369명의 노인들은 도시의 과수원 네트워크에 참여한다(2012).

출처: 2013-2016 바르셀로나 노인정책보고서.

3. 노인을 생각하는 도시

고령친화도시 바르셀로나

바르셀로나 시청은 2011년에 WHO 고령친화도시 네트워크에 가입하였다. WHO의 고령친화도시 프로젝트는 인구의 도시집중이 심화되고, 노인비율이 크게 증가하고 있는 시점에서 도시 노인의 삶이 편안하고 행복할 수 있도록 하기 위해 시작되었다. 처음 22개국 33개 도시의 참여로 출발한 이 프로젝트는 노인들이 안전하고 건강하게 사회활동을 하는 데 아무런 장애가 없는 도시조건을 구축하는 것을 목표로 하고 있다. 또한 점차 참여하는 도시가 늘어나면서 이제는 도시의 규모도 더 작은 지역으로 확대되어 독립적으로 행정을 수행하는 지역이면 단체장의 결정에 따라 고령친화 네트워크 참여가 가능하다.

노인인구가 많은 바르셀로나는 노인들의 삶의 질 향상을 항상 정책의 우선과제로 인식해왔다. 바르셀로나 시청은 개별적으로 추진해 오던 각종 노인 관련 정책들을 종합적인 관점에서 추진하겠다는 판단하에 WHO의 고령친화도시 네트워크에 가입하였다. 2015년 기준으로 스페인에는 약 53개의 고령친화도시가 있는데, 그중 10개가 바르셀로나시가 속한 까딸루냐 지방에 몰려 있는 것도 눈여겨볼 대목이다.

바르셀로나는 고령친화도시 네트워크에 가입하기 위해 시와 바르셀로나 고령위원회 주관으로 고령친화도시 실행계획을 수립하였다. 이 과정에서는 당사자인 노인들의 의견도 적극적으로 반영되었다. 계획에는 ①시민참여, ②이동 및 교통, ③시설 접근성 향상, ④주거개선, ⑤사회복지 및 의료, ⑥상호 협력 증진, ⑦존중 및 배려, ⑧홍보 및 커뮤니케이션의 여덟 개 분야

물결무늬 바닥의 람블라스길의 벤치에서
여유롭게 시간을 보내는 사람들

가 포함되었다. 또한 바르셀로나시는 현재도 실행계획을 구체적인 시의 노인정책 어젠다로 채택하여 2013-2016 계획Municipal Plan for the Elderly 2013-2016으로 추진하고 있다.

노인을 위한 배려

바르셀로나시에서는 노인들을 배려하는 정책과 시설들을 흔히 접할 수 있다. 모든 버스는 저상버스이므로 휠체어를 탄 노인이 혼자서 시내버스를 이용할 수 있다. 보도의 턱높이와 버스의 실내바닥 높이가 같아서 휠체어를 태우기 위해 버스 뒤쪽 문이 열리고 리프트가 펼쳐지면 휠체어 탄 사람은 혼자서 타고 내릴 수 있다. 또한 버스의 실내를 보면 운전석 뒤부터 버스의 절반 정도는 약자들을 위한 좌석이 마련되어 있고, 두 대의 휠체어, 그리고 역시 두 대의 유모차를 둘 수 있는 공간도 있다. 물론 이 공간은 휠체어가 방향을 돌릴 수 있는 여유공간으로도 활용된다. 즉, 모든 대중버스는 노인들은 물론 장애가 있는 사람들의 교통접근성을 배려한 디자인이 완벽하게 갖춰져 있다. 또한 보행자들이 쉬어갈 수 있도록 시내의 곳곳에 벤치가 마련되어 있어 노인들이 편안하게 외출할 수 있는 여건도 마련되어 있다. 도시의 수많은 쌈지공원에서 구슬치기 일종인 빠땅가Patanga를 하고 있는 노인들을 보는 것은 아주 흔한 일이다. 쌈지공원 규모의 공원들이 동네마다

쌈지공원에서 빠땅가 놀이를 하는 노인들

노약자들의 편의를 고려한 대중교통의 유니버설디자인

다 마련되어 있기 때문이다. 마을마다 골목마다 있는 축제에는 아이들에서 부터 노인들까지 모든 세대가 함께 참여하여 즐긴다. 그리고 평상시에 노인 들이 노인복지관의 일종인 까살Casal 활동이나 각종 클럽 활동을 통해 적극 적으로 여가활동에 참여하는 모습을 보는 것도 일상적인 일이다.

사례 1.
바르셀로나대학 경험자대학

"배움에는 나이가 없다"

바르셀로나대학교 경험자대학 홈페이지 인용

배움을 통한 활기찬 노년

최근 들어 인간 수명이 늘어남에 따라 '오래 사는 것'이 문제가 아니라 '어떻게 오래 사느냐'가 중요한 문제로 대두되고 있다. '제3의 나이'라 불리는 노년시기가 이제 인생의 가장 긴 부분을 차지하고 있다. 이런 노년의 시기를 비활동적이고 수동적으로 보내는 것은 어리석은 일이 되었다. 과거에 우리가 노년이라 불렀던 시기는 어떤 의미에서 이제 더 이상 '늙음'과는 무관한 시기가 되었다.

유럽 의회에서는 2012년을 활기찬 노년의 해로 정하고, 65세 이상의 노인들이 더 나은 삶을 살게 하는 정책수단들을 새로운 관점에서 디자인할 필요성을 제기하였다. 이와 함께 '나이'를 일종의 사회적 제한의 기준으로 삼아온 기존의 인식을 없애고 65세 이상 어른들도 능동적으로 사회에 참여할 수 있게 하는 전환의 해로 삼았다. 이러한 문제제기는 이른바 베이비붐 세대가 퇴직을 맞이하는 현 시점에서 매우 시의적절한 것이라고 할 수 있다. '늙지 않은 노인'들을 전통적인 노인의 관념적 틀에 가두어 버리는 것은 당사자에게는 물론 사회적으로도 큰 손실이 아닐 수 없다. 이제 노년층은 사회의 뒤편에서 조용히 늙어가는 존재가 아니라 적극적으로 참여하고 활동하는 능동적인 구성원이 되어야 할 것이다.

"학이시습지 불역열호學而時習之 不亦說乎"라는 말이 있다. 배움의 기쁨과 그 영원성을 표현하는 말이다. 활기찬 노년을 보내기 위해서는 여러 가지 방법이 있는데, 그중 배움을 빼놓을 수 없다. 배움은 단순히 지식을 습득하는 것만이 아니다. 나이가 들수록 육체적 능력이 감소되듯이 정신적 능력 또한 퇴화되지만 배움을 통해 그것의 진행을 지연시키는 효과를 기대한다는 것이다.

노인들에게 문을 여는 스페인 대학들

2014년 Compromiso Empresarial[2]에서 발표한 자료Envejecimiento Activo, Sumando vida A los anos에 따르면, 2011–2012년도 기준으로 마흔 개 이상의 스페인 대학들이 노인들을 위한 과정을 개설해서 40,072명의 노인 학생들이 과정을 이수하고 있었다. 그중 26,214명은 여성이고 13,858명은 남성으로 여성들의 참여가 두드러진다. 그 이유는 과거에는 여성들이 인생의 대부분을 가족과

---

2   Compromiso y Transparencia재단에서 발행하는 잡지로, 사회변혁을 위해 참고할 만한 좋은 실행 사례, 분석, 제안 등을 주요내용으로 다루고 있다.

가사에 바쳐온 것을 감안할 때 교육에 대한 욕구가 남성에 비해 훨씬 크기 때문이다. 뿐만 아니라 노년기가 되면 남성에 비해 여성이 호르몬 변화로 인해 더 적극적인 태도를 가지므로 사회참여활동이 더 활발해진다는 연구결과로도 설명할 수가 있겠다. 바르셀로나시가 속해 있는 까딸루냐 지방에서도 UPF, UAB, UPC, 히로나HIRONA대학, 테라사TERASA대학 등에서 중노년을 위한 평생교육과정을 운영하고 있다. 그중 바르셀로나 자치대학인 UAB에서 가장 활발하게 운영되고 있는데, 35개 과정에서 400여 개의 과목을 강의하고 있다. UAB 노인대학 수업에서는 흰색지팡이를 든 시각장애인과 휠체어를 타고 온 노인도 여러 명 만날 수 있었다.

바르셀로나대학 경험자대학

바르셀로나대학 내 경험자대학Universidad de Experiencia은 노인들에게 대학과정의 교육기회를 제공해주고 이를 통해 활기차고 건강하게 노년을 보낼 수 있도록 하기 위해 2010년에 만들어졌다. 대학에서 개설하는 노인 대상 과정을 일반적으로는 노인대학Universidad de Gente Mayor이라는 용어를 사용하는데, 바르셀로나대학에서는 경험자대학이라는 용어를 사용하고 있다. 노인을 나이가 든 피동적인 존재로 보지 않고 그들이 가진 경험을 존중한다는 의도를 갖고 붙인 이름이다. 대학을 다닌 경험이 있는 사람이건 그렇지 않은 사람이건 누구나 대학에 대한 일종의 그리움과 동경을 갖고 있다. 그리고 그것은 나이가 들수록 더 그렇다. 왜냐하면 대학은 젊음을 의미하고 무엇이든 할 수 있음을 의미하기 때문이다. 노인에게는 그 의미가 더 클 것이다. 다시 시작하고픈, 다시 돌아가고픈 열망의 가장 좋은 대상이 대학이다.

경험자대학 출발

바르셀로나대학 경험자대학은 그와 같은 과정을 원하는 사회적 수요가 있기도 했지만 시대적 화두로 등장한 '활기찬 노년'을 위해 대학에서도 뭔가를 해야 한다는 당시 총장의 의지가 컸다. 바르셀로나대학의 경우 이전에도 심리학, 사회학을 담당하는 일부 교수들을 중심으로 노인들의 건강한 노화에 도움이 되는 과정을 개설해야 한다는 의견이 있었지만 실현되지 못했다. 별도의 노인대학을 새로 만드는 것과 같이 계획을 너무 크게 잡은 것이 실현되지 못한 원인이었다. 이와 달리 경험자대학은 기존에 운영되고 있던 다른 대학의 사례들을 참고하여 '할 수 있는 범위 내'에서 자원을 최대한 활용하는 콘셉트로 출발하였기 때문에 시작할 수 있었다.

"당시 시작을 검토할 때 여러 사람들에게 자문을 구했다. 어떤 사람들은 좋은 계획이라고 찬성했고 어떤 사람들은 반대했다. 과거에도 유사한 검토가 있었는데 왜 안 되었는지 살펴보니까 너무 거창하게 시작하려고 했었던 것이다. 노인들만을 위한 단과대학을 하나 만드는 것 같은... 그러나 우리가 원하는 것은 노인들만을 위한 것이 아니었다."

"1994년도 유럽 노년의 해였다. 그때는 관심사가 '오래 사는 것'이었다면 2012 노년의 해의 관심사는 오래 사는 것보다 더 중요한 '오래 잘 사는 것'이었다. 퇴직 후에도 육체적·정신적으로 힘이 넘쳐흐르는데 집에 있는 것은 비합리적이다. 자신이 갖고 있는 능력과 경험을 활용하는 것이 자신에게도 사회에도 바람직한 일이다. 2010년 EU에서 발표한 2020전략Europe 2020 Strategy에서도 노령문제를 큰 주제로 다루었고, 그중에서 활기찬 노화가 큰 비중을 차지하였다. 이런 사회적·시대적 분위기를 반영하여 탄생된 것이 바르셀로나대학 경험자대학이다. 역사적으로 항상 대학은 사회적 요구가 많은 곳이나. 항상 젊음으로 가득한 곳이지만, 이 젊음은 사회에서 멀어지게 하는 요인으로도 작용한다. 대학은 젊은 사람들만을 위한 곳이라는 인식 때문에 젊은 계층을 제외한 일반인들에게는 위치적으로는 바로 옆에 있지만 정서적으로는 좀 멀게 느껴지는 곳이었다. 그러나 최근에 들어 수많은 자원을 갖고 있는 이 공간을 좀 더 사회에 가깝게 두고자 하는 움직임이 생겨났고, 그중 하나가 노인들을 위한 학습공간으로 활용하자는 움직임이었다. 젊어서는 먹고 살기에 바쁘다는 경제적인 문제로, 나이가 좀 들어서는 시간적인 문제로 대학을 다니지 못했던 사람들에게 대학은 마음속에 남아 있는 아련한 그리움 같은 것이 있다. 그렇게 동경의 대상이었던 대학을 은퇴 후에 다닐 수 있다는 것이 신나는 일이 될 수 있다."

— 미세리코르디아 가르시아Misericordia Garcia(바르셀로나대학 경험자대학 책임자)

처음 시작할 당시에는 네 개 과정에 180명의 학생으로 시작하였다. 이렇게 비교적 소규모로 시작한 이유는 그때가 2008년 초부터 시작된 스페인 경제위기의 정점이었기 때문이다. 몇 년 전부터 시작하기로 결정은 했으나 갑자기 밀어닥친 경제위기는 시작에 큰 변수로 작용했다. 왜냐하면 시청을 비롯한 외부 기관에서 지원하기로 했는데 이것이 불가능해졌기 때문이다. 그렇다고 어렵게 시작을 결정한 것을 중단하기도 어려웠다. 그래서 실패에 대한 위험을 분산시키는 차원에서 소규모로 시작한 것이다. 성공하면 좋고 실패하더라도 큰 타격을 입지 않을 정도의 규모로 시작하는 것이 좋겠다는 현실적인 판단을 내린 것이다.

수요자의 요구를 잘 반영한 모델

처음에는 ①정보문헌 도서관, ②문학어문, ③교육사회학, ④심리학 등 인문사회 분야의 네 과정으로 시작하였다. 그 이유는 이 분야의 과목들은 노인들이 갖고 있는 학력 수준에 크게 상관이 없고 어떤 면에서는 노인들이 살아오면서 축적한 경험만으로도 충분히 수업을 따라갈 수 있다고 판단했기 때문이다. 경험자대학의 입학조건은 55세 이상이라는 나이 제한 이외에는 어떤 다른 조건도 필요하지 않다. 학업에 대한 열망은 나이가 들수록 더 커지는 것이 일반적이다. 그것은 공부를 많이 한 사람이거나 사정에 의해서 공부를 많이 하지 못한 사람이거나 마찬가지다. 게다가 앞에서 언급한 대로 대학은 언제나 동경의 대상이고, 본인이나 가족들에게 일종의 자부심을 주게 되는 공간이다. 바르셀로나대학 경험자대학은 배움에 대한 개인적 열망과 대학이라는 공간이 주는 어떤 '특별함'을 결합한, 어떤 측면에서는 수요자의 요구를 잘 반영한 모델이라고 할 수 있다.

과정의 구성 및 내용

바르셀로나대학 경험자대학은 수업 전체가 대학 내에서 이루어진다. 이수과목들은 전적으로 경험자대학 학생들만을 위해 개설된 필수과목과 기존의 대학과정에서 개설된 과목 중에서 선택할 수 있는 선택과목으로 구성되어 있다. 선택과목은 노인들만을 대상으로 새로 개설된 과목이 아니고 학부의 젊은 학생들의 강의를 같이 듣는 것이 특징이다. 물론 선택할 수 있는 과목에 제한이 있기는 하지만 젊은 학생들의 기존 수업시간에 노인 학생들이 들어가서 같이 수업을 듣는 것은 여러 면에서 큰 의미가 있다. 그러나 기존 수업의 목적을 유지하기 위해 한 강의에 들어갈 수 있는 노인 학생 수는 최대 다섯 명으로 제한되어 있다.

2014년–2015년 바르셀로나대학 경험자대학의 학생 수는 929명으로, 처음 시작할 때의 180명에 비해서 크게 늘어났다. 과정 역시 처음의 네 개 과정에서 지금은 10개 과정으로 늘어났다. 그리고 2015년–2016년 과정에는 음식과 요리, 우주와 기상, 디지털시대의 도서관 문헌, 건강과학, 철학, 미

<표 4-7> 2015년-2016년 개설과정 및 과정 당 커리큘럼

과정명	1년차	2년차	3년차
음식과 요리	영양기초, 식품에 대한 이해, 과학과 요리, 식품안전, 식이요법, 선택1	음식과 요리에 대한 인류역사, 오감분석, 식품과 건강, 요리에 대한 이해, 선택2	
천문과 기상	천체 관찰, 별 행성 우주, 일기예보	우주학, 기상학	
디지털 시대의 도서관과 문헌	개인문서 관리, 도서관에 대한 이해, 인터넷 검색, 개인서적 관리, 쓰기를 통한 기억		
건강과 과학	건강한 삶을 위한 태도, 발관리, 기초의학1, 구강과 치아, 선택1	건강한 삶을 위한 태도(계속), 발관리(계속), 기초의학2, 구강과 치아(계속), 선택1	
철학	정치윤리1, 철학과 문화1, 정신언어과학1, 선택2	정치윤리2, 철학과 문화2, 정신언어과학2, 선택2	영혼 치유로서의 철학, 정치윤리3, 선택3
미학	예술사, 종교와 신화, 예술언어, 선택2	중세 까딸루냐 예술, 근현대 까딸루냐 예술, 예술박물관, 선택2	장식예술, 선택4
지역사회학	현대사회의 지리적 기호, 선사시대 및 고대인류, 중세와 현대의 문화와 사회, 선택2	인류와 사회, 현대사회의 역사적 기호, 선택3	
인류와 생물다양성	식물다양성, 시간에 따른 생명의 변화, 동물다양성, 인류다양성	시간에 따른 생명의 변화2, 생명다양성 활용에 대한 토론, 행성과 인류, 사람과 동물	
문학과 언어	까딸루냐 문학, 스페인 문학, 감성과 커뮤니케이션, 선택2	고대문학, 산문문학, 선택2	예술과 문학, 선택4
심리학	심리학역사, 사회심리, 유아 및 청소년 발달, 성인과 노인 발달, 과학적 분석, 선택3	심리변화, 개인심리, 교육심리, 정신생물학, 정신병리학, 선택3	가족개입, 심리학 현대경향, 선택4

출처: 경험자대학 홈페이지(http://www.ub.edu/experiencia/programes_es.php).

학, 지역사회학, 인류와 생물다양성, 문학과 언어, 심리학 등 10개 과정이 개설되어 있다. 인기 있는 과정은 음식과 요리, 건강과 과학 같은 노인건강과 관련되는 과정과 미학과 문학 같은 인문적인 분야이다.

학비

학비는 2015-2016학년 기준으로 일 년에 280유로다. 경험자대학 전체 운영비는 재학생 총 929명이 내는 등록금 260,120유로929명×280유로에 시 보조금 연 5,000유로, 보청기회사 GAES 지원금 연 6,000유로로, 노인 학생들이 내는 학비가 운영경비의 대부분을 차지한다. 바르셀로나를 대표하는 바르셀로나대학 외에도 바르셀로나시에는 여러 대학에서 이런 방식으로 노인대학을 운영하고 있으며, 운영비의 대부분은 원칙적으로 수익자 부담이다. 이는 스페인뿐만 아니라 유럽의 일반적인 경향이기도 하다. 외부 지원은 상징적일 뿐이다. 그럼에도 불구하고 바르셀로나대학에만 약 1,000명의 노인 학생들이 연간 등록을 하고 있다는 것은 그들의 배움에 대한 열망과 학교의 평생교육에 대한 의지를 보여주는 것이다.

과정운영을 위한 시설은 기존 학교시설을 이용하므로 별도의 비용이 발생하지 않는다. 지출의 대부분은 강사의 강의수당이며, 노인들을 위해 개설되는 과목의 강사들에게만 비용이 지불된다. 따라서 그들이 학부생 강의에 청강하는 경우에는 따로 비용이 발생하지 않는다. 참고로 세계 랭킹 300위 내에 드는 바르셀로나대학의 경우 학부생 기준으로 학비는 학점당 25~39유로외국인의 경우 100-158유로이며, 학년당 60학점을 듣는다고 가정하면 현지인은 1,800유로 정도이고, 외국인은 7,500유로 정도 된다.

"미국의 경우 노인대학이라도 학비가 비싸다고 하던데, 여기는 1년에 내는 돈이 280유로다. 사회적 금액인 셈이다. 대학이 돈 벌자고 하는 것도 아니고 사회적 요구에 따라 시작된 것이니 많이 받을 수가 없다. 그리고 일부 돈 있는 노인들만 위한 과정이 아니니 원하는 노인 누구나 부담 없이 올 수 있는 수준의 학비만 받아야 한다. 그리고 운영비의 대부분은 학생들이 내는 수업료로 충당한다."

– 미세리코르디아 가르시아

학생 구성과 수업방법

2015-2016학년 기준으로 학생들의 연령별 분포를 보면 60세-64세가 38.31%로 가장 많고, 65세-69세가 27.27%, 55세-59세가 24.35%로 50대 후반에서 60대의 중고령자들이 대부분을 차지한다. 그러나 70세 이상의 학생들도 10% 정도 있다. 학생들의 이전 학력은 다양한데, 대학 졸업 이상이 45.13%, 고등학교 졸업이 26.95%, 초등학교 및 중학교 졸업이 11.04%, 무학도 0.32%를 차지하고 있다. 수업기간은 과정에 따라 1년, 2년, 3년으로 구성되어 있고, 주당 1회~3회 수업을 받는다. 수업과목은 과정별로 다른데, 3년 과정인 어문학 과정의 경우 스페인문학 등 6개의 필수과목과 8개의 선택과목으로 구성되어 있다. 앞에서 언급한 대로 필수과목은 경험자대학의 과정을 위해 개설된 것이니 노인 학생들만 수강하지만 선택과목인 경우에는 일반 학부에 개설되어 있는 수업을 젊은 학생들과 같이 듣게 된다. 젊은 학생들과 같이 듣게 되는 선택과목의 경우는 한 강좌당 노인 학생이 다섯 명을 초과할 수 없게 되어 있다. 과정 중 시험도 없고 평가도 없다. 이는 경험자대학의 가장 큰 목적인 '즐거움'을 훼손시키지 않기 위해서다. 교수별로 과제가 있는 경우도 있지만 과제 수행은 의무사항이 아니라 희망하는 학생들만 하면 된다. 수료증을 받기 위해서는 총 수업의 80% 이상을

출석해야 한다.

> "늙은 학생들은 수업에 결코 빠지는 법이 없다. 오히려 수업에 빠진 젊은
> 학생들에게 꼼꼼히 필기한 강의 노트를 흔쾌히 제공해준다."
>
> — 미세리코르디아 가르시아

경험자과정은 바르셀로나대학 내에 개설되어 있지만 이 과정을 수료해도
정규 대학과정을 이수하는 것은 아니다. 수료증은 명예와 보람의 상징이며
수료증 자체가 새로운 일을 찾기 위한 스펙으로 사용되지는 않는다. 다시
말하자면 이력서에 한 줄을 쓸 수는 있겠지만 그 자체로 공식적인 자격이
되지는 않는다. 학생들은 공식적인 교육과정 외에도 어학, 체육, 음악 등의
과외활동도 하고 있으며, 자체적으로 합창단도 구성하여 운영하고 있다.

> "여기에는 시험이 없다. 타이틀은 대학 공식 타이틀은 아니고 그냥 수료
> 증이다. 이거 가지고 새로운 일자리 찾는 데 아무런 도움이 되지 않는다. 노
> 인 학생들은 대학에 간다라는 것, 대학에 가서 공부한다는 것에서 의의를
> 찾는다. 사람들이 어디 가냐고 물어보면 "나 지금 대학에 공부하러가." 여
> 기에 노인들이 이 과정에 다니는 이유가 있다. 수료식 때 손자들이 "와, 우
> 리 할아버지 대학에서 졸업식 한다." 이게 의미가 있는 것이다. 대학에 와서
> 공부도 하고 차도 마시고 도서관에도 가고 소풍도 간다. 그리고 대학에 와
> 서 이성 친구를 사귀기도 한다. 노인들에게 경험자대학은 이성적인 곳이라
> 기보다는 감성적인 곳으로서의 성격이 강하다. 과정을 마치고 60% 이상이
> 다시 재등록할 정도로 만족도가 높다. 어떤 학생은 했던 과정을 반복해서
> 하는 경우도 있다. 대학에 가는 것 그 자체가 목적이다. 그것도 250유로라
> 는 저렴한 가격에 세대 간 교류도 하고."
>
> — 미세리코르디아 가르시아

경험자대학의 장점

대학이라는 공간은 대학을 다닌 사람에게나 다니지 않은 사람에게나 항상 선망의 공간이다. 왜냐하면 항상 '젊음'이란 느낌을 주기 때문이다. 그러나 대학은 항상 젊은이들만의 전유물이었다. 그랬던 대학이 이제는 누구에게나 열린 공간으로 변하고 있으며, 그것은 노인들에게도 예외가 아니다. 나이가 들수록 젊은 시절로 돌아가고 싶다는 열망이 강해지는 것은 자연스러운 현상이다. 젊음의 공간에서 학업을 할 수 있다는 것은 본인은 물론 주변 사람들에게도 큰 자긍심을 준다. 이전의 대학은 일반 시민의 삶과는 유리되어 있었고, 대학에 가기 위해서는 젊음과 시간이 있어야 한다는 조건이 전제되었다. 직장인이건 자영업자이건 일을 하고 있는 사람들에게 대학이라는 공간은 현실적으로 가까이 갈 수 없는 공간이었다. 그것은 퇴직 후에도 마찬가지였다. 시간이 생긴다할지라도 대학은 특별한 각오와 결심이 없으면 다가가기 어려운 곳이었다. 최근 들어 수명이 늘어남에 따라 퇴직을 하는 나이는 이제 더 이상 신체적으로나 정신적으로 늙은 나이가 아니다. 퇴직 후에도 신체적·지적 능력이 있다면 대학처럼 활기찬 노년을 보내기 좋은 장소는 아마도 없을 것이다. 노인대학은 교수, 강의실 등 대학이 갖고 있는 여러 인프라를 활용할 수 있어서 좋고, 노인들은 자신의 삶을 보다 활기차게 만들 수 있어서 좋다. 지역사회 입장으로는 대학이라는 공간이 단절된 세대를 연결할 수 있는 공간이 될 수 있다는 것도 큰 장점이다.

"노인들이 기존의 젊은 학생들과 같이 섞여서 뭔가를 해나가는 그런 모델을 생각했지 젊은이들과 분리해서 해보려는 생각은 안 했다. 그럼 기존의 젊은 학생들과 같이 수업을 하는 경우 젊은 학생들의 반발이 없었냐고 질문할 수 있을 텐데 전혀 그렇지 않고 오히려 그 반대다. 교수들도 매우 좋게 평가하고 있다. 선택과목인 경우 기존 학부 학생들과 같이 수업하는데 최대 들어갈 수 있는 노인 수는 5명으로 제한되어 있다. 너무 많이 들어가면 안 되니까. 이렇게 해보니 모두가 다 만족이다. 노인들도, 젊은 학생들도 그리고 교수들도 모두 대 만족. 교수 입장으로는 노인 학생들이 매우 좋은 학생들이다. 질문도 잘하고 수업태도도 좋고. 젊은 학생들 입장에서는 노인들의 풍부한 경험을 전수받을 수 있으니 좋고. 노인들은 시험을 치지 않아도 되는데 어떤 노인들은 시험을 치르게 해달라고 한다. 과제도 같이 하기를 원하고. 경험자대학은 말 그대로 경험을 가진 사람들이 자신의 경험을 교실에 풀어놓는 곳이다. 노인들은 배우기도 하지만 경험을 전수하기도 한다."

– 미세리코르디아 가르시아

세대 간 교류의 모델

앞으로 바르셀로나 경험자대학에서는 아버지와 아들, 할아버지와 손자가 같은 강의실에서 수업을 듣는 것도 흔한 풍경이 될 수도 있다. 젊은이와 노인이 같은 공간에서 수업을 받는 것은 여러 가지 장점이 있다. 우선 젊은이들이 갖고 있는 노년에 대한 부정적인 이미지를 바꿀 수 있고, 노인의 살아온 경험이 젊은이들에게 전달될 수 있다. 실재로 수업을 진행하는 교수들의 이야기를 들어보면 노인 학생들의 수업 참여로 인해 수업 분위기가 더 참여적이고 적극적으로 변했다고 한다. 이는 활기찬 노년을 위한 중요한 수단 중 하나인 세대 간 교류의 전형적인 모델이 아닐까. 이러한 분위기가 확산된다면 EU에서 추진하고 있는 것처럼 정년이 일흔 살로 늘어나게 될 때 할아버지와 손자가 같은 사무실에서 근무하게 되는 광경을 보는 것도 낯설지 않을 것이다.

경험자대학 수업 참관

  1860년대 지어진 고풍스런 건물에 들어서자 유럽의 대학에서 흔히 볼 수
있는 천정 높은 회랑이 나타난다. 회랑을 지나 뒤뜰에 연한 통로 쪽엔 대학
답게 여기 저기 젊은 학생들이 모여 대화를 나누고 있다. 그리고 그들 사이
에 노인들 몇 명이 모여서 밝은 표정으로 뭔가를 열심히 이야기하고 있다.
유럽 특유의 고풍스런 대학 분위기 탓인지 젊은이들 사이에 노인들이 있는
것이 전혀 어색하지 않다. 바르셀로나 그란비아Gran Via 거리에 있는 바르셀로
나대학 본관의 어느 오후 풍경이다. 이곳에서 바르셀로나대학이 개설한 경
험자대학의 수업이 진행되고 있다. 늙은 학생들의 얼굴엔 만족감으로 가득
하다. 대학 특유의 젊음이 가득한 공간에 있는 탓인지 노인들의 얼굴이 나
이에 비해 활기차 보인다.

  노인들을 따라 들어가 수업을 참관해 보았다. 언어와 문학Lenguas y Literaturas
과정의 스페인어문학 수업이었는데, 강의실 분위기는 일반 대학 강의와 크

바르셀로나대학교 경험자대학 홈페이지 인용

게 다르지 않았다. 다른 게 있다면 젊은 학생들과 함께 백발이 성성한 노인들을 포함하여 중노년층의 학생들이 앉아있다는 것뿐이었다. 수업은 강사가 사전에 나눠준 문학 교재를 각자 읽어 온 후 강의실에서 먼저 강사가 소설 속의 시대적·정치적 배경과 작가의 의도 등에 대해 설명하고 이어서 학생들에게 질문을 하는 방식으로 진행되었다. 마흔 명 이상의 학생들이 모인 강의실이지만 노인 학생들은 강의 내내 높은 집중력을 보여주었으며, 이어서 많은 학생들이 질문이나 의견을 제기하면서 열띤 토론이 이어졌다.

우리는 수업 중간에 몇 개의 질문을 했다. 먼저 강사에게 일반 수업과 노인 수업 간의 차이에 대한 질문을 했더니, 노인 수업이 일반 학생 대상 수업보다 훨씬 참여적이고 기존 틀에 메이지 않는 자유분방한 수업이라고 말했다. 노인 수업에서는 사전에 준비해 온 일종의 강의 노트가 쓸모가 없을 정도로 노인들의 사고가 자유롭고, 그래서 노인 대상 수업이 훨씬 더 좋다고 말했다. 노인들은 이구동성으로 "즐기기 위해서 온다."라고 말했다. 노인들은 대학에서의 수업은 강요나 의무가 아니라, 기억하고 추억으로 돌아가는 것이라고 말했다. 돋보기 너머 밑줄 쳐 있는 교재를 보고 있는 노인들에게서 평생교육의 중요성을 확인할 수 있었다.

또 하나의 사례, 바르셀로나 자치대학의 손 안의 대학

바르셀로나대학의 경험자대학과 같은 노인과정을 바르셀로나 자치대학에서도 시행하고 있다. UAB 노인대학인 '손 안의 대학Universidad a tu alcance' 경우에는 50세 이상이면 전공과 학력에 상관없이 누구나 신청할 수 있다. 입학 가능한 연령은 50세 이상이어서 바르셀로나대학의 경험자대학에 비해 5세 더 낮다. 또한 특별한 자격기준이 없기 때문에 이 대학에서는 시각장애나 지체장애를 가진 고령자들도 쉽게 만날 수가 있다. 우리는 69세의 차비에르 마우리Xavier Mauri라는 한 퇴직자와 잠시 이야기를 나눌 기회를 가졌다. 차비에르는 자동차산업 분야에서 엔지니어로 평생을 일하다가 4년 전에 65세로 퇴직하였다.

UAB 노인대학 수강생 차비에르 씨

차비에르가 이 대학에 다니기 시작한 시점은 2010년이다. 그는 현재 1주일에 한 번 금요일마다 UAB 손 안의 대학에 와서 1시간 30분짜리 과목 두 가지를 한꺼번에 듣는다. 대부분의 학생들은 일주일에 두 번 노인대학에 와서 매우 진지한 모습으로 수업에 임하는 것을 볼 수 있다. 그리고 수업이 끝난 후에는 삼삼오오 모여서 적극적으로 이야기를 나누는 모습도 볼 수 있다. 노인들이 대학에 오는 것은 지식이나 정보를 얻는 것에 더해 사회참여활동을 한다는 의미가 있다는 것을 말해주는 것이다. 차비에르의 경우는 노인대학 수강하는 날 외에는 매우 바쁘게 생활하고 있었다. 매주 화요일과 목요일에는 7개월된 손자를 봐야 하고 수요일 오후에는 외손자를 봐줘야 하며, 그 외의 날에는 운동센터에 간다. 우리가 인터뷰한 날에는 물리학 수업이 있었다. 물리학이 재미있느냐는 질문에 대해 그는 모르는 지식과 정보를 얻을 수 있어서 좋고, 수업에서는 관련된 영상물을 많이 이용하므로 쉽고 재미있게 이해할 수 있다고 한다. 게다가 모르는 것을 배우는 것도 좋지만 좋은 사람들과 수업시간을 통해 교류하는 것도 즐거운 일이라고 말한다.

사례 2.
세꼿

"은퇴가 없는 노년"

영화 〈인턴(The Intern)〉

퇴직 후 무료한 나날을 보내던 70세의 벤로버트 드니로은 신생회사의 인턴 일을 통해 자신의 자존감을 찾고자 한다. 30세의 젊고 멋진 창업자 줄스는 기업의 사회공헌 차원에서 65세 이상 노인을 인턴으로 채용하는 프로그램을 시작한다. 그녀 앞에 백발의 벤이 정장을 멋지게 차려입고 나타난다. 처음에는 젊은 창업자에게 나이든 인턴은 매력적인 존재가 아니었다. 그러나 시간이 지날수록 그의 연륜에서 묻어나는 노하우에 반하게 된다. 줄스는 짧은 시간에 회사를 직원 수가 200명이 넘는 규모로 키웠지만 회사의 성장과 함께 일어나는 여러 일들은 모두 다 처음 경험하는 것이었다. 비록 벤은 현재 회사가 필요로 하는 새로운 기술을 가지고 있지는 않으나, 과거 큰 조직에서 임원으로 일한 경험에서 묻어나는 노하우들은 신생 회사의 발전에 큰 도움이 되었다. 이것은 영화 〈인턴〉의 이야기이다. 그리고 스페인 세꼿SECOT: Seniors Españoles para la Cooperación Técnica의 이야기이기도 하다.

고령자 경제활동 추이

최근 들어 OECD 국가에서는 경제위기가 심했던 그리스, 포르투갈 등과 같은 일부 국가를 제외하고는 50세-64세 고용률이 증가하고 있다. OECD PENSIONS AT GLANCE 2015에 따르면, 2004년 OECD 국가들의 50세-64세 평균 고용률은 48%였는데, 2014년에는 50%로 늘어났다.

[그림 4-8]은 주요국 55세-59세, 60세-64세, 65세~69세 집단의 고용률을 비교한 것이다. 스페인의 경우를 보면, 모든 연령대에서 OECD 평균에 미치지 못하고 있으며, 특히 65세-69세에서는 비교 대상 국가들 중 가장 낮

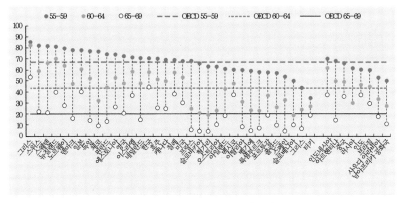

[그림 4-8] 55–59, 60–64, 65–69 연령대 고용률 비교(2014)
출처: OECD PENSIONS AT GLANCE 2015(2015, OECD).

은 고용률을 보이고 있다. 스페인의 이러한 추이는 스페인의 노동시장 상황과 연금수준으로 이해할 수가 있다.

스페인의 경우 10년 가까이 지속되고 있는 경제불황의 여파로 실업률이 20%가 넘는다. 그러므로 노동시장에서 노인들이 경제활동을 할 수 있는 기회는 젊은 세대에 비해 상대적으로 많지 않다. 하지만 노인세대의 고용률이 낮은 이유 중 더 중요한 것은 그들은 굳이 일하지 않아도 경제적으로 큰 문제가 없기 때문이다. 즉, 연금수준이 아직 노인들에게 나쁘지 않아서 굳이 노후 경제활동을 할 필요성을 느끼지 못하는 듯하다. 예컨대 OECD 국가들의 65세 이상 노인계층의 평균소득은 전체 평균소득의 87%인데 비해, 스페인은 95.9%에 달하고, 특히 66세-75세 노인들의 평균소득은 전체 평균소득의 100.8%이다. 이것은 경제불황의 어려움에도 불구하고 스페인의 연금제도가 여전히 노후보장 기능을 잘 하고 있음을 말해준다. 참고로 스페인의 법정 퇴직연령은 2016년 현재 65세 2개월이며, 38년 5개월을 일하면 65세부터 100%의 연금을 수령할 수 있다.

세꽃 홈페이지 인용

이러한 배경을 보면 스페인 노인들의 퇴직 후 활기찬 노년을 위해서는 경제활동 못지않게 사회참여 목적의 사회공헌형 활동을 강화하는 유인책에도 주목해 볼 필요가 있을 것이다.

세꼿, 노인들의 자발적인 사회기여

스페인의 세꼿은 은퇴 노인들의 경영자적 경험을 사회에 돌려주기 위해 1989년에 조직된 비영리법인이다. 정신적·육체적으로 일을 더 할 수 있는 노인들더 정확히 말하면 기업의 임원으로 일한 퇴직자이 자신이 갖고 있는 경험과 지식을 사장시키지 않고 그것을 필요로 하는 사람에게 제공하여 사회에 기여하고자 하는 목적으로 설립된 단체이다. 마드리드에서 처음 설립된 이후 현재는 바르셀로나 등 스페인 내 22개 도시로 확산되었으며, 회원 수는 1,200명에 달한다. 그중 바르셀로나에서 활동하는 회원은 203명이다.

세꼿의 운영

"세꼿과 같은 은퇴자들의 활동은 미국에서 시작되었으며, 프랑스에도 유사한 조직이 세 개가 있다. 현재 세꼿의 회원 수는 1,200명이며, 그중 바르셀로나에는 203명의 회원이 있다. 세꼿은 기업에서 중역 이상의 경영자로 활동했던 은퇴자들이 적어도 비즈니스 측면에서 경험이 없는 젊은이들을 대상으로 그들의 풍부한 경험을 전수해주는 일종의 멘토 역할을 하는 프로그램이다. 젊은이들은 기술적으로나 학문적으로는 많이 알겠지만 이것을 사업으로 연결시키는 데는 경험이 부족하다. 이들에게 부족한 부분을 경영 경험이 풍부한 은퇴 중역들이 메워줄 수 있다면 사회적으로도 좋은 일이고 또 은퇴 노인들에게도 좋은 일이다. 왜냐하면 일을 하면 쉽게 늙지 않기 때문이다."

– 다니엘 까나르도 블라스꼬Daniel Canardo Blasco(바르셀로나 세꼿 회장)

세꼿의 회원들은 자원봉사 형태로 일하는데, 회원이 되기 위해서는 연간 30유로의 회비를 내야 한다. 세꼿의 회원관리는 매우 엄격하다. 아무나 회원이 될 수 있는 것이 아니고, 세꼿 자체의 엄격한 인터뷰를 통과한 사람만이 가입할 수 있다. 참고로 2014년에는 총 지원자 중 50%만이 세꼿 회원으로 선발될 수 있었다. 회원이 되고 난 후의 관리도 철저하다. 예를 들면 각 분기별로 회원활동을 평가하여 기준에 미달하는 경우에는 일을 주지 않는 방법을 통해 퇴출시키기도 한다. 세꼿의 회원관리가 철저한 이유는 세꼿 활동이 단순한 취미생활이 아니라 세꼿의 서비스를 이용하는 사람들에 대한 의무이며 약속이기 때문이다. 바르셀로나 세꼿의 경우, 조직이 마치 대기업의 부서들처럼 10개 파트로 나누어져 있고 각 파트는 매주 회의도 하고 전략도 세운다.

세꼿은 취미활동이 아니다

바르셀로나 세꼿은 1년에 약 700건의 자문을 해준다. 바르셀로나 세꼿 회원이 약 200명이므로 산술적으로 나누면 1인당 3건 정도의 자문을 해주는 셈인데, 자문활동을 많이 하는 노인은 예전에 직장에 다닐 때보다 더 바쁘게 산다. 장거리 출장에 대한 경비를 제외하고는 자문을 해주는 데 소요되는 비용에 대한 별도의 보상은 없다. 세꼿 회원들은 금전적인 대가로 일하는 것이 아니라 중요한 사회적 존재라는 자부심으로 일한다.

> "세꼿은 단순한 취미활동이 아니다. 세꼿은 약속이며 의무이다. 세꼿이 갖고 있는 철학과 가치를 공유할 수 있는 노인들만 회원으로 받아들인다. 이것은 단순히 활기찬 노년을 영위하기 위한 노인들만을 위한 프로그램은 아니라는 것을 강조하고 싶다."
>
> – 다니엘 까나르도 블라스꼬

세꼿 회원들은 사업계획서 검토와 같은 자문뿐만 아니라 연간 150회 정도의 컨퍼런스나 좌담회에 참석하여 젊은이들에게 자신들의 경험을 이야기해 준다. 그들의 경험을 이야기해 주는 대상은 대학생은 물론이고 초중고등학교 학생들까지로 그 대상이 광범위하다. 사회적 책임이라는 거창한 슬로건 이전에 그들이 겪었던 소중한 경험들을 젊은이들에게 전수하는 한편, 기업가 정신을 불어넣어줌으로써 학문적 지식은 있으나 사회적 경험이 없는 젊은이들이 시행착오를 줄일 수 있도록 하는 역할을 한다. 이렇게 하기 위해 세꼿 회원들의 준비는 철저하다. 회원들은 그냥 대충 가서 발표를 하고 오는 것이 아니라 개인적으로나 세꼿 내부적으로도 준비에 많은 시간을 투자한다. 회원들은 정해진 것은 아니지만 발표를 하기 위해 평균 8시간의 준비를 한다. 또 발표하러 가기 전에 세꼿 회원들 앞에서 사전 발표를 하게 되어 있는데, 여기서 통과하지 못하면 발표를 할 수 없다. 그리고 발표 후에는 청중들에게 평가지를 작성케 하여 나쁜 평가를 받는 회원에게는 추후 발표기회를 제한한다. 이처럼 세꼿은 단순한 친목모임이 아니고 사명감과 책임감으로 철저히 무장된 자발적인 조직이다.

"세꼿에서 자원봉사자로 일하는 것은 노인들의 소일거리 차원이 아니다. 시간 있을 때 나와서 잠깐 일하는 것과 같은 형태가 아닌 마치 현역 때 회사 출근하는 것과 같은 마음가짐을 가지고 일할 수 있는 사람만이 회원이 될 수 있다. 회원들의 연령대는 58세에서 73세 정도로 매우 다양하다. 아마도 65세 정도가 평균인 것 같다. 회장으로 일하고 있는 나는 73세이고, 내 옆의 이 젊은이는 64세. 최근 경제위기로 인해 조기 퇴직자가 증가하면서 회원들의 연령대가 조금씩 낮아지고 있다. 여성회원은 5명이 있는데, 그 수가 적은 것은 과거 기업의 중역들이 대부분 남성들이었기 때문이다. 회원들 간에는 경쟁심도 일부 작용한다. 왜냐하면 자신이 멘토를 해준 젊은이들이 좋은 성과를 내면 그것은 자신에게도 보람되기 때문이다. 멘토를 해줌으로써 젊은이들만 혜택을 보는 것은 아니다. 노인들에게도 역시 동기 부여가 된다. 젊은이들은 노인들의 경험을 향유하지만 노인들은 젊은이들의 젊음을 향유한다."

– 다니엘 까나르도 블라스꼬

세꼿의 자문은 무료다. 세꼿 운영비용과 자문에 소요되는 비용은 회원들의 회비와 세꼿의 취지에 공감하는 기업과 단체의 후원금으로 충당된다. 바르셀로나 세꼿의 1년 예산은 15만 유로 정도인데, 이중 회원들의 회비는 6천 유로 정도로 전체 예산의 극히 일부분을 차지한다. 예산의 대부분은 후원기관의 지원금으로 충당되며, 장소는 바르셀로나 상공회의소에서 제공해 준다. 경상비 성격의 경비는 상주 운영요원 3명의 급여뿐이므로 큰 예산이 없어도 운영이 가능하다. 이런 조건은 세꼿이 오랜 기간 존속할 수 있는 중요한 요인이다.

세꼿에서 가장 중요하게 생각하는 것은 세꼿의 이미지와 세꼿 서비스의 질이다. 15시간의 상담을 위해서는 15시간 이상을 준비해야 한다고 바르셀로나 세꼿 회장은 말한다. 세꼿이 설립된 후 25년 동안 존속되고 발전해 올 수 있었던 것은 세꼿의 서비스에 대한 믿음과 신뢰, 그리고 그것을 가능하게 한 회원 개인과 세꼿의 노력이 있었기 때문이다.

세꼿의 의의

세꼿의 의의는 크게 두 가지로 생각해 볼 수 있다. 첫째, 참여 노인의 측면에서 볼 때 노인 자신의 활기찬 노후생활 영위에 크게 기여한다. 비록 퇴직은 하였지만 정신적·육체적으로 충분히 건강하고 자신이 갖고 있는 지식과 경험을 필요로 하는 사람들에게 제공할 수 있다는 점에서 개인적 만족이 매우 크며, 개인적 만족은 자신의 활기찬 노년기 생활에 직결된다. 둘째, 사회의 입장에서는 평생을 기업가 정신으로 살아온 노인들의 생생한 경험과 지식을 사장시키지 않고 사회적으로 공헌하게 한다는 데 의의가 있다.

세꼿의 회원들이 주로 자문을 해주는 대상은 이제 막 사업을 시작하는 스타트업 기업의 젊은이들이다. 이들은 보통 이론적인 지식은 잘 갖추고 있으나 현장 경험은 부족하다. 이 부족한 부분을 평생을 경영자로 일한 풍부한 경험을 가진 선배 노인들이 메워주는 것이다. 젊은이들이 창업과 경영의 두려움을 떨쳐내고 합리적인 사업계획을 세워 성공적으로 시장에 진입하게 된다면 젊은이 자신은 물론이고 고용창출로 인한 사회적 이익 역시 증가한다. 참여 노인들의 입장에서 볼 때는 남는 시간을 보내는 여가활동이 아니라 마치 새로운 직장에서 일하는 것 같은 각오를 가지게 된다.

다시 사는 인생

세꼿은 철저한 자원봉사 형태로 서비스를 제공한다. 회원들이 자신의 노동력을 제공하는 대가로 받는 것은 없다. 오히려 회원 각자가 연간 30유로의 회비를 낸다. 이 회비와 각 회원 개인들의 노력이 활기찬 노년을 살 수 있게 하는 비용이다. 세꼿 회원들은 과거에 활발하게 활동했던 시절을 다시 산다. 세꼿 일을 하기 위해 아침에 넥타이를 매고 집을 나서는 것은 과거의 영광스러웠던 시절을 상기시켜 준다. 평생 힘들게 직장생활을 하다가 퇴직을 하면 편할 것 같지만, 퇴직 후 갑자기 늙는 것을 주변에서 흔히 본다. 세꼿 활동을 통해서 직장에 다니는 것 같은 긴장감을 유지하고, 이런 적당한 긴장감은 노화를 지연시키는 데 기여한다. 인터뷰를 위해 만났던 다니엘 까나르도 블라스꼬 바르셀로나 세꼿 회장과 임원 프란시스꼬 뚜로 세라노, 펠

리뻬 곤살레스 산체스라는 세 명의 활기찬 노인들은 인터뷰 내내 세꼿 덕분에 젊게 산다고 강조했다. 퇴직 후 집에 있으면 아내들도 좋아하지 않는다고 강조했는데 사람 사는 것은 어디나 똑같은 것 같다.

> "최근에 우리가 도움을 준 한 사례를 말씀드리겠다. 한 젊은 친구가 와인숍을 차리려고 나름 2년간 와인 공부도 하고 마케팅 공부도 했는데, 막상 사업을 시작하려니 어디서부터 시작해야 할지 몰라서 난감해했다. 왜냐하면 사업이라는 것은, 특히 젊은이에게는 미지의 들판을 가는 것과 똑같은 것이기 때문이다. 그 친구가 어떻게 알고 지푸라기라도 잡자는 심정으로 세꼿을 찾아왔다. 우리는 그 친구의 사업계획서를 검토해주고 자금을 조달하는 방법에 대해 자문해주고 마케팅 방법에 대해서도 같이 이야기를 나누는 등 6개월간 함께 하나씩 분석하는 기회를 가졌다. 여기서 한 가지 강조하고 싶은 것은 우리가 그 젊은이의 숙제를 대신 해주는 것은 아니다. 실제 일은 그 젊은이가 다 해야 한다. 우리의 역할은 조언과 충고를 해주는 것이다. 그는 우리의 조언을 잘 활용하여 4만 유로의 자금을 조달하고 가게 문을 열었다. 판매까지는 약간 시간이 걸리긴 했지만, 이제 자리를 잡았다. 그 친구는 우리를 찾아와서 세꼿이 아니었으면 시작도 못했을 것이라고 고마움을 표했다. 이것이 우리의 존재 이유다. 회사를 설립하게 했고 그 회사는 일자리 3개를 만들었다."
>
> – 다니엘 까나르도 블라스꼬

세꼿, 활기찬 노년의 모범사례

세꼿은 활기찬 노년의 모범사례다. 우선 자원봉사를 통해 사회에 참여한다는 점에서 그 의의가 있다. 일반적으로 퇴직을 하게 되면 자신이 쓸모없는 존재가 되었다는 무력감에 빠지게 된다. 그러나 자원봉사를 통해 자신이 갖고 있는 지식과 경험을 다른 사람에게 줄 수 있고, 여전히 사회에 필요한 존재라는 것을 인식하게 된다. 또한 세꼿 프로그램은 평생교육의 가치도 갖고 있다. 젊은 세대의 멘토가 되기 위해서는 끊임없이 공부해야 하는데, 이는 세꼿에서 가장 중요하게 생각하는 것이기도 하다. 그리고 세꼿 활동은 세대 간 교류의 전형적인 모델이다. 젊은 세대는 노인세대의 경험과 지식을 전수받을 수 있고, 노인세대 역시 젊은 세대의 에너지를 공유하게 된다. 노인세대는 기술의 발전속도가 갈수록 빨라지는 현대 사회에서 새로운 기술로 젊은 세대와 교류하기는 어렵다. 하지만 그들이 갖고 있는 지식과 경험은 어디서도 찾을 수 없는 가치를 갖고 있다. 2016년 5월 마스우마노mashumano 재단과 세꼿 간에 맺은 협정은 이를 잘 보여주고 있다. 마스우마노 재단은 사회와 기업을 보다 인간적인 환경을 가진 곳으로 만드는 데 기여하기 위해 설립된 비영리재단이다. 특히 미래의 주인공인 젊은이들의 역할이 매우 크다는 데 주목하고, 이들이 회사의 리더가 될 수 있는 역량을

세꼿 홈페이지 인용

갖출 수 있도록 다양한 프로그램을 시행하고 있다. 그중 하나가 젊은 창업자 육성 프로그램인데, 이 프로그램에서 세꽂 회원들이 갖고 있는 지식과 경험이 활용될 수 있도록 양자 간 협정을 맺었다. 이는 젊은 창업자 육성과정에서 젊은이들이 노인들의 해박한 지식과 경륜을 배우게 되면 실패의 위험을 줄일 수 있을 것이라는 데 의미를 둔 것이다.

사례 3.
라달스

라달스 홈페이지 인용

노인단독가구 증가에 따른 사회 패러다임의 변화

노인단독가구의 빠른 증가는 새로운 사회 패러다임을 필요로 한다. 사회적 약자이면서 사회안전망으로부터 격리될 가능성이 가장 많은 홀로 사는 노인들의 안전과 삶의 질이 보장되지 않고서는 행복한 도시라고 말할 수 없다. 육체적으로, 그리고 정신적으로 심약한 이들을 돌볼 수 있는 시스템을 갖추는 것이 고령화사회에서 도시가 해결해야 할 숙제다.

일반적으로 혼자 사는 노인들의 안전과 사회적 고립을 막기 위해서는 두 가지 방법을 생각해 볼 수 있다. 그중 하나는 이들을 공동주거시설로 이주하게 하여 사회적·경제적 고립을 예방하는 것이고, 또 다른 하나는 그들이 거주해오던 곳에 계속 거주하게 하면서 돌봄이나 다른 지원을 받게 하는 것이다. 당연한 생각이겠지만 대다수의 노인들은 더 나이가 들어 허약해지더라도 가능하면 자신이 정든 곳에서 계속 살아가기를 원한다. 또한 최근 학계에서도 노인들의 삶터에 대한 자신의 결정권을 존중한다는 관점에서 지역사회에 계속 거주할 수 있도록 사회적 지원체계social support system의 구축을 강조하고 있다. 방문간호서비스나 방문요양서비스, 노인주간보호서비스, 방문식사서비스, 전화안부서비스, 집수리서비스 등은 허약한 노인이 자신의 집에서 살 수 있도록 지원해 주는 대표적인 서비스들이다. 오늘날 어느 사회를 막론하고 사회구성원 중에는 노인 비율이 높아지고 있고, 특히 그중에 돌봄이 필요한 초고령노인 비율이 더 빠른 속도로 증가하고 있다. 그러므로 이제는 고령화되고 있는 모든 사회는 현실적으로 사회의 패러다임을 재구성하여 노인들이 사회구성원으로서 자존감을 가지고 살 수 있도록 해주어야 한다.

지역공동체를 통한 사각지대 해소

노인인구집단 중에서도 상대적으로 더 고령의 노인비율이 증가하면서 장기간 돌봄long-term care이 필요한 초고령노인 수가 많아지고 있다. 그러나 아무리 사회적 지원체계가 촘촘하게 갖춰져 있어도 누군가가 함께 살지 않는 한 단독가구의 허약한 노인들을 24시간 관리하는 것은 현실적으로 불가능하다. 최근 많은 국가에서는 노인 비율이 높아지면서 허약한 노인들을 어디서 살게 할 것인가에 대한 논의가 비중 있게 이루어지고 있다. 하지만 그 핵심에는 당사자인 허약노인의 의사결정권이 존중되어야 한다는 인권의 문제가 자리잡고 있어서 섣불리 결정할 수 없는 현실에 직면해 있다. 또한 이런 이슈와는 별도로 고령화가 빠르게 진행되면서 노인돌봄 예산이 증가하는 현실적인 문제는 중앙정부나 지방정부에게 뜨거운 감자로 작용하고 있기도 하다.

복지 선진국에서는 이러한 문제를 해결하기 위해 공공기관과 민간기관이 공조하거나 또는 민간기관들이 자발적으로 연대하는 새로운 서비스 체계를 만들어 노인복지의 사각지대를 해소하고 있다. 새로운 서비스 체계란 지역사회의 사람들이 중심이 되는 새로운 공동체라고도 할 수 있다. 즉, 자발적으로 조직화된 이웃들이 게이트 키퍼gatekeeper로서 자신이 살고 있는 근린지역에서 발생할 수 있는 복지 사각지대를 감시하는 체계를 만들어 취약한 단독가구 노인들을 상시로 관리하는 것이다. 유럽 사회 중에서도 스페인처럼 휴먼 네트워크가 상당 부분 살아 있고 사회자본이 축적된 사회라면 이런 인간띠가 장기간 돌봄이 필요한 허약노인의 사각지대를 줄이는 데 충분히 기여할 수 있을 것이다.

특히 이들 감시자 중에는 건강한 노인들이 자발적으로 많이 참여하고 있어서 건강한 젊은 노인들이 허약한 고령노인들을 돌보는 소위 세대 내의 돌봄이 원활하게 이루어지고 있는 것을 볼 수 있다. 공동체 내에서 이런 주고 받는 관계가 형성되어 있다는 것은 어떤 노인이든지 건강할 때 돌봄 자원봉사를 하다가 그 자신이 나이가 들어 돌봄이 필요하게 되면 누군가 건강한 노인이 자신을 돌볼 것이라는 약속과 신뢰가 형성되어 있다는 것을 말해준다.

아무도 테레사 할머니에게 손을 내밀지 않았다

어느 날부터인가 테레사 할머니는 사람들의 눈에서 사라졌다. 테레사 할머니 집 우편함에는 광고물들로 가득 찼다. 안뜰로 향한 할머니 집 창은 항상 불이 켜져 있었다. 초인종을 눌러도 대답이 없었고 전화도 받지 않았다.

몇 주가 지난 후 악취가 나기 시작했고, 이웃들은 그 악취를 견딜 수 없었다. 그러나 마법을 부린 것처럼 전화 한 통화로 그 악취가 사라졌다. 전화를 받은 소방관이 문을 열고 들어가 악취로 덮인 테레사 할머니의 시신을 치운 그 순간부터 말이다.스페인 일간지 El Periodico 기사, 2016.5.14

바르셀로나의 경우 노인인구의 25.7%가 혼자 살고 있으며, 그중 78.1%가 여성가구다. 노인단독가구 비율은 고령일수록 더 늘어난다. 예를 들면 75세 이상 노인의 31.4%에 해당하는 58,000명 정도가 혼자 산다. 이처럼 고령으로 갈수록 단독가구 비율이 높은 이유는 노인들이 부부가구로 살다가 배우자가 사망하면서 혼자 남았기 때문일 것이다. 산업화된 모든 사회에서 볼 수 있듯이 단독가구 노인 증가와 도시화로 인한 이웃의 무관심으로 인해 이들의 고독사는 갈수록 증가하고 있다. 2015년의 경우 바르셀로나 소방관이 고독사한 노인을 발견한 건수는 132건에 달한다. 또한 2016년에는 5월 중순까지 이미 44건이 발생했다.

라달스, 노인고립을 방지하는 휴먼 레이더

라달스Radars라는 단어는 영어의 레이더Radar를 스페인식으로 발음하는 것으로, 지역사회 구성원들이 사각지대에 있는 고립된 노인의 욕구를 조기에 발견해 내는 레이더 기능을 한다는 것이다. 허약한 노인이 부양자 없이 지내거나 또는 고령의 노부부만 사는 경우에는 낙상, 심장마비에 따른 돌연사, 화재, 범죄 등 예측하지 못한 문제에 노출될 가능성이 훨씬 많다. 라달스는 이런 문제의 개연성이 있는 취약노인들의 리스트를 만들어 이웃들이 예방 차원에서 개입할 수 있는 장치인 것이다.

라달스는 지역사회 구성원들이 자기들이 살고 있는 지역의 취약한 노인들을 지속적으로 관찰하여 그들의 안전지킴이가 된다는 일종의 지역공동체 운동이다. 즉, 지역사회 구성원 간에 상호 신뢰하고 호혜하며 연대함으로써 사회자본을 축적하는 새로운 공동체를 구축한 것이다. 이런 활동은 근린지역을 중심으로 일어날 수 있는 주민운동으로서 지역에 거주하는 사람들이 공조해야만 가능하다. 이 프로그램은 2008년에 바르셀로나시에서도 삭막한 도시가 아닌 '마을'의 특성을 더 갖고 있는 그라시아Gracia 지역의 깜쁘 덴 그라솟Camp d'en Grassot 마을에서 시범적으로 실시되었다. 즉, 그곳에 거주하는 180명의 단독가구 노인들의 사회적 고립을 방지하기 위해 공동체 구성원들이 관심을 가지고 그들을 관찰한 데서 출발한 것이다. 이후 이 지역의 성공을 바탕으로 2012년부터는 본격적으로 바르셀로나시 전 지역으로 확산되기 시작했으며, 2016년 기준으로 바르셀로나 열 개 구 중 아홉 개 구의 24개 동에서 활발하게 운영 중이다.

라달스 운영방식

라달스의 운영방식은 매우 단순하다. 먼저 근린지역의 주민이나 약국 또는 식당처럼 상시로 운영하는 기관 또는 가게의 구성원들 중 희망하는 사람들이 홀로 사는 노인들을 관찰하는 휴먼 레이더로서의 역할을 한다. 이는 전적으로 자발적인 신청에 의한 자원봉사활동으로 이루어진다. 활동은 단독가구의 노인이라도 자립해서 살 수 있는 노인들을 제외하고 의존적인 허약노인들만을 대상으로 한다. 즉, ①75세 이상 노인으로 혼자 사는 경우, ②75세 이상 노인으로 혼자 살지는 않지만 혼자라고 느끼는 경우, ③65세 이상 노인과 거주하는 75세 이상 노인들이 대상이다. 이런 기준을 정한 이유는 레이더망자원봉사자이 제한적이기 때문이다.

라달스의 작동구조는 다음과 같다. 먼저 운영위원회Radars Board가 구성된다. 이 위원회에는 각 지역의 공공 사회복지조직, 지역기관공공기관, 프로젝트 매니저, 주민회등 등이 참여하는데, 여기서 실행계획과 전략을 수립한다. 아울러 실행결과를 피드백하여 새로운 계획수립에 반영하는 등 라달스 프로그램의 브레인 역할을 한다. 운영위원회를 통해 계획이 수립되면 프로그램의 확산을 위해 자원봉사자들이 홍보활동을 벌인다. 이 홍보활동에는 상인, 이웃 주민, 약국 등 레이더 역할을 해줄 대상자를 찾는 활동도 포함된다. 이와 동시에 운영위원회에서 수립한 계획에 따라 훈련된 자원봉사자들이 혼자 사는 노인의 집을 가가호호 방문하여 심층 인터뷰를 통해 그 노인의 사회격리 위험도 등을 파악한다. 그리고 그중 사회적 격리 위험도가 높은 노인이면 라달스 프로그램 관찰대상자로 선정한다. 선정된 노인은 사회복지기관에 의뢰되어 전문적인 사정assessment을 받게 된다. 노인의 생활상 위험도가 높다고 판단되는 경우에는 즉시 사회복지기관에서 합당한 조치를 시행한다.

대상자이기는 하지만 즉각적인 위험이 없다고 판단되는 경우에는 자원봉사자들이 일하는 전화 모니터링 시스템으로 연결하여 주기적으로 모니터링을 한다. 자원봉사자들은 원래의 목적인 모니터링에 더해 그들이 사는 지역의 축제나 행사정보를 알려주어 참여기회를 제공해 준다. 필요한 경우에는 자원봉사자가 직접 노인과 함께 축제나 행사에 참여하기도 한다.

동 단위에서 이루어지는 라달스 프로그램의 운영위원회는 처음에는 작은 규모로 시작된다. 지역에 따라서는 불과 세 명으로 시작한 경우도 있다. 이 운영위원회는 지역에 라달스 프로그램이 확산될 수 있도록 홍보 활동을 한다. 가가호호 방문할 수도 있고 마을 축제 때 홍보 부스를 만들어 홍보하기도 한다. 위험군에 속한 단독가구의 노인을 방문하는 것은 쉬운 일이 아니다. 일반적으로 몸과 마음이 약한 노인들은 외부인에 대한 경계심 때문에 아무에게나 문을 열어주지 않는 경향이 있다. 따라서 최초의 가정방문은 노인들이 신뢰감을 갖고 있는 적십자 자원봉사자들이 수행하는 경우가 많다. 자원봉사자들이 홍보방법으로 가장 중점을 두는 것은 어떻게 하면 가까이 다가갈 수Proximidad 있는가이다. 왜냐하면 마음의 문까지 닫은 노인들에게 다가갈 수 있는 조건을 만들어내는 것이 무엇보다 중요하기 때문이다.

"프로그램을 확산하는 데는 여러 방법이 있는데, 그중 하나가 가가호호 방문이다. 이 경우 적십자가 중요한 역할을 한다. 혼자 사는 노인들은 경계심 때문에 다른 사람들의 방문은 신뢰하지 않지만 적십자의 방문은 신뢰한다. 전화국 직원도 노인들에게 신뢰를 주는 편이다. 노인가구를 방문하는 적십자 요원들은 적십자의 직원이 아니라 자원봉사자들이다. 이들이 가정방문을 하여 노인들과 대화를 나누다보면 노인들이 처한 상황을 쉽게 파

악할 수 있다. 그리고 적십자 자원봉사자들 중 라달스를 담당하는 자원봉
사자들은 주로 라달스 일만 한다. 관찰자 역할을 하는 라달스레이더들은 마
을 약국의 약사들, 빵집 주인, 신문가게 등 이웃들이다. 라달스의 슬로건
은 "Mirada Sensible Respetuos", 즉 "세심하고 배려하는 관찰"인데, 관찰
은 하되 개인의 사생활을 침해하지 않는 것이 매우 중요하다. 라달스들이
노인을 관찰해서 이상한 변화가 감지되면 그 지역의 사회복지사에게 연락
하고, 사회복지사는 변화를 평가해서 직접 개입하든지 지역의 관련 기관에
연계하는 역할을 한다."

— 로사 루비오 기너Rosa Rubio Giner(바르셀로나시청 라달스 책임자)

약국의 역할

라달스 운영에서 약국의 역할은 매우 크다. 약국은 노인들이 일상적으로
들르는 곳이고, 노인들의 문제를 아무 경계심 없이 이야기할 수 있는 곳이
기 때문이다. 그라시아 지역에서 라달스 자원봉사자로 참여하고 있는 아델
라 그라시아Adela Gracia 약사의 말은 시사하는 바가 크다.

"노인들은 약국을 굉장히 신뢰한다. 왜냐하면 그들이 약을 받아가는 곳
이기 때문에 신뢰관계가 특별하다. 그렇기 때문에 그들에게 문제가 생기
면 쉽게 털어놓은 곳이 약국이다. 가족들은 멀리 떨어져 있으니 도움이 되
지 않는 경우가 많다. 의사는 의료진의 관점에서, 사회복지사는 사회복지
사의 관점에서 노인들을 쳐다보는데 약국은 그들이 사는 지역에서 오랫동
안 관계를 맺어오고 있으므로 좀 더 다양한 관점에서 노인들을 바라볼 수
있다. 노인문제는 단순한 것이 아니라 매우 복잡한 것인데, 이런 측면에서
볼 때 라달스에서 약국의 관찰자로서의 역할은 매우 크다. 약국은 신뢰의
공간이다."

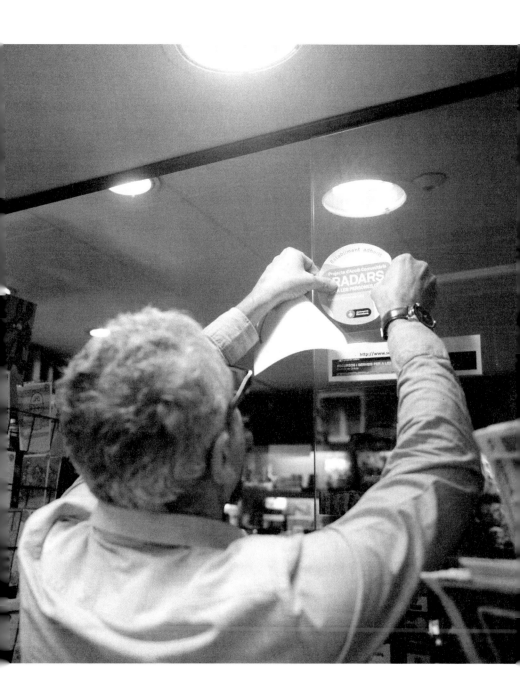

"라달스 프로그램에서 관찰자 역할을 하면서 특별히 기억이 나는 사례가 있다. 남편은 다리에 암이 걸려 걷기가 불편한 상태로 주로 집에서 지내고 있는데, 부인이 낙상 사고로 걷지 못하게 되어 병원에 입원하게 되었다. 그런데 병원이 집과 멀어 서로가 떨어져 있어야 하게 되었다. 이 사실을 우리가 알게 되어 사회복지사에게 연락했고, 집에서 2분 거리의 병원으로 옮길 수 있도록 조치되어 상황이 좋아졌다."

라달스 성공요인

2008년에 그라시아 지역의 작은 동네에서 시범적으로 시작했던 라달스 프로그램은 2016년 현재 바르셀로나 내의 29개 동마을에서 시행되면서 홀로 사는 노인의 고립문제를 공동체의 구성원들과 함께 고민하고 해결하는 모범사례로 평가받고 있다. 라달스 프로그램을 통해 650명의 홀로 사는 노인들이 공동체 구성원들의 '존경'과 '사랑'으로 가득한 '관찰'의 대상이 되어 사회적 고립의 위험으로부터 보호받고 있다.

주민, 상인 등 2,100명에 달하는 공동체 구성원들과 250개의 기관들이 참여하고 있는 라달스 프로그램은 크게 두 가지 관점에서 성공적인 것으로 평가할 수 있다. 첫째는 홀로 사는 노인의 사회적 고립을 예방하기 위한 활동에 예산이 거의 수반되지 않는다. 예를 들어 라달스 프로그램을 운영하는 데 별도의 전담 공무원이 없다. 시는 계약을 통해 네 명의 외부 전문가들을 채용하여 라달스 업무를 맡기고 있다. 650명 노인들의 사회적 고립을 예방하는 중요한 프로젝트가 공식적인 조직 없이 가동되고 있는 것이다.

2년 계약으로 고용된 네 명의 전문가들은 라달스 프로그램이 운영되고 있는 29개 동에서 이 프로그램을 확대 보급하는 역할도 한다. 현실적으로 각 지역에서 사회복지 업무를 맡은 공무원들은 라달스에 많은 시간을 투여하기 힘들다. 보통 각 동마다 두 명 정도의 사회복지사들이 공무원으로 일하고 있는데, 이들은 고유 업무만 수행하기에도 바쁜 실정이다. 실제로 동단위의 사회복지사들은 주당 세 시간 정도를 라달스 업무에 할애하고 있다. 따라서 라달스 프로그램은 외부에서 채용된 계약직 직원들이 전적으로 수행한다고 볼 수 있다. 즉, 이들이 라달스 프로그램의 정착과 확산에서 핵심적인 역할을 하는 것이다. 또한 이들이 씨를 뿌리면 씨가 발아되어 꽃이 피고 열매를 맺게 하는 것은 바로 지역공동체의 역할이다. 이 지역공동체는 전적으로 자원봉사자 중심으로 운영되므로 예산이 필요하지 않다. 2008년부터 시작된 스페인 경제위기는 바르셀로나의 경우도 예외가 아니었다. 경제활동이 위축되면서 줄어든 세수로 인해 재정지출을 줄일 수밖에 없었고, 이로 인해 가장 영향을 많이 받는 부분이 사회복지 예산이었다. 기존의 복지사업들도 예산이 줄어드는 판에 새로운 프로젝트에 대한 예산배정은 불

가능한 일이었다. 만약 라달스 프로그램이 예산이 수반되는 프로젝트였다면 성공하지 못했을 것이다.

두 번째 성공요인은 공동체 구성원들의 적극적인 참여다. 라달스 프로그램의 탄생 자체가 지역공동체 구성원들의 자발적인 참여를 전제로 하고 있기 때문에 구성원들의 자발적 참여 없이는 성공할 수가 없었다. 특히 자원봉사자들의 다수가 노인인 점도 중요한 의미를 갖는다. 건강한 노인들이 같은 세대에 속한 허약한 노인들을 돕는 것은 언젠가 자신이 더 나이가 들어 똑같은 입장이 되면 또 다른 건강한 노인들이 자신들을 도울 것이라는 사회적인 신뢰를 기반으로 하는 순수한 자원활동인 것이다.

1. 만레사의 특징

만레사는 1970년대까지만 해도 섬유산업의 활황으로 인해 경제적으로 굉장히 활발한 곳이었지만, 1980년대 들어서 섬유산업이 몰락하면서 경제 사회적으로 큰 어려움을 겪었다. 하지만 1997년부터 2007년까지 이어진 스페인 경제 호황기에는 만레사 인근에서 일하는 공장 노동자들의 주거도시로서 각광을 받으면서 발전했다. 그러나 2008년 경제위기로 인해 지속적으로 증가하던 인구 유입이 정체 또는 감소세로 전환되면서 도시 전체의 활력이 급격하게 떨어지게 되었다.

이런 연유로 만레사는 전통적으로 저렴한 주거비용과 양질의 일자리는 아니지만 인근에 상대적으로 풍부한 일자리가 있어 이민자들이 많이 모여드는 도시였다. 따라서 만레사의 주거여건을 보면 1950년대 이전에 건축된 것이 27.6%에 달할 정도로 주거지가 오래되고 낡아 승강기가 없을 뿐 아니라 설치할 수도 없는 상황이다. 게다가 만레사는 오래된 구도심과 산업혁명 시기에 급조된 신도시로 이루어져 있어 시민들이 조용하게 쉴 수 있는 공간이 부족하고 도시 내부의 이동수단 역시 부족하다. 신호등, 벤치, 인도의 경사진 턱, 가로등 등과 같은 노약자들의 기반시설 역시 부족한 것도 만레사가 해결해 나가야 할 숙제이다.

2. 노인인구 현황

만레사시 자료에 따르면 2014년 1월 기준 인구는 총 75,695명이며, 남성이 37,060명, 여성이 38,635명으로 여성이 남성보다 1,575명 많다. 이 중 65세 이상 노인인구는 14,847명으로 총인구의 19.6%를 차지하여 초고령사회에 진입하는 수준이다. 65세 이상의 인구 중 남성은 6,030명[40.6%], 여성은 8,817명[59.5%]으로, 여성노인 비율이 남성노인 비율보다 훨씬 높다. 이는 스

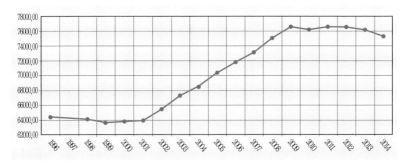

[그림 4-9] 만레사 시 인구변화 추이

출처: 스페인 통계청(ine) 인구 통계

페인 전체노인의 성비인 43%와 57%에 비해 차이가 더 큰 편이다. 외국인은 12,542명으로 전체인구의 약 16.6%를 차지하여, 스페인 전체 이민자 비율인 10.7%, 만레사가 속해 있는 까딸루냐 지방의 14.5%에 비해 상당히 높은 수준이다. 만레사의 외국인 비율이 높은 이유는 1970년대 이후 만레사의 섬유산업이 발전하면서 북아프리카 등지에서 온 가난한 이민자들이 처음 정착지로 선호하는 곳이었기 때문이다. 게다가 [그림 4-9]에서 보면 만레사의 경우 2001년부터 2008년 중반 사이에 인구가 크게 늘어났다는 것을 알 수 있다. 이는 이른바 '꿈의 십 년'이라는 스페인 경제호황과 밀접한 관련이 있고, 늘어난 일자리를 찾아 들어온 외국인 이민자의 증가에 기인한다. 그러나 2008년부터 시작된 경제위기는 만레사 인근 공장 가동에 타격을 주게 되고 이는 곧바로 고용감소로 이어졌다. 이는 일자리를 찾아 들어왔던 외국 이민자들의 유출현상으로 나타남으로써 인구정체와 상대적으로 젊은 노동력 유출에 따른 노인인구 비중의 빠른 증가로 나타나게 된다. 2014년 12월을 기준으로 만레사의 실업률은 19.57%로, 스페인의 23.6%에 비해서는 낮은 편이나 만레사의 경기침체 및 인구유출을 유도하는 요인이 되었음을 알 수 있다.

3. 활기찬 노년을 추구하는 도시 만레사

고령친화도시 만레사

만레사는 2011년에 WHO에서 주관하는 고령친화도시 네트워크에 가입하였다. 이 시기는 스페인의 몇몇 도시들이 최초로 WHO 네트워크에 가입하기 시작하던 때로서, 만레사는 소도시이지만 고령친화도시를 추구하려는 의지가 강했던 도시였다. 만레사가 고령친화도시에 가입한 이유는 모든 연령대가 같이 행복하게 살아가는 도시를 만들기 위해서였다. 사회적 약자인 노인이 행복해야 모든 시민이 행복할 수 있다는 것이 만레사 시청의 생각이고, 이를 위해서 이미 2002년 EU 정책으로 추진해 오던 활기찬 노화를 실현하기 위한 좋은 방법이라고 생각했다. 고령친화도시 프로젝트를 통하여 노인들이 더 건강하고, 더 참여하고, 더 융화되고, 도시환경은 더 다가가기 쉽고, 더 안전한 도시를 건설하자는 것이 만레사가 고령친화도시에 가입한 이유다. 물론 현실적으로는 앞서 인구추이에서 본 것처럼 이민자들을 중심으로 한 젊은 계층의 유출로 인해 인구고령화 비율이 빠르게 증가하고 있는 것도 주요 요인이었을 것이다.

만레사시의 고령친화도시 가입은 2011년 5월 9일에 신청서를 제출하여 같은 해 9월 29일에 승인되었다. 만레사의 사례는 다수의 소도시들과 마찬가지로 먼저 WHO 네트워크에 가입을 하고, 이후에 노인문제 진단과 그 결과에 근거한 실행계획을 제출한 경우에 해당한다. 추후 진행된 과정을 보면, 2011년 10월부터 2012년 11월까지 설문조사를 실시하였다. 10개 그룹, 108명이 참여하는 인터뷰와 워크숍을 통해 만레사의 노인문제들을 확인하였고, 2012년 12월 5일에 그 결과를 평가하였다. 이후 평가결과를 토대로 비공식적인 워크숍을 통해 노인단체들과의 토론을 거쳐 2013년 9월, 28개의 이행과제인 실행계획을 제출하고 2014년부터 이를 실행해 나가고 있다. 특히 만레사에서 문제진단부터 실행계획 수립에 이르기까지를 주도했던 사람은 노인분야에서 오랜 경력을 가진 담당 공무원이었다. 즉, 재정이 취약한 소도시이지만, 전문성과 경력을 가진 공무원의 역할이 있었기에 만레사시는 실현가능한 고려친화도시의 장기계획과 단중기계획까지 제시할 수 있었던 것이다.

소도시 만레사의 고령친화도시 실행계획의 8개 영역[3]에서 보이는 특징은 실행계획의 상당 부분이 기존의 사업과 예산을 그대로 유지한다는 것이다. 예를 들면 도시시설물 개선이나 교통시설물 개선사업, 쾌적한 도시환경 개선사업 등은 기존의 사업내용에 노인을 더 배려하는 내용을 추가함으로써 성과를 제고하고자 하였다. 물론 규모는 작지만 새로운 사업도 계획하고 있다. 신규 사업의 경우 예산이 수반되기도 하고 수반되지 않기도 하지만, 대체로 적은 사업비를 통해 지역구성원들에게 홍보하고 노인 관련 인식전환을 도모하는 사업으로서 실현가능성이 높다는 특징을 가지고 있다.

1. 쉬운 홍보물(Lectura Facil) 제작	노인 관련 홍보물·안내물 등을 노인들이 보기 편하게 제작
2. 노인 자원봉사	기존 자원봉사 프로그램 중 노인이 참여할 수 있는 분야 발굴 및 노인참여 유도
3. 지역언론 홍보	노인들의 관심사에 대한 문제제기와 지역문제 토론에 노인들이 참석 유도
4. 추억여행	노인들이 소유하고 있는 오래된 사진을 모으는 행사를 통해 노인들의 추억을 도시 전체가 공유
5. 세대 간 문화 공유	젊은 세대와 노인세대 간의 문화교류를 증진시키기 위해 양 세대가 같이 참여하는 미술전시회 등 문화행사 개최
6. 아이들+노인들	시에서 운영하는 유치원 아이들과 노인들이 함께 하는 프로그램 개발
7. 문화, +65	노인들이 문화를 쉽게 향유할 수 있도록 가격 등 장벽 제거
8. 건강정보 제공	의료시설 등을 효율적으로 사용할 수 있도록 홍보하고 예방의학 관련 정보 홍보·전파

출처: Manresa, ciudad amiga de las personas mayores, 2013.

---

3   8개 영역은 정보화교육 및 홍보, 시민의식 함양, 건물 접근성 제고 및 공공공간 확보, 거주환경 개선, 이동수단 개선, 상호 존중 및 사회통합, 사회복지 및 의료서비스 개선, 동호회 친목활동 활성화이다.

벽화 제작에 참여한 주민들. 만레사 시청 제공
TENET 벽화: 길이가 180미터이며, 노인들과 젊은이들이 전문가의 지도하에
공동 제작했음. 세대 간 교류를 통한 활기찬 노년의 좋은 사례임.

만레사의 시사점

인구가 7만5천 명에 불과하고 경제적으로도 풍족하지 못한 만레사지만 노인문제에 대한 관심과 열정은 여느 다른 도시에 못지않다. 이미 20년 전부터 노인문제를 단순히 오래 사는 것에 그치지 않고 어떻게 하면 더 활기차고 건강하게 살 수 있을 것인가에 대한 문제인식을 가지고 정책을 추진해 왔다는 것이 그것을 말해준다. 만레사와 같은 작은 도시가 WHO 고령친화도시 네트워크에 가입한 것은 결코 우연이 아니다. 이는 활기찬 노년에 대해 오래전부터 고민해 온 결과의 산물인 것이다.

만레사의 고령친화도시 가입은 정치적 목적이 아니라 그동안 해왔던 것들의 연장선상에서 이루어진 것이라는 데 의의가 있다. 만레사 시청의 담당 공무원 엔릭 로까Enric Roca 씨는 "친구가 되는 데는 돈은 필요 없고 마음만 있으면 된다"라고 말할 만큼 고령친화도시 가입에 대한 의지와 마음이 중요하다고 강조하였다. 이는 일부 도시에서 보듯이 고령친화도시 가입을 단체장의 실적이나 정치적 목적으로 추진하려는 시도에 생각할 거리를 던져주고 있다. 버스정거장의 버스 시간표 숫자 크기를 조금 키우는 것이 고령친화도시의 출발이라는 로까 씨의 말은 많은 것을 생각하게 해준다. 소도시의 경우에는 큰 예산이 수반되어야 하고, 어떤 거창한 그림을 그려야 하는 것을 전제로 하면 고령친화도시를 구현하는 것은 어려워질 수밖에 없다. 그보다는 WHO에서 권고하듯이 고령친화도시는 노인을 포함하는 지역사회 구성원들의 의견을 아래에서부터 위로 수렴하여 올라가는 개념으로 접근해야 실현가능한 것이다. 결국 당사자인 노인들의 의견들을 잘 수렴해서 그들이 제시한 문제들을 해결해 주는 것이 고령친화도시 이행의 방향이며, 이런 노력들이 실제로 노인들의 삶의 질 향상에 도움이 되는 것이다.

사례 4.
만레사 까살

"모이자, 놀자"

여가시간 활용과 활기찬 노년

포르투갈 AESE 비즈니스 스쿨 에우헤니오 비아사 몬떼이로Eugenio Viassa Monteiro 교수는 그의 저서 『활기찬 퇴직Jubilacion Activa』에서 말하기를, 퇴직 후 첫 일주일 동안은 새로운 것을 해볼 수 있다는 희망과 설렘으로 가득 차고, 두 번째 주는 첫 번째 주의 설렘이 사라지는 대신 퇴직 전에 바쁘게 움직였던 시간들에 대한 약간의 그리움이 생겨나고, 세 번째 주가 되면 아무런 할 일도 없다는 데 대한 불안감과 불편함으로 가득 차게 된다고 했다. 그러면서 퇴직 후 불안하지 않기 위해 할 수 있는 것 열 가지를 제시하고 있는데, 그중 하나가 여가문화활동이다. 사실 정도의 차이는 있지만 모든 세대의 사람들은 어떤 형태로든 여가활동을 한다. 여가활동은 우리 일상의 한 부분을 차지하고 있기 때문이다. 퇴직 전에는 대부분의 사람들이 여가 생활을 할 수 있는 시간이 부족하다고 한탄을 하면서도 막상 퇴직을 하고 난 후에는 여유시간이 많아졌는데도 여가활동을 제대로 못하는 경우가 많다. 여가활동을 어떻게 하는가는 시간의 문제이기도 하지만 방법의 문제이기도 하기 때문이다.

노인세대의 여가활동은 젊은이들의 그것과는 다르다. 젊은이들은 스스로 찾아 멀리까지 갈 수 있는 능력과 체력이 있지만 노인들은 그렇지 못하다. 따라서 노인들이 쉽게 접근할 수 있는 곳에 여가를 보낼 수 있는 시설들이 잘 준비되어 있어야 한다.

까살, 까딸루냐 지방의 문화센터

까살Casal은 스페인어로 농막 또는 건물이라는 뜻인데, 까딸루냐 지방에서는 사람들이 모여 뭔가를 배우고 행사를 하는 곳으로 이해된다. 우리의 문화센터 개념 정도로 생각하면 될 것이다. 까살의 종류로는 그 이용 대상에 따라 연령이나 성별의 구분이 없는 일반 까살Casal General, 청소년들이 가는 청소년 까살Casal de Joven, 그리고 노인들만 가는 노인 까살Casal de Gente Mayor 등이 있다.

까딸루냐 주정부의 규정에 의하면 노인 까살은 '노인의 복지를 향상시키고 노인의 사회참여를 증진시키기 위해 설치한 시설'로 정의하고 있다. 따라서 까달루냐 노인 까살은 활기찬 노년과 밀접한 관계가 있다고 할 수 있다. 까딸루냐에는 지방정부에서 운영하는 것만으로도 약 100여 개의 노인 전용 까살이 있고 주민회나 개인이 운영하는 노인 까살까지 포함하면 그 수는 크게 늘어난다. 까딸루냐에 있는 까살을 이용하기 위해서는 우선 까딸루냐에 거주하는 사람으로서 ①60세 이상 노인, ②퇴직자 또는 실업자로서 52세 이상인 자, ③이들의 배우자 등에 해당되어야 한다. 까살을 이용하고자 하는 사람은 거주지에서 가장 가까운 곳에 있는 까살에 신청서와 필요한 서류를 구비하여 신청하면 된다.

까살에서 노인들에게 제공하는 활동은 크게 어학교육 등과 같은 교육 프로그램, 스포츠 프로그램, 수공예 프로그램, 음악 프로그램, 컴퓨터 등과 같은 신기술 프로그램 등이 있으며, 모든 프로그램은 신청 노인들의 의견을 들어 준비한다. 까살에서 구비하는 시설로는 카페테리아와 식당, 도서관, 신문열람실, 강당, 명상실, 컴퓨터실 등이 있다. 그리고 까살이 있는 장소의 역사적·문화적 특성에 따른 특별 공간도 설치되는 경우가 많다.

만레사시의 경우에는 주정부에서 운영하는 까살이 하나가 있고, 주민회에서 운영하는 것이 여섯 개, 은행재단에서 운영하는 것이 두 개, 개인이 운영하는 것이 한 개가 있다. 사례로 소개하는 만레사 소재 까살은 까딸루냐 주정부에서 운영하는 까살^{Casal de Gente Gran de Manresa}이다.

〈표 4-8〉 만레사 소재 노인들을 위한 이용시설

까살	Casal de la Gente Gran de Manresa	주정부 운영
	Casal de la Gente Gran de la Balconada	주민회 운영
	Casal La Nostra Llar	주민회 운영
기타	Club de Jubilat de les Escondines	주민회 운영
	Espai Social de Manresa	은행재단 운영
	Esplai Montserrat	주민회 운영
	L'Esplai	은행재단 운영
	Llar de Jubilat Mion – Puigberenguer	주민회 운영
	Llar de Jubilats Sagrada Familia	주민회 운영
	Centro de dia Terapeutic San Francesc	개인

출처 : 만레사 시청 발간 자료. 2017.

까딸루냐 주정부 운영 만레사 까살

까딸루냐 주정부사회복지국에서 운영하는 만레사 노인 전용 까살은 노인들의 참여를 통하여 복지를 증진시키고 사회의 능동적인 구성원으로 활동하게 하기 위해 1983년에 문을 열었다. 회원이 되기 위해서는 까딸루냐 주정부가 운영하는 다른 까살과 마찬가지로 까딸루냐에 거주하는 60세 이상 노인이거나 52세 이상의 은퇴자나 실직자 또는 그 배우자이어야 한다. 까살 운영시간은 매일 오전 10시부터 오후 1시 30분까지, 오후에는 3시부터 저녁 8시까지다. 2015년 운영 프로그램은 〈표 4–9〉와 같다.

프로그램은 외부의 지원 여부에 따라 크게 세 종류로 나누어지는데, 까딸루냐 주정부에서 지원하는 프로그램무료, 까익샤은행에서 지원하는 프로그램컴퓨터 장비 지원, 강의료는 유료, 자치회 차원에서 준비한 프로그램유료으로 나누어진다. 해당 과정들은 노인들의 수요와 과거 운영실적에 따라 정해진다. 주정부에서 운영하는 만레사 까살의 경우 주정부에서 건물을 제공하고 주정부 예산으로 수도광열비와 유지보수비를 지원한다. 과정은 주정부에서 지원하는 과정과 일반과정이 있는데, 주정부 지원과정은 무료이고 일반과정은 유료로 운영된다. 수강료는 대강 실비 수준이지만, 최근 경제위기로 인해 주정부가 지원하는 교육과정이 점차 축소되는 추세에 있다.

운영방식

회원들은 까살을 이용하기 위해 가입비로 5유로를 내고 월회비는 없다. 다만 주정부에서 지원하는 교육과정이 아닌 경우 소정의 수강료를 부담해야 한다. 예를 들면 영어 수업인 경우에는 개인이 부담하는 1년 수강료가 85유로이다. 직원은 3명인데, 책임자인 조세피나Josefina는 주정부에서 파견

〈표 4-9〉 2015 만레사 까살의 프로그램

구 분	프로그램	시 간	주 관
스포츠	헬스	화, 목 45분씩, 3개 그룹	까살
	요가	화, 수 1시간씩, 4개 그룹	까살
	타이치(Tai Txi)	금 1시간, 2개 그룹	자치회
	벨리댄스	금 1시간, 2개 그룹	자치회
문화	까딸란 회화	화, 수, 목, 1시간30분씩, 3개 그룹	까살
	음악감상	목, 1시간, 2개 그룹	까살
	합창	화, 2시간	까살
	대중가요	금, 1시간	자치회
	영어	월, 화, 목, 금, 1시간30분씩, 11개 그룹	자치회
	영어회화	수, 2시간 30분	자치회
	프랑스어	화, 수, 1시간30분씩, 3개 그룹	자치회
	독일어	화, 1시간 30분, 2개 그룹	자치회
	까딸란회화	목, 1시간30분, 1개 그룹	자치회
	피아노	월, 화, 수, 3개 그룹	자치회
	음악이론	목, 1시간, 2개 그룹	자치회
	기타연주	월, 화, 1시간, 3개 그룹	자치회
	리듬	화, 1시간	자치회
	쿠바음악	화, 1시간 30분	자치회
	문화 토론	화, 1시간 30분	자치회
컴퓨터	멀티미디어	월, 수, 1시간 30분	자치회
	포토샵	화, 수, 1시간 30분	자치회
	컴퓨터초보	화, 목, 1시간 30분	자치회
	컴퓨터고급	화, 목, 1시간 30분	자치회
	인터넷	화, 목, 1시간 30분	자치회
수공·미술	응용미술	월, 금, 1시간 30분, 3개 그룹	까살
	봉 재	월, 1시간 30분, 3개 그룹	까살
	옷수선	월, 1시간 30분	까살
	그 림	화, 목, 2시간 30분	자치회
	천공예	화, 2시간	자치회
	점공예	월, 수, 2시간 30분, 2개 그룹	자치회
자유 활동	춤교실	토, 2시간 30분	자치회
	월말 축제	매월 마지막 토요일 오후	자치회
	전통축제 참가	축제 있을 때	자치회

주: 까살 프로그램은 무료, 자치회 프로그램은 유료(실비), 3회 이상 무단결석 시 자격 상실
   당구장, 도미노장, 카드게임장 등이 있어 원하는 사람은 상시 이용
   공연 관람, 소풍, 여행 등 프로그램은 자치회가 준비

된 공무원이고, 나머지 두 명은 채용된 일반직원이다. 이들은 건물 관리를 포함하여 일반적인 관리를 맡으며, 수업, 특별활동 등과 같은 프로그램은 노인회원들이 자치회를 구성하여 스스로 관리한다.

만레사에서 까살의 중요성

만레사는 1970년대까지만 해도 섬유산업이 발달하여 경제적으로 번성한 도시였다. 하지만 1980년대 들어 섬유산업이 몰락하고, 2008년 경제위기로 인해 지속적으로 증가하던 인구유입이 감소세로 전환되면서 도시 전체의 활력이 급격하게 떨어지게 되었다. 게다가 만레사는 젊은층들이 일자리를 찾아 인근 바르셀로나와 같은 대도시로 빠져나가면서 노인인구 비율이 크게 늘어났다.

이렇게 노인인구가 많음에도 불구하고 만레사는 노인들이 살아가기에 아주 불편한 도시이다. 오래된 구도심과 산업혁명 시기에 급조된 신도시로 이루어져 있어 시민들이 조용하게 쉴 수 있는 공간이 부족하고, 도시 내부의 이동수단 역시 빈약하다. 신호등, 벤치, 인도의 경사진 턱, 가로등과 같은 노약자들을 위한 기반시설 역시 부족한 것도 노인들의 일상에 큰 장애로 작용하고 있다. 게다가 전체 주거지의 27.6%가 1951년 이전에 건축되어 건물 내에 승강기가 없는 곳이 많을 뿐 아니라 설치할 수도 없는 형편이라 노인들의 이동에 제약요인으로 작용하고 있다. 하지만 만레사의 열악한 시 재정은 위에서 언급한 노인들의 생활환경 개선문제, 이민자들의 증가로 인한 사회통합 문제 등과 같은 다른 사회복지 비용의 증가에 대응하기에도 부족한 현실이다.

만레사에서 까살은 한정된 시 재정을 감안할 때 노인들이 활기찬 삶을 영위하는 데 도움을 주는 거의 유일한 수단이라고 할 수 있다. 게다가 건강

수명이 늘어남에 따라 여가에 대한 수요가 점차 더 커지는 것을 감안한다면 다양한 문화 인프라가 열악한 만레사에서 건강한 노인들이 모여서 활기찬 노년을 보낼 수 있는 까살의 역할은 매우 크다.

만레사 까살 방문

주정부에서 운영하는 만레사 까살은 만레사 구도심 안 비교적 접근성이 좋은 곳에 위치하고 있었다. 만레사는 오래된 도시이며, 구도심 부분이 약간 높은 곳에 위치하고 있어 노인들이 이동하기에 편하지 않은 도시다. 그러나 만레사 까살은 큰 공원 뒤편에 위치하고 있고 공원에서 까살까지 계단 대신 완만한 경사로를 만들어 놓아서 노인들도 쉽게 접근할 수 있게 되어 있다. 대부분의 스페인 공공건물들이 그렇듯이 만레사 까살 역시 기존의 건물을 용도만 달리하여 사용하고 있는데, 이곳은 예전에 아파트로 사용했던 곳이다. 특별히 눈에 띄는 간판은 없지만 입구에서부터 들어가고 나가는 사람들이 전부 노인들이라 노인 전용 시설임을 금방 알아차릴 수 있다. 보행에 문제가 없는 노인들도 있지만 지팡이를 짚고 오는 노인도 있고 휠체어를 타고 온 노인들도 있다. 입구에 들어서자 넓은 홀엔 몇 명의 노인들이 앉아서 신문, 잡지 등을 보고 있다. 낯선 동양인의 출현에도 그리 놀라지 않고 반갑게 인사를 하는 모습이 활발해 보인다. 안쪽에는 식당이 있는데 까딸루냐 주정부에서 파견 나와 있는 책임자의 말에 의하면 식사가 저렴하고 맛있어 밥만 사먹으러 오는 노인들도 많다고 한다. 위층으로 올라가자 당구대가 준비된 넓은 홀에서 남자노인들이 열심히 당구를 치고 있다. 그 옆 넓은 방에서는 요가교실이 열리고 있는데, 대부분 여자노인들이다. 거동이 다소 불편한 한 노인은 의자에 앉아서 할 수 있는 동작만 따라하고 있다. 한 층을 더 올라가자 여러 개의 교실에서 다양한 수업이 펼쳐지고 있다. 독일어 수업에 한창인 한 교실에 들어가서 우리의 방문 목적을 설명하고 몇 가지 질문을 한다. 질문 하나에 여러 명의 노인들이 서로 먼저 대답하려고 하는 모습은 스페인 사람 특유의 말하기 좋아하는 모습과 다를 것이 없다. 왜 독일어를 공부하느냐는 질문엔 독일에 여행 가려고, 독일 사람이 만레사에 와서 길을 물으면 알려주려고, 아들의 여자 친구가 독일인이라 의사소통하려고 배운다는 등의 다양한 이유를 댄다.

까살 내에는 교육과 여가시설 외에도 발마사지실, 미장원 등과 같은 편의시설들도 있다. 회원들의 문화활동을 위해 자치회 차원에서 여러 문화 단체들과 연계하여 문화공간 방문 프로그램도 운영하고 있으며, 여행사와 연결하여 근교 여행도 수시로 실시하고 있다. 또한 스페인 노인복지청인 임세르소에서 지원하는 관광 프로그램에도 적극적으로 참여하고 있다.

만레사 까살은 한마디로 표현하자면 노인의 여가활동과 배움, 머리 손질과 식사와 같은 일상생활에 필요한 것들을 한 장소에서 해결할 수 있는 일종의 노인 원스톱 서비스 공간이라고 할 수 있다. 공급자적 관점에서 보면 까살은 만레사와 같이 재정이 열악한 도시에서 노인들의 가용자원을 극대화할 수 있다는 장점이 있고, 수요자인 이용 노인들에게는 여러 가지 서비스에 대한 접근성을 용이하게 해준다는 편의성도 가지고 있다. 또한 WHO 고령친화도시의 회원도시인 만레사에서 까살은 활기찬 노년을 보낼 수 있는 적절한 장소가 될 수 있을 것이다. 인구 7만 5천 명중 65세 이상 고령인구가 약 1만 5천 명 정도인 소도시 만레사에 까살이 10개가 있다는 것도 이런 장점을 더 돋보이게 해준다.

따라고나 _ Tarragona

1. 따라고나의 특징

바르셀로나에서 남쪽으로 약 100㎞ 떨어져 있는 따라고나는 자동차로 한 시간이면 갈 수 있다. 또한 지중해와 에브로강이 만나는 곳에 위치하는 지리적 장점으로 인해 전 세계 150개 도시와 연결되는 48개 정기 컨테이너 노선의 주축 항구로 자리 잡았다. 현재 따라고나는 스페인에서 다섯 번째로 큰 물동량을 가진 항구이다. 연 평균기온은 17도로 온화하고 일 년 중에 해가 나 있는 시간이 2,770시간에 이를 정도로 전형적인 지중해 기후를 갖고 있어, 11개의 백사장으로 이어지는 14㎞에 달하는 긴 해변과 함께 '태양과 해변Sol y Playa'의 관광지로 사랑받고 있다.

따라고나는 까딸루냐주에서 바르셀로나 다음으로 경제 비중이 큰 도시이기도 하다. 서비스산업이 62.1%를 차지하여 서비스산업 비중이 큰 도시이지만 건설제조업의 비중도 37.6%에 달하는 제조업의 도시이기도 하다. 특히 화학산업과 에너지산업이 따라고나의 주요 제조업인데, 화학산업의 경우 스페인 총 화학산업의 25%를 담당하고 있다.

2. 노인인구 현황

까딸루냐 통계청IDESCAT에서 발표한 자료에 따르면, 2014년 12월 기준 따라고나시의 인구는 총 132,199명이며, 이 중 남성이 64,652명, 여성이 67,547명이다. 65세 이상 노인인구는 22,120명으로 총인구의 16.7%를 차지하여 고령사회에 진입하였다. 이는 바르셀로나 고령인구 20.8%, 만레사 19.6%는 물론 까딸루냐 전체 평균인 17.7%보다는 낮은 수준이다. 따라고나의 노인인구 비율이 다른 도시에 비해 낮은 이유는 젊은 이민자 비율이 높고, 거주민의 평균 연령대가 낮고 평균 자녀수는 다른 지역에 비해 높기 때문이다.

65세 이상의 노인인구 중 남성은 9,246명41.8%인 반면 여성은 12,878명58.2%으로 다른 도시와 마찬가지로 여성노인 비율이 남성노인에 비해 많이 높다. 외국인은 22,379명으로 전체 인구의 약 16.9%를 차지하는데, 이는 스페인 전체의 10.7%, 까딸루냐 지방의 14.5%, 바르셀로나의 16.4%에 비해서 높은 수준이다. 하지만 앞서 소개한 만레사와 다른 점은 만레사의 주 이민자는 북아프리카와 같은 가난한 지역 출신인데 비해 따라고나의 이민자는 유럽, 아메리카 등 상대적으로 부유한 지역 출신이 많다.

[그림 4-10]을 보면 따라고나는 1999년부터 2009년까지 10년간 인구가 지속적으로 늘어났다. 이는 역시 스페인의 일반적인 현상인 이른바 '꿈의 십년' 효과와 관련이 있다. 이후 2009년-2010년 사이 1년간의 정체기를 거쳐

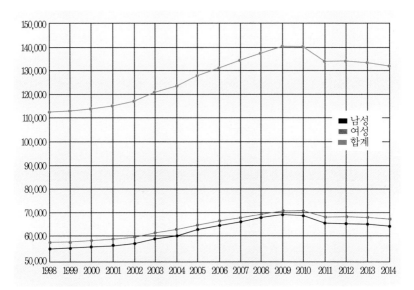

[그림 4-10]   따라고나시 인구변화 추이

출처: 스페인 통계청(INE) 인구통계.

2010년–2011년 사이에 약 5천 명 정도가 감소하는데, 이는 경제위기로 인한 일자리 감소와 러시아 경제위기에 따른 러시아 이민자 감소가 원인인 것으로 추정된다. 따라고나의 경우도 이민자 중심의 젊은 계층의 정체 또는 유출로 인해 인구고령화의 속도가 빠르게 진행되고 있음을 볼 수 있다.

3. 활기찬 노년을 추구하는 도시 따라고나

기존의 노인정책

따라고나는 대표적인 지중해 도시로, 서기 122년 당시 로마황제였던 아드리아노Adriano가 '영원한 봄이 펼쳐지는 도시'로 표현하였을 정도로 온화하고 살기 좋은 곳이다. 따라고나 시청은 이런 평판에 걸맞게 따라고나 거주 노인들의 삶의 질 향상과 독립적이고 참여적인 삶을 보장해주기 위해 '활기찬 노년' 정책을 시행해 왔다. 이러한 정책이 가능했던 배경에는 오래 전부터 노인자문위원회Consejo Municipal de Gran Gente de Tarragona가 있었다. 따라고나시는 노인 관련 정책을 수립할 때 이 위원회를 통해 노인들이 직접 참여하도록 하였다. 노인자문위원회는 총회와 실행위원회로 이루어지며, 총회의 의장은 따라고나 시장이 맡는다. 그리고 노인문제 관련 시의원, 정치 단체의 대표자, 노인 관련 기관의 대표자, 명망 있는 인사, 비영리단체 대표자, 노인분야 전문가 등이 위원으로 참여하여 의견을 수렴한다.

따라고나 사회복지청에서 20년 전부터 실시해 온 '노인 무료 대중교통 이용Gente Gran Activa Club' 정책이 하나의 좋은 예다. 이는 노인들에게 단순히 대중교통을 무료로 이용하게 한다는 차원을 넘어 서서 그들을 집 밖으로 나와 몸을 움직이게 하는 계기를 제공해 주었다. 이는 노인들을 위한 적극적인 사회참여 정책인 것이다.

따라고나 무료 노인교통카드
출처: 따라고나 시청 홈페이지

고령친화도시 가입

따라고나 사회복지청IMSST, Instituto Municipal de Sevicios Sociales은 2014년 5월에 따라고나 의회에 WHO 고령친화도시 가입신청을 제안하여 승인을 받았고, 그해 9월 WHO 네트워크에 가입했다. 즉, 따라고나는 WHO 네트워크 가입이 먼저 이루어졌다. 2016년에는 노인문제를 진단하였고, 그 결과를 토대로 실행계획을 수립하고 있다.

노인문제 진단을 위해 노인 그룹 4개, 노인 도우미 그룹 1개, 노인 분야에서 일하는 전문가 그룹 1개 등 총 7개 그룹을 대상으로 표적집단면접을 시행하였으며, WHO가 권장하는 절차에 따라 워크숍과 결과발표 등 노인 관련 단체들의 의견을 수렴하였다. 실행계획의 추진일정은 2016년 6월-2019년 6월이다. 노인들의 의견수렴 과정에서는 스페인의 많은 도시에서 볼 수 있는 노인 까살과 유사한 기능을 하는 야르Liar 조직이 적극적으로 참여하였다.

소도시인 따라고나는 만레사와 마찬가지로 담당자인 공무원의 열정과 노력으로 고령친화도시 네트워크 가입이 이루어졌다. 현재도 담당 부서의 자체 사업으로 실행계획을 만들고 있으며, 야르를 중심으로 지역노인들의 참여를 이끌어내기 위해 적극적으로 노력하고 있다. 인터뷰를 통해 만난 담당자 쎄실리아 로뻬즈 요렛Celia Lopez Lloret은 따라고나시가 WHO 네트워크에 가입하는 데 결정적인 역할을 한 장본인이다. 그의 표현에 따르면 오늘보다 내일이 더 고령친화적이 되겠다고 약속한다면 그것이 바로 고령친화도시가 되는 것이다. 따라고나는 약속을 했고 그 약속을 실현하기 위해 노력할 것이라고 말했다. 예산이 부족한 소도시들도 담당 공무원의 이런 철학이 있다면 충분히 고령친화도시 네트워크의 멤버십을 가질 자격이 있다.

특히 따라고나시는 고령친화도시 네트워크에 가입한 후 활기찬 노화정책을 실현하기 위해 더 많은 노인들을 야르에 참여하게 한 것을 눈여겨볼 수 있다. 실제로 따라고나시는 야르 사업을 통해 고령친화도시 계획을 적극적으로 추진하기 위해 2014-2015년도 야르 예산을 2007년에 비해 4배 증액된 13만 유로 배정하였다. 그 결과 2014-2015년도 야르에는 137개의 프로그램이 만들어졌고, 2,280명의 노인들이 참여하였다. 따라고나 노인들은 야르 활동을 통하여 더불어 사는 지혜를 배우고 새로운 관계를 형성하면서 건강한 노년을 추구해가고 있다.

따라고나 시청 사회복지국 공무원들

사례 5.
라 무라예따

"건강한 공동주택 협동조합"

라 무라예따 공동주택

고령화에 따른 가구 형태의 변화

산업화된 모든 국가에서 볼 수 있듯이 가족 중심 문화가 강한 스페인에서도 가족구조가 바뀌는 것은 예외가 아니었다. 결혼 후에도 부모들과 같이, 또는 근처에서 사는 것이 일반적이었던 과거와는 달리, 이제 자식들이 학업, 취업, 결혼 등의 이유로 부모로부터 떨어져서 사는 경우가 늘어나고 있다. 스페인 고등과학조사자문회의CSIC: Consejo Superior de Investigaciones Cientificas에서 2015년 1월에 발표한 2015년 스페인 노인현황Un perfil de las personas mayores en espana, 2015. Indicadores estadisticos basicos에 따르면, 65세-74세의 약 60% 정도가 노인부부 또는 혼자 사는 가구이며, 75세-84세에서는 그 비율이 더 늘어난다. 그러나 85세 이상의 연령대인 경우는 그 비율이 50%까지 줄어드는 대신 가족이나 양로원과 같은 집단 거주시설로 옮겨가는 비율이 늘어난다. 그 이유는 초고령의 노인들은 의존성이 증가하므로 독립적으로 살아가기 힘들기 때문일 것이다.

노인단독가구 증가에 따른 대안, 공동주거

부부 또는 혼자 사는 노인가구가 늘어남에 따라 사회로부터의 고립은 당면한 노인문제 중 가장 큰 문제로 대두되고 있다. 노화가 진행되면 육체적 능력의 쇠퇴만으로도 위축되기가 쉬운데, 여기에 사회로부터의 단절, 소외, 관계망 결핍 등으로 인한 고독감까지 더해지면 노인들의 삶의 질은 떨어질 수밖에 없을 것이다. 1998년 그라나다 대학의 루비오 에레라Rubio Herrera 교수가 스페인 노인복지청인 임세르소와 공동으로 연구한 결과에 따르면, 노인이 혼자 남겨질 경우 느끼는 감정은 공허감과 슬픔48.8%, 사랑하는 사람을 잃은 상실감42.3%, 다가갈 사람이 없다는 것28.5%, 가족과 자식과 헤어져 있다는 슬픔26.8%, 쓸모없는 존재17.3%, 살아야 할 이유 상실8.8% 등이었다복수 응답. 따라서 이런 고독감에서 벗어나기 위해서는 의지할 수 있는 타인과의 교감이 중요한데, 그 방법 중 하나가 이른바 공동주거Cohousing로서 북유럽과 북미의 선진국에서 많이 볼 수가 있다.

공동주거는 1960년대 스칸디나비아 지역특히 덴마크에서 가장 활성화에서 발생한 주거형태로, 1980년대에 들어오면서 미국의 건축가들에게 관심을 끌었고, 이후 독일, 영국 등 유럽지역으로 확산되어 나갔다. 이러한 주거형태는 노인인구 비율이 높고, 노인단독가구가 늘어나고 있는 스페인에서도 노인주거의 새로운 대안으로 최근 크게 각광을 받고 있다. 현재 마드리드, 깐따브리아, 안달루시아, 까딸루냐, 바스크 지방 등 거의 스페인 전역에서 공동주거를 설립하려는 움직임이 있다.

물론 오래전부터 양로원Residencia과 같은 공동주거가 있었지만, 양로원은 육체적·정신적으로 다른 사람의 도움이 없이는 살기가 어려운 노인들에게 필요한 일체의 서비스를 제공하는 시설이다. 즉, 양로원은 건강한 노인들이 함께 모여 사는 공동주거와는 다른 개념인 것이다. 공동주거는 개인의 사생활과 자존감이 지켜지지 않는 시설과는 다른 주거형태로서 하나의 작은 공동체라 할 수 있다. 자발적인 선택에 따라 공동주거에 입주한 사람들은 독립적인 생활을 전제로 하는 공동생활을 향유하게 된다. '협력주거Vivienda Colaborativa' 또는 '공동주거'는 개인의 사생활이 보장되는 일정 면적의 독립된 개인공간과 공동으로 사용하는 공용공간으로 구성되어 있다. 그러므로 공동주거는 거주자들이 삶의 가치와 철학을 공유하면서 살아갈 수 있는 능동적인 공간이라 할 수 있다.

공동주거의 장점

공동주거는 거주하는 구성원들에게 여러 가지 장점을 제공해 준다. 에너지 절약이라는 경제적인 측면, 즉 개별적으로 사용하던 공간을 공동으로 사용함으로써 전기, 가스 등 에너지를 절약할 수 있다. 또한 거주민들은 상호 심리정서적인 관계를 형성할 수 있어 공동체적 삶의 이점을 누리게 된다. 공동주거 프로젝트는 뜻이 맞는 사람들끼리 자발적으로 그룹을 결성하여 시작할 수도 있다. 이런 경우 각자 미래의 거주자가 될 멤버들은 '공동성'과 '친밀성' 등 공동주거의 정도를 결정하고 집들의 모양, 건축 소재, 신재생에너지 사용문제 등 모든 문제들을 결정해 나갈 수 있다. 노인복지 서비스 플랫폼인 살루스Saluus에 따르면, 프로젝트 진행과정을 통해 강조되는 것은 ①모든 사람들의 공동참여, ②각 가구와 공간의 디자인은 구성원 간의 관계를 증진시키는 방향으로 진행, ③주방, 식당, 세탁실, 거실, 도서관, 체육관 등 공동시설 설치, ④관리는 거주민들이 직접하고, ⑤모든 의사결정은 민주적으로 한다는 것이다.

스페인 공동주거 동향

최근 스페인 내 협동조합 형태의 공동주거 움직임에 대한 연구를 수행하고 있는 모비꼬마Movicoma의 자료는 관련 추이를 잘 보여주고 있다. 모비꼬마 자료에 따르면 2016년 스페인에는 총 26개의 협동조합 형식의 공동주거 움직임이 있다. 이중 까딸루냐 지방의 따라고나 인근에 있는 라 무라예따 등 9군데가 운영 중이고, 조합원을 모집하고 있는 곳이 7군데, 조합이 결성된 곳이 3군데, 조합이 결성되고 부지까지 확보한 곳이 4군데, 건설 중인 곳이 1군데, 그리고 중단된 곳이 2군데가 있다.

앞에서 본 것처럼 스페인 공동주거는 협동조합 형태가 일반적이다. 이는 몬드라곤Montdragon이나 기소나Guisona와 같은 도시에서 보듯이 협동조합의 정신이 발달한 나라인 것을 감안하면 낯선 일은 아니다. 최근 협동조합 형태의 공동주거가 노년기 거주의 대안으로 떠오르고 있는 것은 여러 가지 이유 때문이다. 우선 은퇴 이후 잔여수명이 길어지면서 노부부만 생활하기보다는 주변 사람들과 친밀한 관계를 형성하고자 하는 욕구가 커지기 때문이다. 특히 배우자 사망 후 홀로 남게 되면 새로이 형성된 주거공동체 속에서의 친밀한 관계망은 홀로 사는 노인에게는 중요한 지지망이 될 것이다. 또한 노부부만이 단독주택에서 생활하게 되면 더 노화가 진행되면서 신체적인 제약으로 인해 일상생활에 여러 가지 장애가 늘어나게 된다. 따라서 공동주거를 선택하게 되면 주택이 가진 물리적 환경의 편리함과 공동 서비스 등이 제공되므로 노후생활이 더 안정될 수 있을 것이다. 이에 대한 대안으

〈표 4-10〉 스페인 내 협동조합 형태 공동주거 현황(2016)

프로젝트 명칭	진행상태	비 고
Collacios de Asturias	조합원 모집중	
Brisa del Cantabrico	부지확보	
Egunsentia	조합구성	
Housekide	중단	
Profuturo	운영중	
CohousingSinior CostabrabaSur Maresme	조합원 모집중	
GentCohousing	조합원 모집중	
Cohabitatge GenteGran	조합원 모집중	
Cooperativa Senior 50/70	부지확보	
Cohabitatge Can 60	조합원 모집중	
Coperativa Obrera de Viviendas	운영중	
La Muralleta	운영중	**
Residencia LGTB de la Fundacio 26d	중단	
Trabensol	운영중	
Alaba Conviviendas	조합원 모집중	
Centro Conviviencia Tres Cantos	조합결성	
Projecto Merdiano	조합결성	
ServiMayor	운영중	
Vitapolis	부지확보	
Convivir	운영중	
San Hermenegildo	건설중	
Experentia	조합원 모집중	
Ciutat d'Elles	중단	
Residencia Fuente de la Pena	운영중	
Residencia Antequera 51	부지확보	
Residencia Puerto de la Luz	운영중	
Residencia Santa Clara	운영중	

출처: 노비꼬마 홈페이지
** 라 무라예따.

로 등장한 것이 다양한 형태의 공동주거다. 물론 여러 국가의 공동주거에는 노인뿐만 아니라 모든 연령대가 입주해 있는 경우가 많다.

공동주거는 물리적인 공간을 공유하는 하나의 작은 공동체가 된다. 한편 은퇴자 중심의 공동주거의 경우에는 입주자들이 추구하는 목표가 더 뚜렷하므로 공동체성이 더 커질 수 있다. 특히 협동조합 형태의 공동주거는 협동조합이 가지고 있는 목표와 회원 간의 신뢰, 구성원들의 권리와 의무 등이 더 명확하므로 기능적인 공동체로서 운영될 수 있다는 이점도 있다. 예를 들면 주거공동체의 울타리 내에서 공동경작을 하여 먹거리를 자체생산하거나 더 크게는 마케팅까지 할 수도 있다. 즉, 생산자 협동조합을 결성하는 것이다. 또는 소비자 협동조합을 결성하여 공동구매를 통해 생활의 편리함을 도모할 수도 있다. 그리고 거주자들이 더 노화되어 가면 의료서비스나 돌봄서비스를 공동구매하는 것도 고려할 수 있을 것이다. 이는 공동주거의 시스템 자체가 하나의 작은 고령친화도시로서 작동한다는 것을 의미하는 것이다. 이 공동체에서는 WHO가 제시한 8개 차원에서 추구하는 목표를 충분히 달성할 수 있을 것이다.

라 무라예따

라 무라예따La Muralleta는 로마 유적지로 유명한 지중해변의 도시 따라고나에서 약 40㎞ 지점에 위치한 산따 올리바Santa Oliva에 있는 공동주거이다. 라 무라예따라는 이름은 스페인어로 작은 성벽이란 뜻인데, 실제로 이 공동주거 부지를 둘러싸고 있는 성벽처럼 보이는 돌담을 상징하는 데서 명명되었다. 앞의 표에서 본 것처럼 라 무라예따는 현재 스페인에서 운영 중인 9개의 협동조합 형식의 공동주거 중 하나이며, 까딸루냐 지방에서는 최초의 공동주거다.

라 무라예따 공동주택 전경

시작 동기

라 무라예따가 설립된 배경은 15년 전으로 거슬러 올라가서 설명할 수 있다. 당시 51세였던 은퇴자 호세 까바예로Jose Caballero 씨는 은퇴 후 자신에게 남아 있는 인생이 너무 길다는 것을 인식하고 공동거주를 통해 노후에 닥쳐올 여러 문제를 해결하고자 했다. 즉, 마음이 맞는 몇 명의 친구들과 공동으로 땅을 구입하여 집을 지어 같이 살려는 프로젝트를 시작한 것이 그 시초다. 그는 평생을 살아왔던 아스팔트를 떠나 자연에서 살겠다는 꿈을 가지고 부지를 물색하였다. 그리고 당시에는 아무런 쓸모없는 황무지였던 곳에 16개의 집과 900평방미터의 공동공간이 확보된 주거단지를 만들었다.

> "인근 캠핑장에서 만난 사람들끼리 퇴직 후의 인생에 대해 이야기하곤 했다. 늙어서 타인의 보살핌을 받아야하는 천덕꾸러기가 되지 말고 주도적으로 활기차게 사는 것에 대해 이야기했다. 양로원은 의료서비스 등 필요한 모든 서비스들이 다 있지만, 그곳에서는 수동적인 삶을 살아야 한다. 낡은 가구처럼 사는 것이 무슨 의미가 있겠는가. 이런 의문에서 출발했다. 여기서는 어떤가. 무엇보다도 먼저 몸을 움직여야 한다. 운동선수가 훈련하듯이 여기서는 몸을 움직이는 것이 생활이다. 그것이 건강하게 늙는 방법이다."
>
> – 지우메 뮤요르Sr. Jaume Mullor(설립자, 조합원)

지금은 공동주거 개념이 제법 알려져 있지만 그 당시에는 생소한 개념이었다. 그래서 그 일을 추진하는 데 많은 시간과 노력이 필요했다. 라 무라예따 공동주거 울타리 내에는 16개의 개인주택과 공동으로 사용하는 주방, 강당, 주차장 등이 갖춰져 있고, 텃밭은 공용경작을 위한 것과 개인용 작은 텃밭으로 구분되어 있다. 현재는 설립 1단계로서 15가구가 분양되었고, 남은 1가구의 입주자를 찾고 있다. 앞으로 2단계에는 현재 부지 내에 8가구를 더 분양할 계획이다.

> "우리는 건설업자가 아니다. 경제적으로 풍족하지 않아 프로젝트를 한 번에 진행하지는 못한다. 지금 마무리단계에 있는 1차 사업은 16가구인데, 지금 15가구는 주인을 찾았고 마지막 1가구만 주인을 찾으면 된다. 2단계는 1단계가 끝나면 바로 진행될 예정인데, 8가구를 추가하는 것이다."
>
> – 지우메 뮤요르

라 무라예따의 부지를 이곳으로 정한 이유는 기존 마을 바로 뒤쪽에 있어 근린지역의 편의시설을 활용할 수 있고 부지의 방향이 남향이었기 때문이다. 돌담으로 된 정문을 들어서면 넓은 마당이 있고 안쪽으로 일자형으로 된 집들이 정문 쪽을 향해 서 있다. 건축재료들은 한눈에 봐도 소박하여 비용을 아끼려고 한 시도가 보인다. 협동주택의 취지에 걸맞게 가급적이면 친환경재료를 사용했다. 실내는 툭 트인 구조로 햇빛이 잘 들어오게 되어 있다. 겨울에는 햇볕이 집의 가장 안쪽에 있는 주방까지 들어와 난방비용을 줄일 수 있고, 여름에는 해가 현관처마에서 끝나도록 되어 있어 에너지 비용을 절감할 수 있다. 라 무라예따는 개별공간주거공간 60㎡ + 테라스 20㎡ + 텃밭 80㎡과 공동공간으로 이루어져 있다. 공동공간에는 공동주방, 공동식당, 다용도실, 공동텃밭 등이 있다. 텃밭은 개인텃밭과 공동텃밭이 있는데, 개인텃밭의 농사방법이나 작물종류는 전적으로 개인이 선택한다. 농사 경험이 없는 조합원은 경험 많은 조합원에게 물어볼 수는 있지만 기본적으로 본인 스스로 경작한다. 공동텃밭의 운영방식은 텃밭관리위원회를 통해서 결정한다. 라 무라예따는 전체적으로 볼 때 회원들이 같이 살아가는 공동주거지이지만 그들의 개별공간 역시 매우 중요하다. 따라서 주택은 각 가구의 사생활이 보장되는 구조로 만들어져 있다. 특히 실내는 복층으로 되어 있어서 주말에 자녀들이 놀러오면 공간을 함께 사용할 수 있고 개인텃밭을 가꾸며 즐길 수도 있다.

라 무라예따 입구

추진과정상 어려움

라 무라예따의 첫 아이디어는 캠핑장에서 같이 캠핑을 하곤 했던 8명의 친구들에게서 나왔다. 그러나 아이디어가 실행되는 데는 많은 어려움이 따랐다. 그 어려움을 극복하는 데 주도적인 역할을 한 사람이 호세 까바예로 씨이며, 언론에도 많이 소개되고 있다. 외부에서 보기에 별 어려움 없이 진행되는 것 같은 프로젝트였지만, 실제로는 많은 어려움이 있었다. 라 무라예따 측에 의하면 무엇보다도 관공서의 느린 행정처리가 가장 힘들었다고 한다. 한 달이면 받을 수 있는 서류를 일 년이나 걸린 경우도 있었다고 한다. 또 다른 어려움은 2007년부터 시작된 경제위기였다. 경제위기가 시작되고 건설경기가 침체되면서 라 무라예따에서 선정한 건축회사도 문제가 생겼다. 문제가 된 건설회사를 바꾸고 다른 회사를 선정하는 데 또 4년의 시간이 걸렸다.

조합원들의 출자

라 무라예따는 협동조합 형태의 공동주거다. 좀 더 분류를 하자면 협동조합 중에서도 건설주거 협동조합이다. 각 조합원들은 15만 유로씩 부담했는데, 그중 11만 8천 유로는 주택건축비로, 나머지 3만 2천 유로는 공동공간을 위한 비용으로 사용되었다. 사실 출자금 15만 유로우리 돈으로 약 1억 8천만 원는 적은 돈이 아니다. 조합에서 금융지원까지 해주는 것은 아니므로 아무나 쉽게 들어올 수 있는 곳은 아니다. 라 무라예따 측에 의하면 앞으로는 입주자들이 보다 저렴한 비용사회적 비용으로 들어올 수 있는 방법을 찾을 계획을 가지고 있다. 하지만 지금 당장은 일정한 돈을 지불할 수 있는 사람들만 입주할 수밖에 없다.

"이 프로젝트는 협동조합 형태의 사업이다. 협동조합 중에서도 건설주거 협동조합이다. 조합원이 되기 위해서는 출자를 해야 한다. 출자금은 개인적으로 준비해야 한다. 조합에서 금융까지 해주는 것은 아니다."

— 지우메 뮤요르

여기서 살다가 사정이 생겨서 나가야 하는 경우에는 공동공간 비용 3만 2천 유로는 돌려받고 주택은 매매한다. 매매가격은 조합에서 합리적으로 정해서 공지하므로 과도한 이익을 갖지는 못한다. 현재 분양된 15가구 중 상주하는 가구는 1가구이고, 다른 사람들은 주로 주말이나 필요할 때 온다. 왜냐하면 퇴직을 했더라도 바르셀로나에서 주로 생활해야 하는 일들이 있어서 아직은 거주지를 이곳으로 옮기지 못하기 때문이다. 그러나 어떤 시기가 되면 영구적으로 옮겨올 것이라고 말하고 있다.

"만약 지금 새로 들어오려는 사람이 있으면 먼저 조합 출자금을 내야 하는데, 주택비용 11만8천 유로에 3만2천 유로의 공동공간 비용 등 총 15만 유로를 내야 들어올 수 있다. 이것은 가난한 사람은 들어올 수 없다는 이야기다. 라 무라예따는 가난한 노인을 위한 사회적 주거의 개념은 아니다. 앞으로는 돈 없는 사람도 들어올 수 있는 방법을 찾아볼 계획이다. 사회적 개념으로 접근해야 하는데, 소스떼르 시빅Soster Civic이라는 비영리 법인과 같이 의논하고 있다."

— 지우메 뮤요르

라 무라예따의 철학

라 무라예따 공동주거의 가장 중요한 철학은 같이 일하고 같이 참여하는 것이다. 조합의 총회 아래에 정원관리소위원회, 식당소위원회, 텃밭소위원회, 유지보수소위원회, 공사소위원회, 홍보소위원회 등 여러 소위원회가 있다. 의무사항은 아니지만 가능한 한 개 이상의 소위원회에 참여할 것을 권유하고 있다. 텃밭은 라 무라예따의 정신과 잘 닿아 있다. 텃밭을 통해 자연과 접촉하고 몸을 움직이게 된다. 농사는 육체노동뿐만 아니라 두뇌도 많이 쓰게 한다. 언제 파종을 하고 언제 물을 주어야 하는지 등을 생각하면서 두뇌를 쓰게 되는 것이다. 개인텃밭의 농사방법이나 작물종류는 전적으로 개인이 선택하고 공동텃밭은 텃밭위원회의 결정에 따라 진행한다.

"라 무라예따는 참여이고 노동이고 움직임이다. 텃밭의 경우를 보자. 자연과 접촉하는 것이고 움직이는 것이다. 농사를 해보지 않은 조합원은 해본 조합원에게 배워서 한다. 실패하면 실패하는 대로 얻는 게 있다. 텃밭은 육체노동만 요구하는 것 같지만 두뇌도 많이 쓰게 한다. 언제 씨를 뿌리고 언제 물을 주고, 그런 것들도 다 머리를 써야 하는 일이다. 자연과 접촉하면서 자연을 배운다."

– 지우메 뮤요르

"공동으로 거주하고 공동으로 노동하고, 그러면서도 개별공간이 보장되는 곳이 라 무라예따이다. 입주자들 간의 관계를 통해 노후의 가장 큰 병인 '고독'을 물리칠 수가 있다. 공동활동으로는, 예를 들면 체조를 배운다든지, 요가를 배운다든지 하는 것들이 있는데, 외부의 까살과 다른 점은 까살은 전문 교사가 오지만 여기서는 조합원이 교사의 역할을 한다는 것이다."

– 지우메 뮤요르

"가족들이 주말에 오는 경우 머물 수 있는 공간은 없다. 일부는 여기서 자고 나머지는 인근 호스텔로 가야 한다. 방문객 수는 주말마다 다르다. 한명도 안 올 때도 있고, 20명이나 올 때도 있다. 거의 매 주말 방문객이 있는 편이지만 북적대지는 않는다. 여기는 캠핑장이 아니다."

- 지우메 뮤요르

운영상 장점

현재 라 무라예따 협동조합의 형태는 주거건설 협동조합인데, 향후 청소, 의료 등과 같은 서비스 협동조합도 추가할 것을 계획 중이다. 라 무라예따의 장점 중 하나는 관리비가 저렴하다는 것이다. 제반시설을 갖춘 양로원은 월 평균 1,200유로 정도를 내지만, 라 무라예따에서는 35유로만 내면 된다. 물론 여기서는 식품이나 소비재 구입 등은 개인이 지불해야 하지만, 나머지 관리비도 훨씬 저렴하다. 그 이유는 웬만한 것들은 조합원들 스스로 해결하기 때문이다.

조합원들의 전직은 회계사, 기계공, 공사감독, 컴퓨터 기술자, 교사 등 매우 다양하다. 이런 다양한 전직이 라 무라예따 운영에 도움이 된다. 즉, 그들이 전직 경험을 활용하여 주거단지 내의 보수나 관리 등에 직접 관여하는 것이다. 그렇다고 해서 조합원 자격을 사전에 심사하는 것은 물론 아니다. 라 무라예따 생활에 큰 불편함은 없다. 바로 앞 마을에 가면 규모는 작지만 수퍼와 의료시설이 있고, 2~3㎞ 가면 큰 쇼핑몰과 큰 병원도 있다. 교통과 문화시설 이용은 다소 불편하지만 근린 지역의 인프라를 대부분 이용할 수 있고, 라 무라예따에는 다른 좋은 것들이 많으니 그런 불편함은 감수할 수 있다.

포르투갈

리스본을 대표하는 이동수단인 전차

1. 역사

　대서양의 거친 바다를 마주한 포르투갈은 3,100년간에 걸친 오래된 역사를 갖고 있다. 지구가 편평하다고 믿었던 때 세상의 끝이었던 포르투갈은 스페인과 마찬가지로 머무르거나 돌아가거나 둘 중 하나를 선택해야 하는 곳이었다. 지금은 유럽의 변방으로 취급되고 있는 포르투갈이지만 15세기와 16세기에 걸쳐 스페인과 함께 세계를 지배했던 영광의 역사를 갖고 있다. 포르투갈은 유라시아 대륙의 끝단인 이베리아 반도를 스페인과 공유하고 있는 까닭에 역사, 문화, 정치, 경제 등 많은 부분에서 스페인과 유사한 점이 많은 나라다. 그러나 스페인 땅을 밟지 않고는 유럽으로 나갈 수 없는 포르투갈의 지정학적 위치는 포르투갈이 가진 태생적 한계였다. 스페인은 언제나 크고 강했기 때문에 스페인을 넘어서 유럽으로 간다는 것은 현실적으로 불가능했다. 이는 유럽이 곧 세상이었던 시기에는 세상으로부터 단절되어 있다는 것을 의미했다. 이런 지정학적 위치로 인해 포르투갈은 해양을 통한 세계 진출에 적극적일 수밖에 없었다. 이는 1415년에서 1543년 사이에 있었던 이른바 대항해 시대의 눈부신 발견의 결과로 나타났다. 1460년 까보베르데, 1478년 앙골라, 1498년 인도, 1500년 브라질, 1543년 일본 등 포르투갈의 해상을 통한 진출은 당시 그 어떤 국가보다 앞서갔던 위대한 업적이었다. 그러나 포르투갈에게는 새로운 발견으로 늘어난 영토를 컨트롤해나갈 역량이 없었다. 영토도 작고 인구도 작은 나라가 넓은 영토와 많은 인구를 가진 강대국들과 세계에서 경쟁한다는 것은 애초부터 무리였다. 시작이 다른 나라보다 빨랐고 아프리카, 아시아, 아메리카까지 자신들의 영토를 넓혀나갔지만, 그것들을 관리해 나갈 만한 역량이 없었기에 오히려 후발 열강들의 희생양으로 바뀌어 버리는 운명 속에 놓이게 되었다.

1580년부터 1640년까지 이어진 스페인의 포르투갈 합병과 1807년의 프랑스의 침략은 포르투갈의 영광스러웠던 시기를 과거의 추억으로만 남게 하였다. 그리고 1933년부터 1974년까지 이어진 살라자르Salazar 독재는 포르투갈을 근대적 산업국가로 만드는 대신 과거 회귀적 농촌국가에 머물게 했다. 살라자르 정부는 독재기간 동안 우민화정책의 일환으로 국민들을 축구 Footbol, 종교Fatima, 성모 마리아 발현성지, 파두Fado, 포르투갈 민속음악 등 이른바 3F에 빠져들게 했다. 포트루갈 국민들은 독재정치를 비판하는 대신 축구에 온 관심을 쏟았고, 정치 대신 종교를 통해 문제를 해결하려 했으며, 좌절에 대한 분노와 슬픔을 파두 음악을 통해 해소하려고 했다. 아울러 의도적으로 교육에 대한 투자를 소홀히 한 탓에 국민들의 비판능력은 현저하게 떨어져갔다. 스페인의 프랑코 독재가 산업발전을 기반으로 한 개발독재였다면 포르투갈 살라자르의 독재는 저개발 독재였다. 이는 이후 포르투갈의 발전에 발목을 잡는 요인이 되었다. 다른 유럽 국가들이 급속하게 발전하던 60~70년대 전후 호황기에도 산업기반이 없던 포르투갈은 과거 농업국가의 틀에서 벗어나지 못했다. 국내에서 할 수 있는 일이 없다보니 많은 포르투갈인들은 호황기를 맞은 다른 유럽국가로 이민을 갔다. 이런 이유로 포르투갈의 최대 수출품은 포르투갈 사람이라는 말까지 나왔을 정도다.

2. 정치·행정

포르투갈은 유럽에서 동일한 이름으로 존재하는 가장 오래된 나라다. 이베리아 반도라는 지리적 특성, 그리고 가톨릭 국가이면서도 긴 이슬람 문화의 흔적을 갖고 있는 등 인접한 스페인과 많은 공통점을 갖고 있지만 다른 점도 많다. 스페인이 유럽과 아프리카, 아메리카와 중동을 잇는 십자점에 위치한다면, 포르투갈은 언제나 스페인에 가로막힌 유럽의 변방이었다. 게다가 한때 자기들이 지배했던 브라질에도 지금은 큰 영향력을 갖고 있지 않다. 포르투갈은 이베리아 반도를 공유하는 스페인과 달리 국제사회에서 정치적으로나 경제적으로 큰 두각을 나타낸 적이 없다. 유럽과는 스페인을 통해야 했고, 식민지에서 독립한 브라질은 스페인의 식민지배 국가들과 달리 오히려 정치적·경제적으로 포르투갈에 영향력을 미칠 정도로 큰 나라가 되었기 때문이다. 1986년에 EU 회원국이 되었으며, 2001년부터는 기존 통화 대신 유로화를 사용하고 있다.

포르투갈은 국민에 의해 선출된 대통령과 의회 다수당의 총수가 총리가 되어 권력을 분점하는 변형된 대통령제 국가다. 이렇게 권력을 나누는 것은 40년간이나 이어진 살라자르 독재로 고통을 겪은 1인 독재에 대한 경계심의 발로라고 할 수 있다. 대통령은 국민의 직접 투표로 선출되고 임기는 5년이다. 대통령은 국가를 대표하는 국가수반으로, 국가의 행정을 통제하고, 군을 통솔하며, 국제무대에서 포르투갈을 대표한다. 총리는 의회 다수당의 대표가 대통령의 지명을 받아 임명되며 내각 구성권을 갖고 있다.

포르투갈 행정구역은 크게 본토의 북부지역, 중부지역, 리스보아A. M. Lis-boa 지역, 알렌떼주Alentejo 지역, 알그라베Algrave 지역 등 다섯 개와 아꼬레스 Acores 군도와 마데이라Madeira 군도 등 총 일곱 개의 지역으로 구성되어 있다. 수도 리스본을 중심으로 하는 리스보아 지역에는 총인구의 약 27%에 해당하는 2,809,168명이 몰려 살고 있어 이 지역의 인구밀도는 포르투갈 평균 인구밀도의 아홉 배에 달한다.

3. 경제

포르투갈의 산업은 스페인에 비해 매우 제한적이다. 왜냐하면 비슷한 성향의 독재자였음에도 불구하고 스페인의 프랑코는 중공업을 중요시했던 반면, 경제학자 출신의 포르투갈 살라자르는 경제에 별 신경을 쓰지 않았기 때문이다. EU에 가입하면서 빠른 경제발전을 이룬 스페인과는 달리 기본 산업구조가 허약한 포르투갈은 EU 가입의 기회를 제대로 활용하지 못했다. 포르투갈의 산업구조는 서비스산업이 약 76%를 차지하고, 건설이 4.5%, 일반산업, 에너지, 수처리 등의 분야가 17.1% 정도이다. 비중이 높을 것으로 생각되는 농수산업은 전체의 2.3%에 불과하며, 일반산업 중에도 섬유, 도자기와 같은 경공업이 대부분을 차지하고 있다.

1974년 이른바 카네이션 혁명을 통해 살라자르의 독재가 끝나고 민주화가 되었다. 그러나 민주정부 역시 안정적인 경제성장을 이루어내지 못했다. 과다한 재정지출과 거품 낀 투자를 통한 인위적인 경기부양은 포르투갈 경제의 기반을 흔들어놓았다. 2008년에 들어서자 포르투갈 경제는 그동안 문제가 되었던 것들이 한꺼번에 터져 나왔다. 2011년 4월 7일, 포르투갈 정부는 국가부도 위기를 더 이상 견디지 못하고 구제금융을 신청하였다. 아일랜드와 그리스에 이어 세 번째 구제금융 신청국가가 된 것이다. 그러나 다행히도 다섯 차례에 걸쳐 나누어 수혈된 구제금융과 정부의 긴축정책 덕분에 포르투갈은 그리스와는 다른 길을 걸을 수 있게 되었다. 2014년 5월 마침내 구제금융 종료가 선언되었다. 포르투갈 경제위기는 사회 여러 분야에 큰 변화를 가져왔다. 물가는 올랐지만 급여와 연금은 깎였으며, 다수의 국영기업들은 민영화되었다. 리스본 시내 중심가의 중요 건물들이 비거거서 폐허로 변했다. 그리고 많은 근로자들이 일자리를 찾아 프랑스나 브라질 등으로 빠져나갔다.

4. 문화

스페인과 포르투갈은 이베리아 반도를 공유하고 있지만 포르투갈 사람의 정서와 생활양식은 스페인 사람들과는 확연히 다르다. 개방적인 지중해식 성향을 갖고 있는 스페인 사람과는 달리 포르투갈 사람들은 조용하고 내성적이다. 이는 두 나라를 대표하는 음악으로도 쉽게 구별된다. 스페인의 플라멩꼬는 외향적이고 율동적이며 열정적인 반면, 포르투갈의 파두는 내성적이고 서정적이고 우울하다. 포르투갈 사람들은 스페인 특유의 낮잠 문화Siesta도 갖고 있지 않으며, 식사시간도 다르다.

포르투갈 사람들은 사우다드Saudade라는 그들 특유의 정서를 갖고 있다. 사우다드의 사전적인 의미는 향수, 그리움, 갈망, 동경, 사모 등으로 해석된다. 포르투갈 사람들에게 사우다드는 과거 좋았던 시절에 대한 회상, 멀리 떨어진 친구나 연인을 그리워하는 마음, 고향을 그리는 뱃사람의 심정 등을 표현하는 단어다.

사우다드를 가장 잘 나타내는 것이 파두다. 포르투갈, 특히 '리스본에 갔을 때 선술집에서 파두를 듣지 않는 것은 포르투갈을 보지 않은 것과 똑같다'라는 말이 있다. 그만큼 포르투갈 파두는 포르투갈 사람들의 정신에 닿아 있다. 과거에 대한 회상과 그리움으로 가득한 이 음악은 듣고만 있어도 그들의 슬픔을 느낄 수 있다. 떠나간 사람은 떠나간 사람대로, 남겨진 사람은 남겨진 사람대로 그들의 애잔한 감정을 노래로 표현한다.

5. 노인인구 현황

국토면적, 인구

포르투갈의 국토면적은 약 92,225㎢로 한국보다 조금 작다. 인구는 2014년 기준 10,374,822명으로, 한국 인구의 20% 수준이다. 하지만 다른 많은 나라들처럼 도시로의 인구집중현상은 심각하다. 수도인 리스본 주변에 전체 인구의 약 20%가 거주하고 있어 주거문제, 교통문제 등이 우리나라 도시들 못지않다.

포르투갈은 스페인과 마찬가지로 전통적으로 인구증가 국가였으나, 2010년을 기준으로 인구가 감소하는 국가로 바뀌었다. 2014년의 예를 들면 전년에 비해 인구가 약 0.5% 정도 감소하였는데, 이 숫자는 자연감소분 0.22%에 이민인구 감소 0.29%가 더해진 것이었다. 즉, 인구감소는 사망률 증가와 출생률 감소에 따른 자연감소, 그리고 경제위기로 인해 들어오는 이민자보다 외국으로의 유출인구 수가 늘어난 것이 원인이었다. 특히 포르투갈의 출산율 감소는 매우 심각하다. 2015년 UN의 인구전망에 따르면, 2010년–2015년 포르투갈의 합계출산율은 1.28명으로 출산율이 낮은 국가순으로 세계에서 8번째이다. 이는 심각한 출산율 감소를 겪고 있는 스페인의 1.32명에 비해 더 낮은 수치다. 참고로 우리나라의 2015년 합계출산율은 1.26명으로, 유럽의 출산율이 낮은 국가들보다 더 심각한 수준이다.

출산률 감소와 함께 젊은 인구 비율이 낮은 것도 포르투갈의 인구전망을 어둡게 한다. 유엔의 「2014 세계인구편람El Estado de la Poblaçion Mundial 2014」에 따르면, 포르투갈의 10세~24세 인구 비율은 16%로, 일본14%, 슬로베니아14%, 스페인14%, 이탈리아15%, 헝가리16% 등과 함께 낮은 그룹에 속한다. 이

〈표 4-11〉 2000-2014 포르투갈 인구변화 추이(2015)

연 도	전 체	남 자	여 자
2014	10,374,822	4,923,666	5,451,156
2013	10,427,301	4,958,020	5,469,281
2012	10,487,289	4,995,697	5,491,592
2011	10,542,398	5,030,437	5,511,961
2010	10,572,721	5,053,543	5,519,178
2009	10,573,479	5,063,745	5,509,734
2008	10,563,014	5,066,230	5,406,775
2007	10,553,339	5,009,747	5,400,592
2006	10,532,566	5,064,395	5,466,193
2005	10,511,966	5,056,613	5,453,175
2004	10,494,672	5,053,722	5,440,950
2003	10,473,050	5,047,329	5,425,721
2002	10,444,592	5,037,340	5,407,252
2001	10,394,669	5,019,374	5,375,295
2000	10,330,774	4,986,458	5,344,316

출처: 포르투갈 통계청 보도자료(2014.3.21).

연령대 인구비율은 향후 핵심적인 경제활동인구의 전망과 관련된다. 이 비율이 낮아지는 것은 장기적으로 국가 경쟁력의 저하를 의미하는 것으로, 이미 여러 국가에서는 젊은 인구 비율감소에 따른 대체인력에 대해 숙고하고 있다.

장기 인구전망

포르트갈의 인구전망은 매우 어둡다. 포르투갈 통계청INE은 여성 한 명당 자녀 수, 기대수명, 이민이라는 변수의 장기추이를 전제로 하여, 2060년의 인구전망을 세 가지 형태로 추정하였다. [그림 4-11]에서 보면 총인구가 가장 낙관적인 경우에는 9,223,617명, 가장 부정적인 경우 6,346,726명, 중

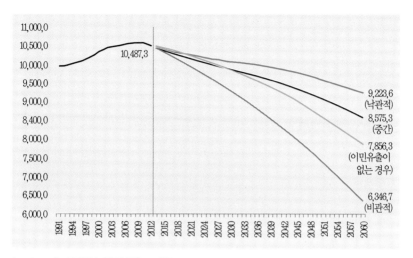

[그림 4-11] 2060년 인구전망 그래프
출처: 포르투갈 통계청 보도자료(2014.3.21).

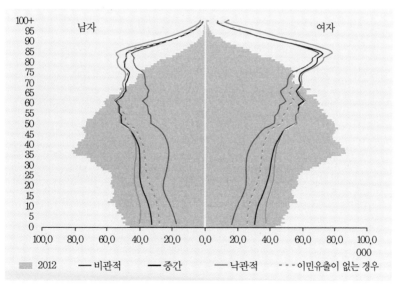

[그림 4-12] 2060년 포르투갈 인구 피라미드
출처: 포르투갈 통계청 보도자료(2014.3.21).

간인 경우 8,575,339명으로 전망된다. 만약 가장 부정적인 경우로 가정한다면 총인구는 현재보다 2백만 명이나 줄어들게 된다.

한편 [그림 4-12]에서 인구 피라미드를 통해 인구전망을 보면, 현재는 주된 경제활동 인구집단인 35~40세의 인구비율이 가장 높다. 그러나 2060년에는 이 연령집단이 후기노인 인구에 속하는 80~85세가 되면서, 인구구조는 이 집단의 비율이 가장 높은 팽이형으로 변하게 된다. 당연히 사회적 부양부담의 증가가 예상되는 것이다.

초고령사회

포르투갈 통계청의 자료에 따르면, 2014년 기준 포르투갈은 총인구 10,374,822명 중 65세 이상 노인인구가 2,105,167명으로 고령화율이 20.3%인 초고령사회에 속한다. 그리고 이 수치는 2020년에는 22.4%, 2060년에는 무려 34.6%로 올라갈 것으로 전망된다.

포르투갈 노인인구의 변화추이를 보면 서유럽의 다른 국가들과 마찬가지로 빠르게 증가하는 양상을 보인다. 1990년~2014년의 65세 이상 노인인구 비율을 보면, 1990년에는 13.6%였던 것이, 1995년 15.1%, 2000년 16.3%, 2005년 17.4%, 2014년에는 20.3%까지 꾸준히 증가했다. 즉, 1990년 고령사회에서부터 2014년 초고령사회에 이른 기간이 24년에 불과하여 우리나라의 인구고령화 속도와 유사하다. 이는 우리가 압축적인 고령화에 따른 대책을 마련해 가는 과정에서 세계 금융위기 이후 재정상태가 어려운 포르투갈 정부의 대응에 주목해 볼 필요가 있음을 보여준다. 외국의 선례는 성공적이든 아니든 타산지석이 되기 때문이다.

한편 돌봄의 대상이 되는 75세 이상의 후기노인 비율도 빠르게 증가하여 1990년의 5.3%에서 2014년에는 10%로 약 두 배 가까이 늘어났다. 이처럼 빠르게 고령화된 배경에는 평균수명의 연장 못지않게 앞서 기술한 대로 인구유출도 작용하였다. 이러한 문제는 결국 저성장에 따른 고용기회의 감소로 인해 인구유입의 동기를 제공해 주지 못했을 뿐만 아니라 경쟁력이 있는 젊은 인구의 유출로까지 이어져서 단순한 노인비율 증가보다 더 심각한 포르투갈 인구구조의 속성을 보여주고 있다.

한편 2014년 65세 이상 노인인구 중에는 여성이 1,230,984명58.5%, 남성이 874,183명41.5%으로 노인인구집단 내의 성별차이가 두드러진 것을 볼 수 있다. 여성노인 비율이 높은 것은 초고령사회에 진입한 유럽의 여러 나라에서 볼 수 있는 공통된 현상이다. 포르투갈의 기대수명은 평균 81세로, 여성은 83.03세, 남성은 77.16세이다. 여성의 평균수명이 남성보다 긴 점을 감안해 보면 남성노인보다 높은 비율만큼의 여성노인들은 대부분 초고령노인집단에 속해 있을 것이다. 결국 돌봄의 대상은 주로 여성노인에게 집중되는 현상으로 나타나는 것이다.

고령사회로 패러다임을 바꾸지 못한 결과

앞서 살펴본 대로 포르투갈의 인구고령화의 원인은 빠르게 증가하는 기대수명, 낮은 출산율, 경제활동인구의 다른 나라로의 유출 증가로 파악되었다. [그림 4-13]에서 보면 2012년 포르투갈의 고령화지수15세 미만 아동 100명당 노인인구 비율는 131이며, 이 비율은 2060년에는 307까지 올라갈 것으로 전망된다. 더 비관적인 전망치를 적용할 경우에는 464까지 올라갈 것으로 예상된다.

포르투갈의 고령화문제는 스페인 일간지 엘 빠이스티 Pais의 2015년 10월 4일자 기사에서 잘 나타나고 있다.

	2012	2013	2014
Birth rate (‰)	8,50	7,90	7,90
Death rate (‰)	10,23	10,19	10,07
Infant mortality rate (‰)	3,37	2,94	2,80
Total fertility ratio (1)	1,28	1,21	1,23
"Ageing" ratio (2)	131,10	136,00	141,30

SOURCE: Instituto Nacional de Estatística, I.P. - Portugal (Statistics of Portugal, P.I.),"Indicadores Demográficos" (Demographic Indicators).
(1) Average number of children per woman of childbearing age.
(2) Ratio of the mumber of persons aged 65 or over to each 100 young persons aged less than 15.

Life expectancy at birth	2010-12	2011-13	2012-14
Men (years)	76,67	76,91	77,16
Women (years)	82,59	82,79	83,03
Life expectancy at the age of 65	2010-12	2011-13	2012-14
Men and Women (years)	18,84	18,97	19,12

SOURCE: Instituto Nacional de Estatística, I.P. - Portugal (Statistics of Portugal, P.I.),"Indicadores Demográficos" (Demographic Indicators).

〈그림 4-13〉 포르투갈 인구 관련 지표

출처: Social Security in Figures(INE, 2015).

고령화문제는 포르투갈에 대가를 요구하고 있다

포르투갈은 유럽에서 출산율이 가장 낮고, 외국으로 나가는 이민자가 계속 증가하고 있다.

포르투갈 경제학회 루이 레오 마르띠노Rui Leao Martinho 회장은 앞으로 포르투갈 정부가 부딪히게 될 가장 큰 걱정거리는 경제문제가 아니라 고령화문제라고 지적했다.

포르투갈은 세계 여섯 번째 고령사회로, 40년 전만 하더라도 유럽에서 가장 높은 출산율을 보인 나라였는데, 이제는 거꾸로 가장 출산율이 낮은 나라가 되었다.

2014년 포르투갈의 출산율은 인구 천 명당 7.9명이었는데, 이런 출산율 추세가 계속된다면 2060년 포르투갈 인구는 850만 명으로 떨어질 것으로 전망된다. 여기에 더 비관적인 출산율을 적용하고 마이너스로 지속되고 있는 이민자 수까지 감안하면 총인구는 현재보다 400만 명이나 적은 630만 명에 불과할 것이라고 경고하고 있다. 이런 시나리오로 갈 경우에는 경제 활동인구의 감소와 피부양인구의 증가라는 모순과 더불어 노인연금과 의료비 등 국가재정의 과다한 부담이 국가의 지속가능한 발전에 큰 걸림돌이 될 것이다.

한편 작가 페르난도 다꼬스따Fernando Dacosta는 포르투갈 인구가 360만 명이었을 때 가장 강대국이었다고 말했지만, 이는 국가의 역할이 제한적이었을 때 이야기다. 그때는 오늘날처럼 총인구의 35%에 달하는 360만 명의 연금 수급권자가 존재하지 않았다. 참고로 스페인의 경우 연금 수급권자는 전체 인구의 19.5%다. 고령화가 국가의 복지체계의 근간을 흔들고 있는 것이다. 마르띠노 회장은 활기찬 노년만이 해결책이 될 수 있다고 강조한다. 또한 그는 TSF 라디오에 출연해서 기업의 철학을 바꾸어야 한다고 말했다. 정신적으로 육체적으로 문제가 없는 근로자는 자신의 의사에 따라 계속해서 일할 수 있게 해야 한다는 것이다. 즉, 전문가의 입장에서 인구유출에 따른 노동시장의 대안으로 고령노동력의 지속고용을 제시하였다.

한편 인구학자 마리아 조아오 발렌떼 로사Maria Joao Valente Rosa는 당면한 문제는 고령화에 있는 것이 아니라 그 속도를 감당해 내지 못하는 사회에 있다고 지적하고 있다. 예를 들면 포르투갈의 경우 현재 아동인구는 그 어느 때보다 적은데, 교사 수는 예전에 아동인구가 많았을 때 그대로라고 지적하고 있다. 또한 인구유출도 심각한 현상으로 확대되고 있다. 2014년과 2015년의 경우, 전체 인구의 1%가 국외로 빠져나가 인구유입보다 유출이 높아져서 인구감소에 영향을 미쳤다. 더 중요한 사실은 1970년대만 하더라도 외국으로 나간 이민자들은 건물 경비원과 같은 허드렛 일자리를 찾아서 나간 반면, 지금은 의사, 간호사 등 고급 보건의료 인력들이 주로 나가고 있다. 포르투갈은 갈수록 핵심적인 경제활동 인구집단인 젊은이들과 고학력자들이 줄어들어 인구전망을 어둡게 하고 있다. 그 결과 2050년이면 15세 이하 아동인구 비율이 11.5%에 불과할 것으로 예측된다. 반면 65세 이상 인구 비율은 현재 19.9%에서 2080년에는 35%까지 늘어날 것이다. 포르투갈 정부는 출산율을 높이기 위해 아이를 가진 부모에게 세금을 감면해주는 등 대책을 내놓고 있지만 정부의 대책만으로는 한계가 있다. 높은 실업률과 낮은 임금은 글로벌 경제체제 내에서 포르투갈의 인력을 붙잡아 둘 수가 없다. 예를 들어 영국에서는 자국민을 간호사로 교육시키는 데 드는 비용보다 포르투갈 간호사를 데려다 쓰는 게 비용이 덜 든다. 그리고 포르투갈 간호사의 입장에서는 자국에서 일하는 것보다 몇 배 높은 임금을 받고 영국에서 일하려고 하는 것은 지극히 당연한 일이다.

– 스페인 일간지 엘 빠이스, 2015. 10. 4 보도

노인빈곤율

포르투갈은 급속한 고령화로 인해 노인복지 지출이 증가하면서 어려움을 겪고 있다. 2015년 8월에 발간된 포르투갈 정부 자료Social Security in Figures에 따르면, 2014년 기준 노인연금 수급자는 2,007,143명으로 총인구의 19.3%에 달한다. 2008년 들어 시작된 경제위기로 정부재정이 어려워진 상황에서 지출의 많은 부분을 차지하는 노인연금의 삭감은 어찌 보면 당연하다고 할 수 있다. 연금 삭감은 다른 수입원이 없는 노인에게는 생계에 직접적인 영향을 미치게 된다. 포르투갈 일간지 오브세르바도르OBSERVADOR에서 포르투갈 노인인구통계인 Censos Senior 2014를 분석한 기사2014년 9월 30일자에 따르면, 노인연금 수급자의 77.9%가 최저 생계비2013년 485유로에도 못 미치는 연금을 받고 있고, 이는 결국 노인빈곤율 증가로 이어진다. 이 기사에 따르면 포르투갈 노인의 30.1%가 빈곤층에 해당되어, 유럽 평균 노인빈곤율인 23.6%

에 비해 훨씬 높다.

2012년 포르투갈 가톨릭대학Universidade Católica Portuguesa에서 수행한 연구O Envelhecimento da População: Dependência, Ativação e Qualidade에 따르면, 노인단독가구의 2010/2011년 월평균 지출은 782유로주거 330유로, 건강 99유로, 에너지 81유로로 등였다. 따라서 2014년 기준으로 77.9%의 노인들은 2010/2011년 단독가구 노인의 월평균 지출에 미치지 못하는 수준의 연금을 받고 있어서 그들의 빈곤정도를 짐작해 볼 수 있다.

노인가구의 증가와 잠재된 가능성

〈표 4-12〉에서 보면 포르투갈 인구문화연구소 CEPCEPCentro de Estudos dos Povos e Culturas de Expressão Portuguesa 보고서 「인구고령화O Envelhecimento da População」에 따르면, EU권에서 65세 이상 노인의 약 31.1%가 단독가구이고, 48.3%는 노인부부가구인 것으로 조사되었다. 즉, 전체 노인 중 79.3%가 단신 또는 부부가구로 살고 있는 것이다. 국가별로는 프랑스 90.5%, 핀란드 87.9%, 영국 87.5%, 네덜란드 95.1%이며, 포르투갈은 66.2%로 다른 유럽 국가들에 비해 낮은 편이다. 이처럼 노인들이 독립적으로 사는 비율이 다른 유럽국가에 비해 낮은 이유는 포르투갈 가족문화의 전통이 깊다는 특징 때문이다. 우리가 지향하고자 하는 노인의 거주형태가 세대 간 더불어 사는 삶이라면 포르투갈처럼 가족문화를 유지하면서 노인들이 삶의 질을 유지할 수 있는 가족정책들을 더 살펴보는 것도 필요할 것이다. 왜냐하면 전통적인 가족문화가 더 많이 남아 있는 남유럽 국가들의 경우, 비록 경제지표는 서유럽이나 북유럽 국가들에 비해 낮아도 삶의 질을 나타내는 주관적인 지표인 사회구성원들의 행복지수까지 낮은 것은 아니기 때문이다.

뿐만 아니라 사회 구성원 간의 관계망 정도도 노인들의 삶의 질을 측정

〈표 4-12〉 EU 각국의 노인 거주형태(2009)

	노인단독(%)	노인부부(%)	자녀동거(%)	기 타(%)
유럽 27개국	31.1	48.3	20.6	4.6
벨기에	26.8	50.7	22.6	4.2
불가리아	31.2	44	24.8	6.4
체코	33.5	50.1	16.4	3.3
덴마크	–	–	–	–
독일	33.7	57.3	9	1.3
에스토니아	20.3	37.6	42	11.2
아일랜드	29.4	43.9	26.7	4.1
그리스	25.4	48.8	25.7	3.8
스페인	20	41.3	38.8	6.5
프랑스	36	54.5	9.5	1.7
이탈리아	32.7	41.6	25.7	3
사이프러스	16.4	54.8	28.7	2.9
레토니아	26.3	27.5	46.2	17
리투아니아	39.4	31.2	29.4	12.2
룩셈부르크	30.1	52.1	17.8	5.9
헝가리	30.1	39.9	30	8.1
몰타	24	40.5	35.5	5.7
네덜란드	36.1	59	4.9	0.8
오스트리아	33.6	43.5	22.9	5.7
폴란드	26.5	37.2	36.6	15
포르투갈	20.9	45.3	33.8	8.1
루마니아	26.8	35.6	37.6	18.1
슬로베니아	32.5	39.4	28.2	6.6
슬로바키아	30.9	38.9	30.2	9.8
핀란드	35.4	52.5	12.1	1
스위스	–	–	–	–
영국	34.1	53.4	12.5	1.9

출처: 인구고령화 보고서(O Envelhecimento da População, CEPCEP, 2012), CEPCEP(Centro de Estudos dos Povos e Culturas de Expressão Portuguesa).

하는 주요 변수가 된다. 사회적 관계망은 정부의 지원과는 별도로 지역사회
에 거주하는 노인들의 생활에 영향을 미칠 수가 있다. 또한 인구고령화 보
고서에 따르면, 포르투갈에서 사회구성원들의 관계망은 EU권의 다른 나라
에 비해 탄탄함을 볼 수가 있다. 예를 들면 EU 주민의 8% 정도포르투갈은 7%
정도는 사회로부터 고립되어 있고, 친구가 없는 비율은 65세 이상 고령층에
서 두드러진다. 반면 포르투갈의 경우는 65세 이상 노인인구의 2% 정도만
이 도움을 받을 친구가 없다고 보고되어SILC Users database(EU), EU 회원국가들
중 다섯 번째로 관계망 정도가 높은 것으로 나타났다. 이런 근거들을 볼 때
여러 국가의 노인복지정책이 지향하는 방향은 절대 획일화될 수 없음을 확
인하게 된다. 그보다는 한 나라가 가지고 있는 문화적 전통이나 사회자본
의 축적 정도 등의 특성과 강점이 노인 관련 정책 결정과정에서 고려됨으로
써 해당 국가나 사회가 받아들이고 실천할 수 있는 정책을 만들어야 한다
는 당위성이 다시 강조된다. 이런 맥락에서 본다면 포르투갈은 비록 경제
관련 지표는 EU 회원국가들 중 낮은 수준에 머물고 있지만, 그들만이 가지
고 있는 인적 자원human resource을 포함한 비경제적인 요인들은 포르투갈을
그나마 공동체성이 살아 있는 초고령사회의 독특한 모델로 발전시켜 나갈
가능성이 내재된 국가라고 평가할 수도 있겠다.

포르투갈 정부의 노인 관련 정책에 대한 관심

포르투갈은 독일, 이탈리아, 프랑스, 영국 등과 함께 노인인구 비율이 높
은 국가이다. 따라서 포르투갈의 노인문제는 미래의 문제가 아니라 당면한
문제이다. 그러나 포르투갈의 행정조직을 보면 노인인구 집단을 정책대상
으로 다루려는 준비가 아직 미흡함을 짐작할 수 있다. 단적인 예로 스페인
은 보건사회복지부 산하에 노인복지청을 설치하여 노인인구집단을 지원하

고 있다. 이에 비해 포르투갈의 경우는 노동문제, 사회연대, 사회복지를 담당하는 부서 내에 노인분야를 여전히 포함시켜 두었다. 노인인구집단이 정책대상으로 부각되지 않으면 노인빈곤이나 노인돌봄문제 등 포르투갈이 당면한 노인문제가 충분히 조명받기 어렵다. 2015년 9월 28일자 포르투갈 일간지 엘 뿌브리꼬El Publico의 기사는 이러한 포르투갈의 현실을 잘 보여주고 있다. 국제노동기구ILO의 자료를 인용한 이 기사에 따르면, 포르투갈은 65세 이상 병약노인을 위한 돌봄예산으로 총 GDP의 0.1%를 지출하고 있는데, 이 비율은 낮은 수준에 있는 체코 0.3%, 스페인 0.5%에 비해 더 낮고, 높은 수준인 네덜란드 2.3%, 덴마크 2.2% 등과는 엄청난 차이가 있다. 또한 노인돌봄 인력의 경우도 스페인은 노인 100명당 2.9명, 노르웨이는 17.1명인 반면, 포르투갈은 0.4명에 불과하여 사회적 돌봄의 수준이 매우 미흡하다는 것을 알 수 있다.

한편 글로벌주의에 대한 견제로 지역주의regionalism를 이끌고 있는 EU는 인구고령화에 따른 문제를 조기에 또는 예방 차원에서 해결하기 위해 여러 가지 전략적인 개입방법을 제시하고 있다. 그중 대표적인 어젠다가 활기찬 노화이며, 활기찬 노화 정책을 확산시키려는 목표하에 여러 가지 접근을 시도하고 있다. 그중 한 예로서, 2000년 3월 리스본에서 개최된 〈리스본 전략Lisbon Strategy〉에서는 EU의 지속가능한 발전을 위해서는 노인문제에 대한 적극적인 관심과 대책이 필요하다는 결론이 도출되었다. 이 컨퍼런스에 영향을 받아 포르투갈 정부도 이른바 「활기찬 노화에 대한 국가 전략 Estrategia Nacional de Envelhecimento Activo」이라는 보고서를 발표했다. 이 보고서에서는 첫째, 노인들이 계속해서 일할 수 있는 여건을 구축하고, 둘째, 노인인구가 갖고 있는 지식과 경험을 재평가하여 활용하게 하고, 셋째, 노인들의 해고를 예방하자는 세 가지 내용이 강조되었다. 그 후 몇 가지 세부계획들이 발표되었는데, 그중 평생교육을 강조하는 'New Opportunities Initiative' 계획이 관심을 끌었다. 이런 움직임들을 보면 포르투갈의 노인정책은 고령화 속도에 비하면 아직 미흡하지만, 기본적으로는 EU의 노인정책에 동참하면서 변화하고 있음을 알 수 있다.

민간의 노인복지 향상에 대한 관심

포르투갈은 사회보장제도의 근간인 소득과 의료의 보장체계가 갖춰져 있다. 다만 노인인구 비율이 20%가 넘는 초고령사회에 필요한 탄력적인 정책이 적절하게 제공되지 못하여 정부 차원에서 초고령사회에 대응하는 수준은 미흡한 편이다. 이런 현상은 단지 포르투갈만의 문제는 아니라 우리나라를 포함하여 최근 급속한 인구고령화를 경험한 국가에서 공통적으로 나타날 수 있다.

그러나 다행스럽게도 포르투갈의 일부 지자체에서는 지자체, 대학, 연구소, 재단, 기업 등을 중심으로 초고령사회에 대응하기 위해 노화 관련 R&D나 지역사회 차원의 노인복지서비스 확대 등에 대한 논의가 비교적 활발하게 이루어지기도 한다. 몇 가지 대표적인 사례를 보면 다음과 같다.

포르투갈 내 활기찬 노화를 위한 프로그램 중 가장 눈길을 끄는 것은 노인대학 프로그램이다. 2012년 포르투갈 노인대학연합회RUTIS에서 발간한 「노인대학 보고서Universidades Seniores」에 따르면, 2012년 기준으로 약 200개의 크고 작은 노인대학들이 있다표 4-13. 2002년 이후 참여학생 수의 증가추이를 보면, 2002년에는 5천 명에 채 미치지 않았으나 2011년에는 3만 명 가까이로 늘어나서 노인들의 사회참여에 대한 관심이 증가하였음을 보여준다.

노인대학의 대부분인 93%는 시청이나 대학 등 공공이나 비영리기관이

	2002	2005	2008	2011
합계	4,980	10,907	17,481	29,250
남성	21%	21%	22%	24%
여성	79%	79%	78%	76%

출처: 노인대학(Universidades Seniores), 2012, RUTIS.

운영하였고, 나머지 7%만 개인이 운영하였다. 노인대학 강사의 80%는 자원봉사자이고, 20%만이 보수를 받는 형태라는 것을 눈여겨 볼 만하다. 월 수강료가 저렴한 것도 특징인데, 전체의 40%가 15유로 이하, 50%가 15유로 ~25유로, 10%가 25유로 이상의 수업료를 받고 있다. 즉, 포르투갈 노인대학의 특징은 누구나 쉽게 등록할 수 있도록 수업료가 저렴하고, 이러한 저렴한 수업료는 자원봉사 형태의 강사로 운영되기 때문이라고 볼 수 있다.

그리고 포르투갈 대표격 은행인 BPI가 기업의 사회공헌 차원에서 노인문제에 대한 사회적 관심을 환기시키고 취약노인들에게 노인복지서비스를 제공하기 위해 시행하는 노인 프로젝트 공모사업Premio BPI Seniores은 전국적인 규모의 사업으로서 부족한 공공의 역할을 대신하고 있다. 포르투갈 투자은행 BPIBanco Português de Investimento는 종업원이 만 명에 이르는 포르투갈 중요은행 중 하나다. 이 은행에서 2013년부터 사회기여 차원에서 매년 5십만 유로의 지원금을 걸고 노인 관련 프로젝트 중 우수한 것을 선발하여 지원하고 있다. 이는 노인의 삶의 질을 향상시키고 특히 활기찬 노화에 대한 사회적 분위기를 확대하기 위한 것이다. 2013년, 2014년, 2015년 등 3년 동안 총 1,682개의 프로젝트가 접수되었고, 그중 78개를 선발하여 총 170만 유로를 지급했다. 2016년에는 547개의 프로젝트가 접수되었다. 기업의 사회공헌 차원에서 시작한 프로젝트가 포르투갈 노인문제에 대한 일반인의 관심을 제고하는 데 큰 기여를 하고 있는 것이다.

또한 포르투갈의 제2 도시인 포르투^{porto}에서 EU의 정책에 따라 야심차게 추진하고 있는 노화연구 프로젝트인 'Porto4Ageing'도 매우 모범적인 노화 관련 R&D 사업이라고 평가할 수 있다. 게다가 최근 활발하게 조직화되고 있는 포르투갈 은퇴자협회 'APRe^{Aposentados, Pensionistas e Reformados}'의 움직임도 눈여겨 볼 만하다.

노인대학은 스페인의 까살과 유사한 것으로, 어느 지역사회에서든 가장 지역밀착적인 노인사업으로 활성화되어 있다. 특히 노인대학의 규모로 본다면 건강한 노화, 활기찬 노화를 위한 지역사회의 공공사업으로 자리매김하고 있다.

산학 관련 프로젝트인 'Porto4Ageing'은 포르투갈의 노화연구의 수준을 한 단계 높이고, 유럽의 노화연구 추이에 뒤쳐지지 않고 따라갈 수 있는 가능성을 키워주는 사업이다. 연구의 재원은 EU에서 제공된다. EU는 European Innovation Partnerships^{EIP}라는 프로젝트를 통해 유럽 여러 국가의 노화 관련 연구를 지원하고 있다. 이 프로젝트는 EU가 유럽 여러 지역에서 노화 관련 데이터를 확보하기 위해 일종의 조사구로서 연구센터를 지정하는 계획이라고 해석할 수도 있다. 이 프로젝트에는 대학, 연구소, 민간기업 및 민간연구소, 시민단체, 노인단체, 시청 및 공공기관 등이 참여하고 있다. 공공과 민간, 정책결정자, 연구자, 비즈니스분야, 수요자인 노인집단까지 모두 참여하고 있는 것이다. 그중 핵심적인 조직은 시청, 대학, 민간연구소, 노인단체이며, 그 외에도 노화와 관련되는 다수의 민간기업이 참여하고 있어서 포르투시의 노화 관련 R&D의 청사진을 볼 수가 있다. 특히 이 프로젝트에는 연구기반과 적극적인 국제적 네트워크를 가지고 있는 포르투대학 약학과 교수들이 주도적인 역할을 하고 있다. 그들이 이 프로젝트를 추진하게 된 배경은 노인인구 비율이 높은 포르투시는 노화연구를 위해 정부의 제한된 R&D 예산보다는 EU의 지속적인 지원을 받아 노화 관련 데이터를 구축하고자 한 것이다. 이러한 노력은 비록 현재 포르투갈 정부가 재정 여건상 노화연구에 정책적 우선순위를 두지 못하지만, 민간 전문가들이 주축이 되어 초고령사회 포르투갈의 노인복지 발전에 기여하는 것이라고 평가할 수 있다.

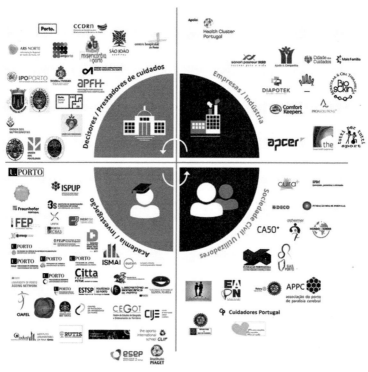

시청, 대학, 민간 연구소, 노인단체가 중심이 되고, 그 외에도 관련 단체들이 참여하는 포르투시의 노화 관련 R&D 청사진.

APRe는 포르투갈의 여러 은퇴자단체들을 조직화한 협회이다. 그동안 포르투갈 노인들은 자신들의 문제에 대해 침묵해왔지만, IMF 구제금융 이후 정부가 연금을 삭감하면서 노인빈곤 문제가 심각해지자 그들의 이익을 대변하기 위해 기존의 은퇴자단체들을 전국적으로 조직화하였다. APRe는 지금까지 조직력을 가지지 못했던 은퇴노인들을 규합하여 스스로의 권익을 지켜나가려는 시도를 하였고, 현재 성공적으로 여러 지역에 확산되고 있다. 이러한 과정에서 포르투갈 노인들은 새로운 학습을 해나갈 것이다. 그러므로 비록 현재 포르투갈의 노인 관련 지표수준이 다른 국가보다 낮더라도 미래의 가능성은 충분히 열려 있다. 유럽 국가 간 차이는 단지 어느 국가가 이러한 과정을 먼저 시작하였는가의 차이일 뿐이다. 어느 국가에서든지 노인 당사자들의 집단적인 노력이 가시화될 때 정책결정자인 정부를 움직일 수 있었다. 또한 노인 자신들도 권리 못지않은 의무도 받아들임으로써 성숙된 노인집단으로 거듭났고, 그들의 조직력과 역량을 바탕으로 정책결정자들과 대등한 파트너십을 가지면서 복리를 향상시켜왔다.

고령친화도시 가입 움직임

포르투갈은 고령친화도시 가입에 적극적인 편이어서 2015년 기준으로 포르투 등 22개 도시가 가입되어 있다.

아직 초고령사회 대비가 부족한 포르투갈에서 많은 도시들이 고령친화도시 네트워크에 가입한 이유를 몇 가지로 유추해 본다. 첫째는 스페인의 영향이다. 즉, 스페인의 여러 도시들이 고령친화도시 네트워크 가입에 매우 적극적이고, 실제로 가입한 도시 숫자가 세계에서 가장 많다는 점이다. 둘째는 지자체는 중앙정부에 비해 노인문제에 대해 느끼는 체감도가 높고 문제해결에 대한 민감도도 더 높다는 것이다. 따라서 고령친화도시 네트워크 가입은 지자체가 노인문제 해결을 위해 노력하고 있다는 것을 보여주는 좋은 방편이 될 수 있다. 셋째, WHO가 강조하는 것은 각 지자체들이 고령친화도시를 추진해 가는 과정에 시민들, 특히 노인들을 참여시키는 것이다. 즉, 당사자들이 자신들의 문제를 해결하는 데서 알 권리를 포함하여 주도적인 역할을 하도록 해야 한다는 것이다. 이런 점이 비중 있게 강조되므로 각 도시들은 우선 가입을 통해 시민들의 참여를 이끌어내고, 그들의 관심을 기반으로 지자체가 가능한 노력을 함으로써 동반자적인 관계에서 각 도시의 형편에 맞게 고령친화도시를 구축할 수 있다는 자신감을 가지게 되었다. 넷째, 아직 WHO 프로젝트가 시행된 기간이 길지 않으므로 단정지을 수는 없지만, 일부 도시들은 단체장의 정치적인 요인이 서둘러 가입하는 데 영향을 미쳤다고 볼 수도 있다.

포르투갈의 많은 도시들이 가입한 배경이 위의 여러 요인 중 무엇인지 알 수는 없다. 하지만 객관적으로 볼 때 이런 발빠른 움직임들은 어떤 형태로든 포르투갈이 초고령사회에 대응할 수 있는 패러다임으로 사회구조를 바꿔가는 데 기여하게 되는 것은 틀림없을 것이다.

리스본 _ Lisbon

리스본의 골목도 관통하는 전차

1. 노인인구 현황

리스본의 인구는 인근 광역시까지 포함하면 2,821,876명으로, 포르투갈 전체 인구의 약 27%에 해당한다. 뿐만 아니라 포르투갈 총 GDP의 37%, 총 수출의 34%를 담당하고 있으며, 포르투갈 총고용의 29.4%가 이 지역에서

〈표 4-14〉 포르투갈 및 리스본 인구 및 65세 이상 인구(2001, 2010, 2014)

	전 체			65세 이상		
	2001	2010	2014	2001	2010	2014
포르투갈	10,362,722	10,573,100	10,401,062	1,705,274	1,953,409	2,078,505
광역 리스본	2,665,212	2,815,483	2,808,347	413,178	512,346	567,546
리스본	563,312	549,210	513,064	133,310	142,109	141,734

출처: PORDATA(http://www.pordata.pt)

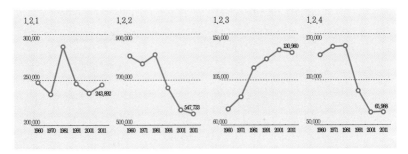

[그림 4-14] 리스본 연령별 인구변동 그래프(2012)

출처: Economia de Lisboa en Nimeros 2014(Câmara Municipal de Lisboa, 2015)

이루어지고 있는 명실상부한 포르투갈 경제의 중심이다.

스페인 통계청 자료 PORDTA^{http://www.pordata.pt}에 따르면 리스본 전체 인구 513,064명 중 65세 이상 노인인구는 141,734명으로 무려 27.6%에 달한다.리스 본 광역시는 전체 인구 2,808,347명 중 65세 이상은 567,546명으로 20,2%

[그림 4-14]에서 리스본의 인구변동 추이를 보면, 전체 거주인구 중 특히 14세 이하 인구는 빠른 속도로 감소하고 있고, 65세 이상 노인인구는 빠른 속도로 증가하고 있다. 그 결과 리스본 전체 인구의 27.6%를 노인인구가 차지하는 초고령사회가 되었다. 1980년대 중반을 기점으로 14세 이하 인구와 65세 이상 인구 비율이 역전되었으며, 갈수록 그 격차가 커지고 있음을 알 수 있다.

또한 [그림 4-15]의 인구 피라미드를 보면 1960년에서 2011년으로 오면서 인구 그래프가 변화하는 모습을 이해할 수 있다. 즉, 1960년대 가장 많은 비율을 차지했던 20대-40대의 인구집단이 50년 후인 2011년에는 노인인구 집단으로 이동하였지만, 출산율 저하로 인해 유소년과 청장년 인구집단이 증가하지 못하여 상대적으로 고령인구가 많아지는 모습을 보여준다. 이러한

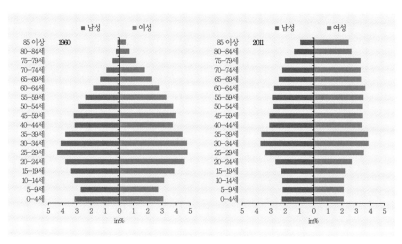

[그림 4-15] 리스본 인구 피라미드(1960, 2011)

출처: Ageing in Cities(OECD, 2015).

추이는 시간이 지나면 당연히 노년층이 더 두터워지는 모습으로 전이될 것
으로 예상된다. 또한 대부분의 유럽의 다른 도시들과 마찬가지로 65세 이
상 인구집단에서 여성의 비율이 높게 나타난다.

2. 물리적 환경과 접근성

리스본은 노인들이 살기에 편안한 도시는 아니다. 우선 일곱 개의 언덕
으로 이루어진 자연환경적인 측면에서 볼 때 리스본은 일반인들도 걸어 다
니기에 불편한 도시이다. 노인들이 많이 거주하는 구도심 언덕 부분의 경사
지고 좁은 길은 차량 통행이 어려울 뿐 아니라, 길바닥 면이 작은 돌을 깨
어서 만들어져 있어 휠체어나 스틱 등 보조장구를 사용하기가 쉽지 않다.

낡고 오래된 집들은 좁고 가파른 계단으로 연결되어 있어 보행이 불편한 노인들의 외부 접근을 어렵게 한다. 평지에서 언덕으로 올라가는 주요 교통수단인 옛날식 전차는 관광객으로 가득 차 있을 뿐 아니라 전차로 이동을 한다고 해도 가파른 좁은 길들은 노인들이 통행하기에는 어렵다.

또한 대중교통의 접근성 문제는 리스본이 가진 큰 고민거리 중 하나다. 2011년 자료를 통해 65세 이상 노인들의 대중교통 이용 현황을 보면, 17%가 버스나 전차 등 대중교통을 이용하고, 43%는 자가용, 39%는 도보로 이동하였다. 즉, 대중교통 이용률이 다른 도시에 비해 낮은 편이다. 그 이유는 대중교통 이용 접근성 및 편의성이 낮기 때문이다. 그럼에도 불구하고 리스본시는 2012년에 대중교통 요금을 큰 폭으로 인상하였고, 노인들의 교통보조금을 대중교통 요금의 50%에서 25%로 축소시켜 대중교통 이용기회는 더 줄어들게 되었다.

게다가 산따 끌라라^{Santa Clara} 지역처럼 아예 대중교통 서비스가 도달하지 못하는 지역도 많아서 노인계층을 고립시키는 원인이 되고 있다. 결국 아름다운 도시 리스본은 활기찬 노년을 추구하기 위해 노인들을 집밖으로 나오게 하는 전략을 추진하기에는 물리적 여건이 장벽이 된다.

3. 노인복지 행정조직

우리는 리스본 시청의 노인복지행정을 파악하기 위해 리스본 시청을 방문하여 청년결속과 과장 및 노인담당 직원 5명과 인터뷰를 하였다.

리스본 시청에는 노인인구집단을 담당하는 독립조직이 없고 청년결속과 Cohesion Juventud에서 함께 업무를 보고 있다. 행정인력 규모를 보면 청년결속과 직원 35명 중 노인문제 전담은 5명이어서 노인인구 비율이 27.6%에 달하는 도시의 노인복지 행정조직으로는 부족해 보였다. 우리의 구청에 해당하는 프레게시아Freguesia에도 노인담당 직원이 있지만 인력규모는 시청과 비슷한 수준이었다. 시청의 노인복지 조직에서는 구청이나 민간 노인복지기관을 지원하고 총괄하는 역할을 하고 있으며, 실질적인 노인복지서비스는 구청과 지역의 민간 사회복지조직들이 하고 있다. 이러한 시와 구 간의 조직체계와 역할분담은 우리나라와 유사하였다.

"리스본 시청에서 노인문제를 담당하는 조직은 지난 선거 후 조직개편을 통해 4개월 전에 만들어졌다. 조직의 명칭은 '청년결속과'이고, 이 과에서 청년문제, 평등문제, 세대통합문제, 이민자문제, 문화교류문제, 노인문제 등을 함께 다룬다. 노인문제를 청년결속과에서 다루는 이유는 노인문제는 세대 간 교류를 통해 해결할 수 있다는 이유에서다. 현재 리스본 시청은 조직개편 중에 있는데, 다수당이 아닌 제2당이 집권하는 바람에 좀 혼란스러운 측면이 있다. 청년결속과에서 노인조직을 분리하지 않고 계속 담당하게 된 것은 시의원Concejal의 의사가 반영되었기 때문이다. 즉, 청년문제부터 활기찬 노년문제까지를 한 과에서 다루자는 것이 그의 아이디어이다. 청년도 늙는다, 언젠가는 늙고 죽는다. 그래서 청년인구집단을 담당하는 과에서 노인인구집단도 같이 담당하게 하자는 것이다. 리스본은 젊은이들이 많이 오는 도시다. 특히 공부하러. 그래서 젊은이들과 노인들을 엮어주는 방법을 찾아보자는 것이 우리 생각이다. 시청에서는 노인이 혼자 거주하는 가구에 젊은이들을 같이 살게 해주는 프로젝트를 추진하고 있다. 리스본 시의 행정체계상 실질적인 노인복지서비스는 기본적으로 구청에서 담당하게 한다. 왜냐하면 구청에서 해당 노인들의 문제를 가장 잘 파악할 수 있기 때문이다. 시청에서는 전체를 총괄하는 역할을 하고 있다. 민간 사회복지기관Servicio Social Privado들도 많이 있는데, 이들 역시 노인복지서비스를 담당하고 있고, 시는 지원을 해주고 있다. 다시 말해 시는 노인업무를 총괄하고 실제 행정은 구청, 민간 사회복지기관, 협회 등에서 하는 복지행정체계를 갖고 있다. 청년결속과 총인원 35명 중 5명이 노인을 담당하고 있다. 따라서 시청 공무원들은 노인담당 업무는 있지만 노인들을 직접 만날 기회는 많지 않다. 노인문제는 갈수록 복잡하고 어려운 것이 사실이다. 노인들이 사는 집은 외부로부터 고립되어 있고 쓰레기는 쌓여만 간다. 노인문제를 해결하기 위해서는 가까이 다가가는 것이 중요한데, 시청에서는 조직체계와 업무의 특성상 직접 노인들에게 다가갈 기회가 별로 없다. 다만 필요시에는 구청, 노인 단체나 협회, 자원봉사자들을 활용해서 노인들을 만난다."

— 마리오 루이 쏘토Sr. Mario Rui Soto(청년결속과 과장)

사례 6.
라따65

"나이는 숫자에 불과하다"

라따65의 로고

2012 유럽 활기찬 노년의 해

2011년 9월, EU 의회는 이듬해인 2012년을 '활기찬 노화와 세대 간 결속을 강화하는 해'로 정하고, 당면한 고령화문제에 대한 관심과 대책을 촉구했다. 이를 통하여 각 회원국들이 빠른 고령화에 따른 경제적·사회적·육체적 문제에 대한 혁신적인 해결책을 준비하게 하는 동시에, 노인들에게는 그들이 여전히 사회의 구성원으로서 활기차게 생활할 수 있는 여건을 마련해 주고자 했다. 이러한 목적을 추구하기 위한 프로젝트가 활기차게 노화 과정을 거치도록 해주는, 소위 활기찬 노화인 것이다.

EU는 활기차게 노년을 영위하기 위한 방법으로 노동, 평생교육, 사회참여, 건강, 세대 간 결속 등 다섯 가지 방법을 제시하고 있다. 이들의 공통점은 모두 사회와 격리되지 않는 삶을 지향한다는 것이다. 노동을 통하여, 교육을 통하여, 참여를 통하여, 세대 간 결속을 통하여, 그리고 이 모든 것의 전제가 되는 건강을 통하여 사회와 격리되지 않는 삶을 사는 것이 바로 활기찬 노화의 핵심이라고 할 수 있다.

세대 간 결속

활기찬 노화를 추구하는 방법 중 세대 간 결속은 노인들이 지속적으로 사회적인 관계를 유지함으로써 주류사회에서 배제되지 않고 노년기의 삶을 유지하도록 해준다. 노인들이 사회적인 관계를 유지하기 위해서는 무엇보다도 젊은 세대와의 교류를 통해 세대 간 유대가 가능해야 한다. 이러한 유대관계가 지속되면 연령계층 간 통합을 통해 노인세대의 사회통합이 가능해지게 된다.

오늘날 사회참여를 지속할 수 있는 건강한 노인이 많아지면서 세대 간 통합을 위한 다양한 프로그램들이 소개되고 있다. 기존의 프로그램들이 젊은 세대가 노인 세대를 도움으로써 세대 간 접촉을 통해 관계를 확대해 가는 것이었다면, 이제는 노인세대가 젊은 세대를 위해 기여하거나 두 세대가 대등한 관계에서 협업을 통해 세대 간의 장점을 공유하기도 한다. 두 세대가 유대관계를 맺는 방법은 다를지라도 궁극적인 목적은 세대 간의 결속을 강화함으로써 고령화되는 사회에서 노인들이 주류사회에 지속적으로 포함inclusion되도록 하는 것이다. 이처럼 세대 간 결속이 가능한 사회는 우리가 지향하는 고령친화적인 공동체이면서 동시에 현대사회가 추구하는 새로운 공동체의 모습이라고 할 수 있다.

낙서인가 예술인가, 포르투갈의 그래피티

유럽의 도시들을 방문해보면 도시 뒷골목의 허름한 벽이나 가게의 셔터, 지하차도 입구와 같은 공공장소에 알록달록한 낙서나 그림을 그려놓은 것을 흔히 볼 수 있다. 그래피티Graffiti라고 하는 이것들은 보는 관점에 따라 단순한 낙서일 수도 있고 예술의 일종으로 인식되기도 한다. 실제로 어떤 그래피티들은 그 예술성으로 인해 도시를 아름답게 만드는 역할을 하기도 한다. 도시에 그려진 그래피티가 예술적이든 그렇지 않든 일반적으로 그래피티는 젊은이들의 전유물로 인식되고 있다. 그래피티는 기존 질서에 대한 반항, 기득권 세력에 대한 저항, 통념적인 도덕에 대한 반감 등을 그들만의 방식으로 표현하는 것이므로 일반적인 사회질서의 바깥에 존재해왔다. 특히 40년 가까운 기간을 독재정치의 그늘에서 살았던 포르투갈의 경우, 사회구성원들은 정상적인 경로를 통해서는 그들의 생각과 의견을 전달하기 어려웠기 때문에 그래피티라는 수단을 통해 저항과 분노를 표출해왔다.

라따65, 노인이 하는 거리예술

한 무리의 할머니와 할아버지들이 한 손에는 스프레이를 들고 한 손에는 종이로 만든 스텐실을 든 채 거리로 나왔다. 모자를 삐딱하게 쓴 채 하얀 마스크를 한 모습이 영락없는 악동의 모습 그대로다. 거침없이 그려대는 스프레이로 인해 자그마한 벽은 금방 알록달록한 캔버스로 바뀐다. 참여하는 노인들의 옷차림은 일반적인 포르투갈 노인들의 칙칙한 옷차림과 달리 울긋불긋하고 화려하다.

라따65는 도시 젊은이들의 전유물인 그래피티를 노인들이 하는 프로그램이다. 라따65는 그 명칭에서 알 수 있듯이 노인들이 하는 그래피티 예술

라따65 홈페이지 인용

프로그램이다. 라따LATA는 포르투갈어로 깡통을 뜻한다. 우리말로 해석하면 '깡통65'로, 깡통스프레이통을 든 65세 이상의 노인들이란 의미다. 주름진 얼굴에 희색이 만연한 할머니, 할아버지들이 방독 마스크를 쓴 채 스프레이를 양손에 들고 거리의 벽을 울긋불긋하게 칠해 나가는 모습을 상상해보라. 그들이 그린 그래피티는 젊은이들이 그린 것처럼 크고 섬세하지는 못해도 인생의 경험이 묻어 있는 노인 특유의 감성을 느낄 수 있게 한다.

라따65의 내용

라따65의 내용은 단순하다. 먼저 10명~12명최대 15명으로 제한으로 노인 그룹을 구성하여 실내 강의실에서 그래피티에 대한 이론과 실습 교육을 한다. 교육을 담당하는 강사는 실제로 거리에서 그래피티를 하는 젊은이다. 교육 내용은 세 강좌로 구성되어 있다.

첫 번째 수업은 그래피티를 소개하는 시간으로 45분 정도 진행된다. 그래피티의 유래와 발전과정을 여러 사례를 통해 설명하고, 최근 들어 예술로까지 승화한 그래피티의 위상에 대해 설명한다. 설명은 사진, 영상 등 시각적인 자료를 사용하여 진행하는데, 이 수업의 주된 목적은 참석한 노인들의 관심과 참여를 끌어내는 것이다. 두번째 수업은 주로 듣기만 했던 첫번째 수업과는 달리 직접 참여하는 형태이다. 약 1시간 가량 진행되는 이 수업에서 참여노인들은 자신을 표시하는 테그Tag를 만든다. 이것은 후에 거리의 벽에 그래피티를 그릴 때 자신이 그린 것에 대한 표시를 하기 위해 준비하는 것이다. 세번째 수업은 그래피티의 틀에 해당하는 스텐실을 제작하는 것이다. 노인들의 경우 빈 벽을 자유스럽게 칠해나가는 전문 그래피터들과는 달리 기술이 없다. 그러므로 벽에 바로 스프레이로 칠해 나가는 것이 아니라 사전에 제작한 스텐실 위에 스프레이를 뿌리는 방식을 택한다. 따라서 교실에서 사전에 제작하는 스텐실의 완성도에 따라 그래피티의 완성도가 결정되므로 가장 신경을 많이 쓰는 수업이다. 보통 3시간 정도 진행된다.

세 개의 수업은 실내 강의실에서 진행되지만, 마지막 네 번째 강의는 거리에서 진행된다. 사전에 제작한 스텐실과 테그를 갖고 거리로 출동하는 것이다. 네 번째 수업 역시 3시간 정도 진행된다. 위의 모든 과정은 최소 이틀에 걸쳐 진행되는데, 진행자인 라라는 3일을 권장한다. 이틀인 경우에는 오전과 오후 각각 4시간씩 8시간, 3일인 경우에는 한나절씩 3회를 합쳐서 총 12시간으로 진행된다. 실내에서 진행하는 수업의 준비물은 책상, 의자, 컴퓨터, 프로젝터, 종이, 마커, 사인펜, 연필, 칼, 투명테이프, 스프레이, 장갑 등이고, 실외 수업에서는 호흡상의 안전을 위한 마스크도 추가된다.

라따65 참여노인들의 반응

라따65에 참여했던 노인들이 진행자 라라에게 보내온 내용을 소개해 본다.

> "나에게는 새로운 경험이었어. 내가 길거리 벽에다 색칠을 하고 다니게 될지 어떻게 상상했겠어? 우리 그룹은 매우 도전적이었고 우리는 완전히 하나가 되어 즐겼어. 라라는 우리들이 창의성을 발휘할 수 있도록 내버려두었지. 우리의 아이디어를 존중해 주었어. 우리들은 적당히 미친 예술가들이었지! 고마워, 라라!"
>
> – 코랠리아 안드라드Coralia Andrade

> "안녕, 나는 에두아르도 마차도야, 67세 할아버지. 아소르스 노인대학 학생으로 참여했지. 라따65 프로그램을 보고 바로 참여신청을 했는데, 왜냐하면 예술을 하고 싶었거든. 라라 선생님 고마워요. 이론 수업에서도, 거리 색칠할 때도 우리에게 보여준 인내와 상냥함에 정말 감사해요. 파워포인트 자료 너무 좋았어요. 기회가 된다면 다시 하고 싶어."
>
> – 에두아르도 마차도Eduardo Machado

> "너무 즐거웠어. 이제 나에게 그래피티는 낯선 것이 아냐. 정말 즐거운 경험이었어. 가장 좋았던 부분은 거리에서 신나게 색칠하는 것이라고 말하고

싶어. 벽에 칠하는 건 나이하고 상관없더군. 기회가 더 있으면 좋겠어. 리스본 벽을 다 칠하고 싶어."

— 이아벨 빠스Isabel Paz

"이 나이에 벽에 색칠을 할 줄이야... 정말 대단하고 즐거운 경험이었어. 지금까지 한 경험 중 최고의 경험. 내가 얼마나 많은 것을 배웠는지 아마도 모를거야. 기회가 되면 다시 하고 싶어..."

— 마리아 마틴스Maria Martins

"사실 처음에는 좀 회의적이었어. 그런데 막상 해보니 환상적인 경험이었어. 거리예술을 이 나이에 할 수 있다니! 다시 해보고 싶어..."

— 이사벨 아라곤Isabel Aragón

언론의 반향

라따65에 대한 언론의 반향은 매우 크다. 그러나 처음부터 언론의 주목을 받은 것은 아니다. 2012년에 시작된 프로그램이지만 2015년 3월이 되어서야 조금씩 언론에 보도되기 시작했다. 그리고 같은 해 5월 로이터통신에 노인들이 그래피티하는 모습을 찍은 사진이 실린 이후 전 세계 주요 언론에서 폭발적으로 보도하기 시작하였다. 젊은이들의 전유물을 노인들이 하는 것에 대한 관심, 그리고 그래피티의 특유의 색채감과 노인의 상반된 이미지는 전 세계 사람들의 관심을 끌기에 충분했다. 2015년 5월 이후에만 2,000개가 넘는 언론에서 라따65를 다루었다.

라따65의 시사점

라따65는 활기찬 노년의 한 전형이다. 집에 있는 노인들을 바깥으로 끌어낸다는 것, 젊은이들의 전유물을 노인들이 함으로써 세대 간 교류를 가능하게 한다는 것, 그리고 거리예술이라는 예술활동을 통해 노인들에게 새로운 동기부여를 한다는 것에 큰 의미가 있다. 노인인구 비율이 높아져 가는 현 시점에서 노인에 대한 일반인의 관심을 불러일으켰다는 것도 긍정적이다. 뿐만 아니라 노인들이 가지고 있는 자신들에 대한 편견을 파괴했다는 것도 의미가 있다. 그러나 아직 라따65는 예산 사정상 참여노인들에게는 일회성 프로그램이 될 수밖에 없다. 따라서 노인들이 4회기session를 통해 배운 지식과 경험을 지속적으로 발산할 수 있는 여건을 더 마련해야만 한다. 이들의 활동 기회를 확대하기 위해서는 칠할 수 있도록 허용된 벽면과 예산이 확보되어야 한다.

라따65는 거리예술을 사랑하는 라라 세이소 호드리게스Lara Seixo Rodrigues라는 1979년생 한 젊은이의 아이디어로 시작되었다. 이 프로젝트를 보다 잘 이해하기 위해 2015년 10월 25일 저녁 무렵, 리스본 외곽의 고풍스런 극장 카페테리아에서 라라가 우리에게 들려주었던 이야기를 여기에 옮겨본다.

"나는 건축을 전공했지만 도시예술에 관심이 많았다. 내 고향 마을의 축제를 기획할 기회가 있었는데, 축제에 젊은이들이 하는 거리예술을 포함시켰다. 그런데 나의 관심을 끈 것은 마을 축제에서 젊은이들이 거리예술을 할 때 마을의 노인들이 다 몰려나와 젊은 친구들의 작업을 구경하는 것이었다. 내가 보기에 그것은 단순한 호기심이나 관심이 아니라 노인들이 세상과 소통하는 기회로 활용하는 것으로 보였다. 노인들은 거리예술에 대한 질문은 물론이고 젊은이들에 대한 일상적인 질문들, 예를 들어 결혼은 했나? 애인은 있나? 돈을 얼마나 버냐? 등 모든 것에 관심을 보였다. 그때 나는 알았다. 노인들은 세상과 이야기하고 싶어 한다고. 축제가, 그리고 거리예술이 그것을 위한 좋은 수단이 될 수 있다고.

라따65 프로그램 참여노인들이 구청에서 제공한 빈 벽에 그린 그래피티

후에 나와 비슷한 일을 하는 친구 페르난도Fernando와 커피를 마시며 그 이야기를 했는데, 페르난도가 나에게 내가 하고 있는 마을 축제를 리스본에서도 해보라고 권했다. 리스본의 노인들을 대상으로 거리예술을 한 번 해보라고. 라따65는 그렇게 탄생했다.

리스본에서 처음 시도한 라따65는 평균 연령 74세의 노인 10명과 함께 한 것이었다. 그들에게 거리예술에 대한 이론과 간단한 실습을 3일 동안 가르쳤다. 이론교육을 위한 강의실은 페르난도가 문을 연 코워크 리스보아Cowork Lisboa의 공간을 이용했다. 코워크 리스보아는 오래 전에 문을 닫은 공장을 재생시켜 창의적인 작업공간으로 탈바꿈한 곳이다. 노인들은 3일간의 수업을 마치고 거리로 나갔다. 노인들에게 거리예술은 하나의 도전이었다. 그리고 그들은 처음 경험하는 커다란 만족감을 느꼈다. 노인들은 처음에는 잠깐 주저하다가 이내 엄청난 질문을 쏟아내곤 했다. 나는 안다, 그 질문들은 거리예술에 대한 질문이라기보다는 소통하지 못한 자신을 세상에 풀어놓기 위한 질문이라는 것을.

보통 작업을 시작하면 노인들은 처음 15분 정도는 주저하다가 이내 몰입한다. 그리고 엄청난 에너지를 뿜어낸다. 그들은 어린아이였다. 그들은 그랬고 나는 보기만 했다. 거리예술, 좀 더 정확하게 말하자면 거리의 벽에 스프레이로 색칠을 하는 그래피티에는 의사, 건축가, 기술자 등 전직이 여러 부류인 노인들이 참여했다. 재미있는 것은 항상 90% 이상이 여성이었고, 그들은 자신 속에 숨어 있는 '끼'에 스스로 놀라곤 했다. 포르투갈의 여성 노인들은 일반적으로 자신을 잘 표현하지 않는데 여기서는 달랐다.

얼마 전에 브라질의 상파울루에 초청받아 갔었다. 매일 3시간, 6일간 상파울루의 노인들과 함께 했다. 그들 역시 우리가 감당할 수 없을 만큼 엄청난 질문을 쏟아내었다. 나는 예술가가 아니라 건축가이자 축제 기획자다.

코워크 리스보아의 입구

도시에 살면서 한 번도 그래피티 앞에 멈춰 서서 그것을 관찰해 본 적이 없다. 그러나 인생은 언제나 생각하지 못했던 방향으로 흘러간다. 내가 그래피티를 하면서 살게 될 줄 누가 알았겠는가, 그것도 노인들과 함께.

나는 이 일을 2012년부터 시작했다. 이 일을 하면서 어려운 것은 이 일을 계속할 수 있느냐는 것이다. 사람들이 관심을 갖지 않고 돈이 없으면물론 큰 돈은 아니지만 이 일을 할 수가 없다. 포르투갈에서 정부나 지자체가 노인들을 위해 돈을 쓰는 것은 드문 일이다. 지자체의 지원을 받지 못해서 한동안 일이 없기도 했다. 그러다가 2015년 4월 한 사진 예술가가 우리 프로젝트 진행 모습을 인터넷에 사진으로 올리는 바람에 갑자기 널리 알려지게 되었다. 그 후 로이터통신에서 사진을 보도하면서 2,000개 이상의 기사가 떴고 이 프로젝트는 유명해졌다. 이렇게 한국에서도 찾아 왔으니까.

노인들에게 가장 중요한 것은 관심이다. 사실 아이들에게는 관심을 보여주는 사람들이 많다. 그러나 포르투갈에서 노인들에 대한 관심은 지극히 제한적이다. 라따65와 같은 프로그램을 아이들에게도 해달라는 요청이 많지만 안 하려고 한다. 아이들 프로그램은 이것 말고도 많지 않은가. 노인들을 위한 프로그램이 그다지 없는 상태에서 나온 것이라 사람들의 관심을 많이 끄는 것 같다. 특히 그래피티라고 하는 젊은이들의 전유물을 허리 구부정한 노인들이 하니까 주목을 받는 것 같다.

작업은 나와 한 명의 남자 동료가 함께 한다. 남자 동료는 그래피티 전문가다. 우리는 강의를 하면서 우리의 경험을 이야기하지 않는다. 우리는 수업에 참여한 노인들을 관찰할 뿐이다. 지금까지 14번의 공방을 열어 120명의 노인들이 참여했다. 노인들이 돈을 내는 것은 아니고, 공방 개설을 요청한 시청이나 구청에서 예산을 지원했다. 리스본에 24개 구청이 있는데 그중 12개 구에서 공방을 열었다. 수업은 실내에서 이루어지고 마지막 날 거리에 나가 칠한다. 벽은 해당 구청에서 미리 구해 놓는다. 일반적인 거리 그래피티처럼 밤에 살짝 가서 칠하는 것이 아니기 때문에 아무 벽에나 칠할 수 없다. 주로 공공 소유의 벽에 칠하고, 가끔 개인 소유 벽에 칠하기도 하는데, 이는 벽 소유주가 원할 때만 가능하다. 스프레이 등 모든 물품은 시청이나 구청에서 지원하는 예산으로 준비한다.

처음 공방을 연 곳은 앞에서 말한 코워크 리스보아이며, 이곳에서는 처음 한 번만 실시했고, 이후에는 전부 시청이나 구청에서 제공해 준 장소에서 공방을 열었다. 공방에서의 수업이 끝나고 거리에 나가서 신나게 칠하고 나면 노인들은 매우 아쉬워한다. 아직은 어렵지만 언젠가는 다시 하고 싶은 노인들을 모아 신나게 한 번 더 칠해 볼 계획이다.

수업이 시작되면 처음에 노인들은 움직이려 하지 않고 눈치만 본다. 첫 30분간은 다른 노인들은 어떻게 하는지 관찰만 하는 것이다. 움직이려고 하지 않는 이유는 "난 한 번도 해 본 적이 없어서…", "난 못할 것 같아…" 등과 같이 자기 자신을 믿지 못하는 이유가 대부분이다. 그러나 이내 수업 분위기에 빠져들고 나중에는 서로 하려고 한다.

라따65의 취지는 대단한 예술작품을 만들자는 것은 아니다. 노인들에게 활력을 주고 즐거움을 주자는 것이다. 노인들의 소박한 작품이지만 대부분의 시민들은 좋게 평가한다. 내가 보기에는 그 어떤 대작보다도 더 훌륭하다. 왜냐하면 나는 그림 하나하나의 이야기와 그 그림을 만든 노인들의 이야기를 알고 있기 때문이다. 노인들은 가족을 데리고 와서 자신들의 작품을 보여주는 것을 좋아한다. 특히 손자 손녀들. 노인들의 소박한 작품이라고 해서 전문가들이 수정하거나 덧칠하는 것은 원하지 않는다. 그렇게 한다면 그것은 이미 노인들의 작품이 아니지 않는가?

라따65의 로고를 활용한 상품들(인디넷 쇼핑몰)

라따65의 효과를 객관적으로 검증하기 위해 한 대학의 전문가에게 프로그램 분석을 제안해 두었다. 라따65가 활기차게 노년을 보내기 위해 좋은 프로그램이라고 말하고 있지만 아직 과학적인 근거는 없다. 그냥 우리가 그렇게 말하는 것일 뿐이다. 앞으로 이 프로그램를 지속하려면 여러 기관의 후원이 필요한데, 그 후원을 끌어내기 위해서는 프로그램의 효과성이 검증되어야 한다. 사람들은 세대 간 교류를 말할 때 흔히 노인과 어린이를 떠올린다. 그러나 나는 노인과 젊은이를 떠올린다. 이 프로그램을 통해 노인은 젊은이를 이해할 수 있고, 가르치는 젊은이는 노인의 역량과 가능성을 배울 수 있을 것이다. 그런 의미에서 라따65는 세대 간 교류의 좋은 사례이다.

프로그램에 참여했던 의사 출신의 한 여성은 자신이 도안한 로고를 라따65에 기증하였다. 현재 이 로고를 붙인 티셔츠 등 여러 상품이 인터넷을 통해 판매 중인데, 수익보다는 라따65의 취지를 많은 사람과 공유하자는 데 의의를 두고 있다."

사례 7.
알까비데체 복합주거단지

"은퇴에서 무덤까지"

복합주거단지 알까비데체의 흰색 주거물

노인가구의 증가

포르투갈은 이탈리아, 스페인, 그리스 등 다른 지중해 국가들과 마찬가지로 가족중심의 문화적 전통을 가지고 있다. 따라서 그동안 포르투갈 노인들은 자녀들과 더불어 사는 경우가 많았다. 더불어 산다는 것은 우리 식의 한 지붕 밑 동거일 수도 있고, 같은 지역 내에서 가까운 거리에 따로 사는 경우일 수도 있다. 그러나 산업화될수록 젊은 세대는 직장을 찾아 다른 지역이나 해외로 이주하는 경우가 많아지면서 부모세대는 부부만의 가구로 사는 경향이 많아지게 된다. 그러다가 더 시간이 지나 한쪽 배우자가 사망하게 되면 살던 집에서 홀로 여생을 보내거나 돌봄의 욕구가 커지면 공동주택이나 시설로 옮겨가기도 한다.

　어느 나라에서든 노인 대상 설문조사의 결과를 보면 그들은 노후에 내 집에서 살고자 하는 욕구가 절대적인 것을 알 수 있다. 즉, 그동안 정든 집에서 이웃과 함께 여생을 보내고 싶다는 것이다. 노인들의 이러한 소망은 지역사회 내에 가족이 아니어도 사회적 관계망이 유지되고 돌봄을 받을 수 있는 여건이 마련되면 충분히 실현가능할 것이다.

　하지만 많은 조사결과에서 보면 취약지역에서 홀로 사는 빈곤노인들은 건강, 소득, 사회적 관계망 등 모든 측면에서 생활조건이 열악한 경우가 많다. 그러다가 외부와의 단절, 고립 등의 문제가 상시 지속되면 고독사로 이어지기도 한다. 결국 노인단독가구가 증가하는 것은 오늘날 모든 산업화된 국가에서 나타나는 일반적인 현상이지만, 신체적으로나 심리정서적으로 누군가의 지원을 받아야 하고, 빈곤지역에 살고 있는 단독가구 노인이라면 사회문제의 대상이 되기 쉬운 것이다.

노인들의 주거형태

　오늘날 노인부부가구가 증가하고 노년기가 길어지면서 노년에 살고 싶은, 또는 노년기의 특성을 고려한 주거와 거주지역에 대한 관심이 늘어나고 있다. 여러 연구결과에 따르면 중노년들이 선호하는 주거와 거주지역에 대한 선호조건으로는 친근한 관계에 있는 친구나 이웃이 있는 곳, 다양한 보건의료 및 사회서비스 인프라가 주변에 갖춰져 있는 곳, 주택 내외부의 디자인이 고령자의 특성을 고려한 곳, 가까운 곳에 편의시설이 있는 곳 등이 고려되고 있다. 그리고 이미 운영되고 있는 노인주거로는 가까운 지인들과 직접 소규모 공동체를 만들어 노년을 친밀한 관계를 유지할 수 있도록 건립한 형태에서부터 건강할 때부터 병약할 때까지 노년기 전반을 보낼 수 있도록 설계된 은퇴공동체에 이르기까지 다양하다. 또한 고령자들만 모여 사는 공동주거뿐만 아니라 젊은 세대와 더불어 사는 공동주거 유형도 있다.

하지만 여전히 노인들이 원하는 주거형태는 내가 사는 집에서 가능한 한 오래 살다가 여의치 않으면 다른 주거로 옮겨가서라도 나의 신체적 조건이 허락하는 한 익숙한 곳에서 독립된 생활을 영위하고 싶어 한다. 이런 취지에 따라 노인주거를 기능별로 소개하면 다음과 같다.

〈표 4-15〉 노인주거의 기능별 형태

형태	개념	특징	대상	규모
Lifetimes Home	거주해오던 집에서 계속 거주	포르투갈 노인들이 가장 선호하는 형태	모든 노인	일반주거
Homeshare	한 집안에서 방만 독립적으로 사용하되 나머지 공간은 공유	상대적으로 저렴한 비용	독립생활 가능한 노인	일반주거
Cohousing	한 주거단지 내에서 집은 독립적으로 사용하고 정원 등과 같은 공간은 같이 사용	개인의 집에 사는 것과 같은 독립성	모든 노인	집단주거, 규모는 다양함
Sheltered housing	Cohousing과 동일한 개념의 주거이면서 부분적인 돌봄서비스 구비	개인의 집에 사는 것과 같은 독립성에 공통의 돌봄서비스 제공	일부 돌봄이 필요한 노인	15~60가구 정도
Extra Care Home	Cohousing이나 Sheltred housing과 동일한 개념의 주거이면서 집중적인 돌봄을 지원해주는 서비스 구비	요양시설에 가까운 서비스가 제공되지만 시설이 아닌 집의 독립성 유지	집중적인 돌봄이 필요한 노인	집단주거, 규모는 다양함

출처: Habitaçao para pessoas idosas: problemas e desafios em contexto português(Rosa Almeida, Universidad do Porto, 2012)의 내용을 일부 수정보완했음.

오늘날 가족주의적인 전통이 희박해지면서 노년기를 어디서 누구와 어떻게 살 것인지에 대한 의사결정은 노인부부 또는 노인 개인인 당사자의 몫이다. 따라서 앞으로 노년기가 더 길어질수록 다양한 노인주거, 특히 공동주거는 더 많은 관심을 받을 것으로 예상한다.

노인들이 공동주거를 선호하는 이유는 비혈연의 타인들과 함께 살면서도 안전성·편리성·경제성 등을 누린다는 이점이 있기 때문이다. 즉, 개인주택의 장점과 공동주거 또는 노인시설의 이점을 두루 갖춘 '내 집'에서 자존감과 사생활을 지키면서 노년기를 보내고 싶은 것이다. 물론 모든 노인이 이러한 조건의 주거를 선택할 수는 없겠지만, 고령화가 진행될수록 노인주거는 더 많은 사람들의 관심사가 되고 누군가에게는 비즈니스가 될 것이다. 그리고 더 다양한 노인주거가 공급되어 노인소비자들의 선택의 폭이 넓어지면 노인들의 거주권리도 더 보장될 것이다.

알까비데체 복합사회시설

리스본 근교 알까비데체Alcabideche 복합주거단지는 여러 노인주거단지 중 건강할 때부터 병약해질 때까지 소위 '내 집'에서 보낼 수 있도록 설계된 유형에 해당한다. 리스본 시내에서 서쪽으로 약 30㎞ 떨어진 곳에 알까비데체라는 조그만 마을에 들어선 알까비데체 복합사회시설Complexo Social de Alcabideche은 은퇴한 노인들의 안락하고 편안한 삶을 위해 조성되었다. 사실 이 주거단지는 포르투갈처럼 노인 생활수준이 높지 않은 나라에서는 흔한 사례가 아니다. 마치 판잣집이 즐비하게 늘어선 곳에 멋지게 들어선 고급 별장의 느낌을 주는 것처럼 말이다. 포르투갈보다는 북유럽 부유한 어느 나라에 있는 것이 더 어울릴 것 같은 고급 주거시설이다.

이곳은 포르투갈 은행노동자조합Fundação Social do Quadro Bancário에서 은퇴 조

알까비데체의 개인 집들

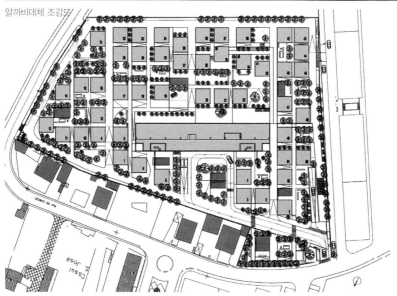
알까비데체 조감도

합원들에게 안락한 주거공간을 제공해 주기 위한 프로젝트로 2007년에 시작되었다.

알까비데체 구조

주거단지는 총 1만㎡의 공간에 독립된 52채의 집unit과 하나의 통합지원 건물을 포함하여 총 53채의 유닛으로 구성되어 있다. 면적이 63㎡인 52채의 집은 두 사람이 거주할 수 있도록 설계되었다. 집들은 모두 독립된 주거이며, 정원, 수영장, 도서관, 공동식당 등은 다른 거주자들과 공유하게 되어 있다. 입구 쪽에 위치한 통합지원 건물은 돌봄이 필요한 입주자들을 위한 공간으로, 입주자들의 의존정도에 따라 1인실, 2인실, 집중관리가 필요한 노인들을 위해 의료설비를 갖춘 공동입원실이 있다. 통합지원 건물의 모든 방에는 욕조, 세면대, 변기에 지지대가 부착되어 있고, 침대 옆에는 알람 장치가 되어 있어서 24시간 돌봄이 가능하다.

이런 구조의 알까비데체는 건강한 노인, 의존성이 조금 있는 노인, 집중적인 도움이 필요한 노인 모두가 살아갈 수 있는 스펙트럼을 펼쳐놓은 주거단지다. 건강한 노인의 입장에서 본다면 공동주거의 이점을 선택하여 입주해서 살다가 노화가 진행됨에 따라 점차적으로 지원서비스가 제공되는 공간으로 옮겨가면서 알까비데체 주거공동체 내에서 여생을 보내게 된다. 그러므로 알까비데체는 마지막 거처last refuge인 집중관리 공간이 포함된 공동주거인 것이다.

알까비데체는 외관과 단지 내의 주변이 아름다워서 노인 공동주거에 대해 가질 수 있는 편견을 찾아볼 수가 없다. 우선 외관은 얼핏 보기에 호텔이나 휴양지처럼 보인다. 녹지로 둘러싸인 공간에 사각으로 들어선 흰색의 집들은 시각적으로 굉장히 세련되어 보인다. 하얀색 큐빅 형태로 질서 정연하게 들어서 있는 집들은 이미 많은 건축 잡지들이 앞다투어 소개하고 있을 정도로 아름답다. 특히 집들은 콘크리트로 된 하단 부분과 하얀색의 현대적 재질로 된 상단 부분으로 되어 있다. 상단의 하얀 부분은 야간에는 빛을 발산하는 조명 역할을 하는데, 만약 내부에 화재나 다른 응급상황이 발생하게 되면 조명이 붉은 색으로 변해 외부에서 쉽게 인지할 수 있도록 되어 있다.

> "입지를 여기에 정한 이유는 리스본과 가깝고 바다와도 가깝고 가격이 저렴해서다. 이곳으로 정하기 전에 정말 많은 곳을 다녀보았지만 이곳처럼 좋은 곳이 없었다. 52채의 집들은 두 사람이 살 수 있도록 지어졌는데, 부부가 살 수도 있고 혼자 살 수도 있다. 집 사이의 공간에는 거동이 불편한 사람들도 쉽게 다닐 수 있도록 보조지지대가 설치되어 있다. 각 집들은 번호로 구분이 되며, 개인 문패는 붙일 수가 없다. 밤이 되면 집 전체가 하나의 흰색 조명으로 변한다. 이것은 정상적인 조명상태이지만 비상시에는 붉은 색으로 변한다. 지중해를 상징하기 위해 모든 집을 하얀 색으로 지었다."
> – 조아낌 에스떼베스 살로이오 Sr. Joaquim Esteves Saloio(알까비데체 책임자)

모든 집의 구조는 노인편의를 최우선으로 고려하였다. 턱이 없는 입구를 통해 실내로 들어서면 비교적 넓은 거실공간이 있고 한쪽에는 조리기구를 갖춘 주방이 있다. 따라서 통합지원동에 있는 레스토랑에서 식사를 할 수도 있지만, 스스로 해 먹을 수도 있다. 또한 통합지원동의 중앙 레스토랑에 호텔의 룸서비스처럼 전화로 배달 서비스를 요청할 수도 있다. 거실을 지나 안쪽에는 부부 침실이 있고 그 옆에는 욕실 겸 화장실이 있다. 욕조, 샤워시설, 세면대 등 모든 시설이 노인들의 동선을 고려하여 설계되었다. 실내는 물론 실외에서도 휠체어를 이용해서 자유롭게 다닐 수 있도록 어떠한 장벽

도 없다. 집들은 에너지 절약시스템이 적용되어 있다. 여름에는 큐빅 형태의 주택 중앙 부분에 있는 환기시설을 통해 찬공기가 들어오고 더운 공기는 위쪽으로 빠져나가게 되어 있다. 겨울에는 태양열 집열판으로 모은 에너지를 이용하여 바닥 난방을 할 수 있는 구조로 되어 있다.

알까비데체의 특징 중 하나는 도시 생활에 익숙한 현대인들을 위해 도시 생활의 편익을 살리면서 지중해 사람들의 삶을 구현할 수 있도록 공간이 건축되었다는 것이다. 또한 알까비데체 주거단지에서는 집안에 들어가면 사생활을 완전하게 보장받을 수 있고, 밖으로 나오면 길과 광장, 그리고 공동의 공간들을 통해 공동체적인 삶을 살 수 있다. 타인과의 공동생활과 개인 사생활은 공존하기 어려운 개념이다. 그러나 알까비데체에서는 이 둘을 조화롭게 구현했다. 닫으면 차단되고 열면 소통이 가능하도록 설계되었다. 어떤 때는 공동체로 살 수 있고 또 어떤 때는 철저하게 개인적으로 살 수도 있는 공간을 구현한 것이다.

　"이 주거단지는 각종 지원시설이 들어 있는 통합지원동 1채와 52채의 집, 그리고 수영장, 지하주차장, 정원 등으로 구성되어 있다. 각 집의 면적은 63㎡이다. 노인이 거주한다는 점을 고려해서 단지 내에는 계단이 하나도 없고 노인들에게 장애가 될 만한 것들은 모두 배제했다. 단지 내에서는 차량도 볼 수 없다. 차량은 정문을 통과하면 바로 지하로 가도록 설계되었다.

- 조세 게데스 끄루스

　"이 주거단지는 공동의 공간과 개인의 공간으로 나누어진다. 예를 들어 각 집에는 각자의 주방, 식당, 거실 등이 있고, 통합지원동에는 공동의 식당과 홀 등이 있다. 의사가 24시간 상주하는 것은 아니지만 의료지원시설도 있고 미장원 등 각종 부대시설도 있다. 투약실과 기도실도 있다. 본관 건물의 맨 위층에 중환자실이 있는데 기도실은 지하에 있다. 중환자실에서 목숨을 거두면 엘리베이터를 통해 지하 기도실로 내려간다. 거주하는 사람들이 주검을 보지 않도록 하기 위해서다."

- 조세 게데스 끄루스

　"통합지원동에는 방이 30개가 있다. 그리고 독립된 공간인 집이 52채가 있다. 총 53채의 집이 독립되어 있는 셈이다. 각 집에는 두 명이 거주할 수 있다. 의료서비스가 필요하면 통합지원동으로 오면 된다. 이 건물에는 의사와 간호사가 근무한다. 이 건물에 공동식당이 있는데 집에 거주하는 사람이 자기 집에서 식사를 준비해서 먹을 수도 있지만 공동식당에 와서 먹을 수도 있다. 필요하다면 식사를 집으로 가져오게 할 수도 있다. 호텔 룸서비스를 생각하면 된다. 당뇨환자 등을 위한 환자식 서비스도 가능하다. 건강한 노인, 다소 의존적인 노인, 의존성이 높은 병약노인이 모두 거주할 수 있는데, 그 비율이 얼마나 될지는 아직 알 수가 없다. 대략 154명 정도가 입주할 것으로 예상하고 있다. 본관건물에 60명 정도 거주한다고 보면, 대략 총거주자의 40% 정도가 돌봄이 필요한 노인일 수도 있겠다."

– 조아낌 에스페베스 살로이오

입주비용

알까비데체 복합주거단지의 입주자들은 은행원 노조의 은퇴자들이며, 전체 입주자의 10%는 지역 주민이 입주할 수 있도록 시청과 협약을 맺었다. 주거비용은 한 달 기준으로 1명당 1,300유로~2,000유로 정도이므로 부부가 살 경우에는 2,600유로~4,000유로 정도를 부담해야 하는 고급 은퇴촌이다. 사실 이 주거공간은 은행원 노조가 소속 노조원들의 복지 차원에서 기획한 것이므로 일반적인 시장논리로는 접근할 수가 없다.

"단지 전체로 볼 때 약 150명 정도 거주할 수가 있고, 입주자들은 이미 다 선정되어 있다. 입주자 선정 등을 대행해주는 전문 회사가 있다. 거주비용은 한 달에 1명당 1,300유로~2,000유로 정도가 된다. 이 비용에는 식비 등 모든 생활비가 다 포함되어 있다. 조합에서는 거주비용의 20%를 보조해주기 때문에 이 정도 시설을 갖춘 다른 공동주택에 비해서는 저렴하다."

– 조아낌 에스페베스 살로이오

2014 최고의 건강복지 건축물

알까비데체 주거단지의 설계는 리스본에 소재하는 게데스 끄루스 건축사무소Guedes Cruz Architects의 대표 건축사인 조세 게데스 끄루스José Guedes Cruz

와 건축사 마르꼬 마르띠네스^{Marco Martinez}, 건축사 세사르 마린노 마르께스 César Marinho Marques가 맡았다. 이 건물은 건축학적으로 굉장히 주목을 받고 있으며, 2014년 최고의 건강복지 건축물로 선정되었다.

"이 프로젝트를 의뢰받고 가장 먼저 생각한 것은 즐거움^{Alegria}이었다. 남은 인생 멋지게 인생을 즐기자. 그러기 위해서는 대화, 공존, 공유, 관계 등이 필요하다고 생각했다. 사람은 사회적 동물이니까. 그러나 개인의 사생활이 침해당하면 안 된다. 그래서 도출해 낸 결론이 관계+개인공간. 즉, 관계를 중요시하되 개인의 사생활이 보장되는 공간, 내가 생각하기에 그것이 바로 지중해식 생활이다. 사실 포르투갈 리스본은 대서양에 접한 곳이지 지중해와 접해 있지는 않다. 그러나 알까비데체에서 지향하는 것은 대서양식 생활이 아니라 지중해식 생활이다. 포르투갈은 분명 대서양 국가지만 역사적으로는 아랍의 지배를 받았다. 아랍이 어떤 문화를 갖고 있나? 아랍은 대서양 문화가 아니라 지중해 문화다. 그래서 포르투갈 사람들은 대서양에 접해서 살고 있지만 지중해 문화에 더 익숙하다. 그 익숙한 것을 돌려주기 위해서 지중해식 콘셉트를 적용했다. 모든 시설이 상호 커뮤니케이션이 될 수 있도록 염두에 두고 설계했다. 이와 동시에 개인의 사생활 역시 존중받을 수 있도록 설계했다. 커뮤니케이션이 필요할 때는 열고 개인의 공간이 필요할 때는 닫으면 된다. 개인의 사생활을 존중해주기 위해 많은 배려를 했다. 각 집에서 창문을 열면 다른 집의 창과 마주하지 않는다. 마주보는 경우에는 그 사이에 다른 공간을 두어 일종의 완충지대를 만들었다. 알까비데체에는 모두 52채의 독립적인 집이 있고 하나의 통합지원동이 있다. 모든 공간은 장애인도 편하게 생활할 수 있는 조건으로 설계했다. 장애인이 어떤 장소에 처음 갔을 때 무슨 고민을 하는 줄 아는가? 그들은 먼저 무엇을 할 수 있고 무엇을 할 수 없는지를 살펴본다. 여기서는 그런 심리적·육체적 고민을 할 필요가 없다. 노인 역시 마찬가지다. 새로운 공간에서는 항상 위축되기 마련인데, 여기서는 그럴 필요가 없다. 이것을 만들 때 이른바 사회적 약자들과 많은 의논을 했다. 장애인 단체와 노인 단체에 도 자문을 구했다.”

– 조세 게데스 끄루스

알까비데체를 설계하고
지은 건축가들

사례 8.
리스보아 S.O.S

단독가구 노인의 사회적 고립

　고령화율이 높은 사회에서 가장 취약한 집단은 역시 홀로 사는 단독가구의 노인들이다. 이들의 경우 아무도 도와주지 않거나 관심을 가지지 않는다면 가사를 포함하여 일상생활을 영위하는 데 필요한 모든 일을 혼자 결정하고 해결해야 한다. 따라서 고령의 홀로 사는 노인이라면 청소, 빨래, 음식만들기 등의 가사는 물론 쇼핑, 병원진료, 공공기관 방문 등의 일도 모두 혼자서 해결해야 한다. 이런 수단적인 일상생활 활동Instrumental Activities of Daily Living, IADL이 가능한 노인이라면 혼자 살기를 선호하고 자신의 의사결정에 따라 독립적인 생활이 충분히 가능할 것이다. 물론 심리정서적인 문제는 논외가 된다. 하지만 노화가 더 진행되어 수단적인 일상생활 활동의 독립성이 떨어질 시점에 이르게 되면 이들은 이미 사회적 관계망도 취약해진 상태이고 신체적 의존성은 더 증가하게 된다. 그러므로 인간의 생존에서 가장 기본적인 활동인 잠자리에서 일어나기, 화장실 사용, 목욕, 밥먹기 등의 일상생활 활동Activities of Daily Living, ADL에 장애가 생기고, 이로 인해 집안에만 머물게 되고home bound 사회적으로 고립된 상태에 빠지게 되는 것이다. 이런 고립된 노인 중 대다수는 적어도 한 개 이상의 만성질병을 가지고 있으며, 낙상, 화재, 범죄 등에 노출될 우려도 높다.

아무리 노인복지체계가 잘 마련된 사회라고 하더라도 이처럼 고립된 노인들을 모두 발견할 수 있는 사회서비스outreach는 작동할 수가 없다. 우리가 흔히 뉴스에서 접하게 되는 국내외의 노인고독사는 이런 기제를 통해 발생하는 것이다. 많은 국가에서는 홀로 사는 노인비율이 증가하면서 응급체계로서 핫라인 시스템Hot-line System을 가동하여 위험에 빠진 혹은 개연성이 높은 노인을 포함한 사회적 약자들을 지원하는 응급서비스 체계를 가지고 있다.

특히 리스본처럼 고지대가 많고 오래된 집들이 많은 지역에는 건강하지 못한 노인들이 독립적으로 살기에는 많은 어려움이 있다. 리스본을 소개하는 기념엽서 중에는 등이 굽은 노인이 좁고 경사진 비탈길을 힘들게 올라가는 모습의 엽서가 흔하다. 이런 그림은 관광객들에게는 향수를 불러일으킬만하지만 리스본 노인의 현실을 그대로 보여주는 것이기도 하다. 일곱 개의 리스본 언덕을 오르내리는 좁고 경사진 골목의 울퉁불퉁한 돌길들은 관광객들에게는 향수를 불러일으키지만 리스본의 노인들에게는 공포 그 자체다. 특히 비가 많이 오는 리스본에서 돌길은 미끄러워서 노인들에게는 더 위험할 것이다. 리스본의 주요 교통수단인 구식 전차의 높은 계단을 노인

리스본에서 흔히 볼 수 있는 높은 경사를 오르는 계단과 낡은 집들

혼자 오르내리는 것도 힘든 일이다. 게다가 리스본 고지대의 많은 곳들은 어떠한 대중교통 수단도 연결되지 있지 않다. 이런 지역에서는 낡고 오래된 집들의 좁고 경사가 심한 계단들이 노인의 외출을 주저하게 만든다.

〈표 4-16〉에서 보면 광역 리스본에서 홀로 사는 노인 비율은 23%로 다른 지역 대비 가장 높다. 따라서 리스본 지역의 물리적 조건을 감안한다면 다수의 독거노인들은 지역사회로부터 고립되어 있을 가능성이 높다.

〈표 4-16〉 포르투갈 지역별 거주형태

	노인 비율(%)	독거노인(%)	노인부부(%)	자녀와 동거(%)
본토	19.4	19.8	41.3	38.9
15,000명 이하 거주지역	27.2	21.2	43.1	35.7
광역 포르투	16.6	18.3	37.0	44.7
광역 리스본	18.4	23.0	39.5	37.5
세투발 지역	18.1	20.2	41.7	38.1
브라가	13.20	14.60	34.50	50.9
아베이루	17.10	18.40	40.10	41.5
비제우	18.70	17.00	41.10	40.2
꼬비야	23.80	22.70	43.40	32.8
코임브라	18.10	20.00	40.60	39.4
레이리아	17.50	19.10	43.60	37.3
에보라	19.80	22.70	42.70	34.6
파루	18.20	21.30	40.0	38.7

출처: 2011 인구센서스(INE).

S.O.S 사랑의 구조신호

리스보아 S.O.S는 리스본 시청이 운영하는 핫라인 서비스로서, 리스본의 홀로 사는 노인들의 응급상황을 지원하기 위해 2012년 8월부터 시작되었다. 핫라인 서비스를 시작할 당시에 리스본시에는 13만2천 명의 노인이 거주하고 있었고, 그중 64%인 84,480명이 혼자 거주하는 것으로 조사되었다.

리스보아 S.O.S는 1년 365일 하루 24시간 가동되는 단독가구 노인전용의 핫라인이다. 리스본 시청은 노인 관련 기관들로부터 파악한 대상노인의 집에 리스보아 S.O.S 전용 전화기를 제공해 주었고, 서비스 내용에 대해 설명해 준다. 따라서 대상 노인들은 자신에게 위급상황이 발생하면 전화기 버튼을 누르기만 하면 리스본 근교 까르니데Carnide에 위치한 종합상황실SALOC로 연결된다. 종합상황실에는 시민보호청, 소방서, 경찰에서 파견된 요원들이 합동으로 근무하면서 위급상황에 24시간 대응한다. 요원들은 정해진 매뉴얼에 따라 필요한 조치를 취한다. 비상요원들은 보통 20명 정도이며, 3교대로 8시간씩 근무하고 있다. 이들은 모두 공무원들이고 중앙 컨트롤 타워의 통제를 받는다. 상황실에서는 모든 종류의 응급상황을 다루며, 그중 노인 응급상황도 있다. 노인들이 집에 살면서 문제가 발생했을 때 전화하면 이곳 상황실로 연결된다. 우리가 방문했던 2015년 10월에는 약 600명 정도의 노인들이 등록되어 있었는데, 종합상황실의 전산에는 이들 노인의 가족상황, 건강 등의 개인적인 정보와 그간의 이력 등의 DB가 확보되어 있다. 전화를 받는 요원들이 노인의 응급상황을 신속하게 파악하고 필요한 서비스로 즉시 연계할 수 있도록 시스템이 갖춰져 있는 것이다. 예를 들면 심장병 병력을 가지고 있는 노인이 전화를 하여 유사한 통증을 호소하면 즉시 응급 의료차량을 파견하여 응급실로 오는 동안 긴급처치를 하여 골든타임을 놓치지 않으며, 환청이나 환각증상이 경미한 치매노인이 전화를 하여 불안을 호소한다면 가까운 소방서와 자원봉사센터로 연결할 것이다. 전화서비스는 무료이며, 65세 이상의 취약노인이 대상이다. 전화는 전용망을 사용하지는 않고, 전화사업자망을 계약해서 사용하고 있다. 실제로 리스보아

S.O.S 서비스를 시작했던 첫 달에는 183건의 응급전화가 걸려 왔는데, 하루 평균 6.5명의 노인들이 전화를 한 셈이다. 전화를 걸어온 노인들의 특성을 보면 여성노인이 더 많았고 평균연령은 77세였다.

뗄레아시스뗀시아

리스본 시청은 2014년에 리스보아 S.O.S의 대상자를 확대하기 위해 뗄레아시스뗀시아^{Teleasistencia} 프로그램을 실시하였다. 뗄레아시스뗀시아는 자원봉사자가 대상 노인에게 정기적으로 전화를 하여 정서적인 고립을 해소하는 한편, 해당 노인의 상태를 파악하여 문제를 사전에 예방할 수 있게 하는 프로그램이다. 이는 일종의 예방적인 서비스로서, 잠재적인 욕구를 가지고 있는 노인들을 사전에 발굴해서^{outreach} 대상자 DB에 포함시켜 두고자 하는 것이다. 서비스 대상자는 월 485유로 이하의 소득자이거나 장애 정도가 60% 이상인 노인이며, 지역의 노인 관련 단체나 유관기관의 추천을 받거나 시청의 자료를 통해 자격이 되는 노인들을 발굴하게 된다.

대상노인들의 욕구를 파악하는 일은 뗄레아시스뗀시아 프로그램을 통해 이루어지며, 이 프로그램에서 일하는 사람들은 모두 노인 자원봉사자들이다. 자원봉사자인 노인들은 사전교육을 통해 취약노인을 대상으로 하는 전화 인터뷰에 필요한 기술을 익히고 대상노인의 욕구를 파악하기 위한 체크리스트의 내용을 숙지하게 된다. 이 프로그램에서 노인 자원봉사자들을 활용하는 이유는 노인들의 어려움은 동년배인 노인들이 제일 잘 알고 있으므로 전화 인터뷰만으로도 쉽게 교감할 수 있어서 체크리스트에 있는 정보를 파악하기가 용이하기 때문이다.

리스본 시청이 운영하는 뗄레아시스뗀시아 프로그램은 리스본 지역에서 발굴된 사각지대 노인들의 욕구를 주기적으로 모니터링하고 필요시에 공적인 서비스로 연계하는 사업이다. 이를 위해 동년배 집단의 건강한 노인들을 자원봉사자로 활용하여 위험군 노인들의 안부를 확인하고 그들의 욕구를 DB로 구축하는 사업이다. 이런 유형의 사업은 거의 예산이 수반되지 않는 효율적인 사업으로서 사회적 안전망의 우산을 더 크게 펼쳐서 예방기능을 강화하는 것을 목적으로 한다. 또한 이들이 파악한 정보는 체크리스트에 기재되고 리스보아 S.O.S의 DB로 활용된다.

한편 리스보아 S.O.S는 자원봉사자인 노인들에게는 활기찬 노년을 추구한다는 취지에 따라 지역사회에 공헌하는 활동이다. 노인 자원봉사활동이 가지는 의미는 서비스 대상 노인들과 동일 세대 내에서 신뢰에 기반을 둔 호혜적 관계를 발전시킴으로써 공적인 서비스가 미치지 못하는 사각지대를 줄이는 데 기여한다는 것이다. 이러한 휴먼 네트워크가 강화되면 취약한 노인들의 사회적 통합도 가능해질 것이다.

"리스본 시청은 노인문제는 당사자인 노인들이 가장 잘 알고 있다고 생각한다. 따라서 실질적으로 노인을 접하는 구청Fregusia을 통해 노인 협회나 노인 관련 단체와 협조하여 노인들의 문제와 요구가 무엇인지를 파악하려는 노력을 지속적으로 해오고 있다. 리스본은 노인인구 비율이 매우 높고 또 노인 거주환경이 좋지 않은 편이라 시 차원의 정책적 배려가 매우 필요하다. 예를 들면 혼자 사는 노인들의 가정에 전화를 무료로 설치하고 사용 방법을 교육해 주어서 그들이 필요할 때 쉽게 전화를 할 수 있게 하면 최소한 사회로부터의 격리를 막을 수 있지 않겠는가. 조금 움직일 수 있는 노인들에게는 어디서든지 위급상황이 생길 수 있으므로 이동통신 단말기를 지급하는 것도 계획하고 있다. 가장 좋은 방법은 노인들과 직접적으로 접촉하는 구청에서 노인들의 문제를 파악해서 시에 보고해 오면 시에서는 종합적인 계획을 수립하여 시행히는 것이나. 리스보아 S.O.S가 노인들이 비상시에 전화하여 필요한 조치를 받을 수 있게 하는 것이라면, 뗄레아시스뗀시아는 일상적인 고립을 예방하기 위한 프로그램이다. 뗄레아시스뗀시아 프로그램 운영의 핵심은 전용 전화기를 많이 보급하고 그것을 쉽게 사용할 수 있도록 사용법을 단순화시켜 나가는 것인데, 시청 차원에서 개선작업을 계속 진행하고 있다. 차제에 고정식 전화 방식을 이동전화 방식으로 바꾸는 것도 검토하고 있다. 예를 들어 일반 휴대폰에 뗄레아시스뗀시아 기능을 집어넣는 것과 같은 형태도 생각해 볼 수 있겠다."

– 마리오 루이 소또

자원봉사자 마리아

뗄레아시스뗀시아에서 안부전화를 하는 자원봉사자들은 은퇴한 노인들이다. 현재 리스본 시청에서 일하는 뗄레아시스뗀시아 자원봉사 노인은 총 25명이다. 우리는 리스본 시청에서 뗄레아시스뗀시아의 자원봉사자로 일하고 있는 64세 은퇴자인 마리아Maria를 리스본 시청 내 그가 일하는 장소에서 만나 인터뷰를 하였다.

그는 은퇴하기 전에 포르투갈 중앙정부 경제부처에서 일했다. 마리아에게 자원봉사활동은 이번이 처음인데, 뗄레아시스뗀시아에 참여하여 노인의 안부를 묻고 이야기를 들어주는 역할에 큰 보람을 느끼고 있었다. 마리아의 경우는 매주 화요일 오전에 3시간 일한다. 마리아가 화요일 오전에 평균적으로 통화하는 노인 수는 약 14명 정도이며, 대상노인의 가족관계, 도움을 받을 이웃에 대한 정보, 도움이 필요할 때 어떻게 하는지, 주로 도움을 받는 기관, 건강 및 질병에 대한 정보 등 체크리스트에 기록된 정보를 중심으로 대화를 나눈다. 사전 정보는 대상 노인이 처음 서비스를 신청할 때 작성한 체크리스트에서 파악한다. 마리아가 일하는 시청사 내의 작은 공간은 안부전화서비스 부스로, 노인 자원봉사자들이 각자 3시간씩 돌아가면서 월요일에서 금요일까지 오전과 오후에 걸쳐 대상 노인들에게 안부전화를 한다.

뗄레아시스뗀시아 전화는 리스보아 S.O.S처럼 욕구를 가진 노인이 전화하는 것이 아니라 자원봉사자가 해당 노인에게 전화하는 방식이다. 자원봉사자의 역할은 말벗이다. 대상 노인 중 다수는 자원봉사자의 전화를 기다리면서 시간을 보낸다고 한다. 어쩌면 그 시간이 지역사회와 소통하는 유일한 시간일 수도 있다. 대화의 주제는 특별하게 정해져 있지 않다. 그러므로 동년배인 자원봉사자들은 친구처럼 가족처럼 편안하게 그들과 대화하면서 주로 이야기를 들어주는 역할을 하게 된다. 상담원리에 따르면 클라이언트의 이야기를 잘 들어주는 것 자체가 치유이다. 그렇듯이 이미 세상 경험이 풍부한 노인 자원봉사자들이 비록 매주 3시간이지만 성실하게 자신들의 소임을 다함으로써 소외된 노인들에게 사회적 연결망이 되어 주고, 또한 그들의 근황을 파악함으로써 리스본 취약노인들의 DB 구축에도 기여하는 것이다.

"뗄레아시스뗀시아에서 일하는 사람들은 모두 노인 자원봉사자들이다. 자원봉사 노인은 대상 노인과 전화로만 연결하며 대면접촉은 하지 않는다. 뗄레아시스뗀시아에서 가장 중요한 것은 대상 노인의 사생활을 침범하지 않는 것이다. 그리고 해당 노인들에게 프로그램의 취지를 잘 설명하는 것도 중요하다. 안부전화를 하다보면 뗄레아시스뗀시아 프로그램의 취지를 잘못 이해하고, "가전제품 작동이 안되요", "전기가 들어오지 않아요" 등 일상생활의 지원을 부탁하는 경우가 많지만 이것은 뗄레아시스뗀시아의 서비스 범주에 해당하지 않는다. 리스본 자원봉사자 수는 자원봉사자은행에 등록되어 있는 사람만 약 3,000명 정도이다. 뗄레아시스뗀시아에는 현재 25명의 노인 자원봉사자들이 참여하고 있다."

– 마리오 루이 소또

　마리아에 의하면 노인들과 대화를 나누다보면 그들이 처한 환경에 공감하여 슬픈 감정을 느낄 때가 많고, 직접 찾아가서 도와주고 싶은 충동을 느낄 때도 많다고 한다. 하지만 그것은 전화자원봉사자들의 역할은 아니다. 그들의 문제를 귀담아 들어주는 것으로 자원봉사자들의 역할은 끝난다. 마리아는 공직에서 퇴직한 후 농사일을 하고 있다. 농사일은 몸을 움직이게 하고, 뗄레아시스뗀시아 자원봉사활동은 마음을 움직인다는 점에서 모두 활기찬 노년을 보내는 데 도움이 된다고 말한다.

붉은 지붕들이 아름다운 포르투 구도심 전경

1. 노인인구 현황

포르투갈 통계청 인구자료에 따르면, 2014년 기준 포르투 총인구 218,232 명 중 65세 이상 노인인구는 57,999명으로 전체 인구의 26.6%에 달한다. 이미 초고령사회에 진입한 포르투의 고령화율은 포르투갈 전체 고령화율 20.3%보다 훨씬 높아서 노인인구집단에 대한 정책적 관심이 매우 필요할 것으로 보인다.

그럼에도 불구하고 포르투시 차원의 고령화 대책은 아직 미흡한 것으로 보인다. 우선 포르투 시청 홈페이지 어디에도 고령화 관련 정책은 물론 정보나 자료가 없다. 우리는 포르투시의 노인 관련 정책을 듣기 위해 시청 공무원 면담 요청을 수차례 한 후 겨우 약속을 잡고 포르투를 방문했지만 약속 당일 약속 취소를 통보해와 결국 만나지 못하였다. 그럼에도 우리가 포르투를 사례로 소개하게 된 것은 우선 WHO 고령친화도시 네트워크에 가입해 있고, 고령화율이 매우 높으며, 지자체를 대신하여 민간 차원에서 시행하고 있는 매력적인 사례들을 발견했기 때문이다.

2. 물리적 환경과 접근성

포르투갈 북부 도우로 강을 따라 대서양에 접해 있는 항구도시 포르투는 리스본에 이은 포르투갈 제2의 도시이긴 하나 2014년 기준으로 인구가 218,231명에 불과하여 우리 기준으로 볼 때는 작은 도시다. 도시 규모는 작지만 2012년과 2014년에는 가장 가보고 싶은 유럽 도시로 선정되었고, 2016년 유럽에서 가장 낭만적인 도시, 2013년 세계 10대 전시회의 도시로 뽑히는 등 최근 들어 가장 떠오르는 관광도시로 각광받고 있다. 그리고 포르투는 대학 도시다. 인구는 21만 명에 불과하지만, 포르투대학을 비롯한 7개의 크고 작은 대학들이 있다. 특히 포르투대학은 학생 수가 30,640명에 달하는 큰 규모의 대학이다. 포르투는 대학 도시답게 유럽 교환학생 프로그램인 에라스무스 프로그램에서 외국 학생들이 공부하기를 선호하는 도시 중 하나로 선정되었다. 그래서 65세 이상 노인인구 비율이 26.6%에 달하는 초고령사회에 접어든 도시임에도 불구하고 도시 전체가 젊은 열기로 가득하다.

포르투는 리스본과 마찬가지로 도시의 물리적 환경이 노인들에게 편하지 않다. 포르투는 도우루 강을 앞에 두고 언덕을 따라 올라가면서 발달한 도시로, 좁고 경사진 곳이 많다. 더군다나 그 길들은 포르투갈 특유의 작은 돌을 촘촘히 박아 만들어져 있어 리스본과 유사하다. 따라서 거동이 불편한 노인들은 외부와의 접근성이 그다지 쉽지 않다. 6개 라인이 있는 신형 전철은 주로 지상 구간으로 다니고 승하차도 편해서 노인이 이용하기에 불편함이 없지만, 도시를 운행하는 범위가 한정적이다. 시내버스는 대부분 저상버스라서 승하차에는 불편하지 않지만, 버스정거장의 교통안내 표지판이나 보도의 턱 등은 노인들의 신체적 조건을 배려하지 않은 편이다. 오래된 아파트에는 대부분 승강기가 없고, 집에 이르는 계단은 좁고 가파른 곳이 많아서 노인들의 외부출입에 제약이 된다.

3. 고령친화도시 가입

포르투갈은 2015년 기준으로 22개 도시가 고령친화도시 네트워크에 가입하였다. 그중 한 도시인 포르투가 고령친화도시 네트워크에 가입하게 된 계기는 우리나라의 전문대학에 해당하는 포르투 고등보건기술대학 작업치료학과의 빠울라 뽀르뚜갈 교수가 이 주제에 관심을 가지고 시에 제안을 했기 때문이다. 그는 2007년 리스본에서 개최된 WHO 고령친화도시 네트워크 설명회에 참석하였는데, 당시 담당부장이던 알렉산드레 칼라쵸로부터 고령친화도시 가입에 대한 설명을 들은 후 이 내용을 포르투시에 제안하였다. 즉, 포르투는 노인인구 비율이 매우 높은 도시인 반면 제반여건들은 노인들에게 편리하지 않으므로 고령친화적인 도시여건을 만들려면 WHO 네트워크에 가입해야 한다고 시의 담당자와 시의원들을 설득하였던 것이다.

포르투시는 다른 중소도시들과 마찬가지로 2010년에 우선 네트워크 가입서만 제출하고 멤버십을 가지게 되었다. 그 후 빠울라 뽀르뚜갈 교수는 시의 협조를 얻어 포르투시의 고령친화도시 실행계획을 수립하는 전체 과

돌이 박힌 경사진 좁은 골목

정을 주도하였다. 우선 포르투 지역의 노인문제를 파악하기 위해 노인들을 대상으로 설문조사를 실시하였고, 여러 이해당사자 집단을 대상으로 표적집단면접도 실시하였다. 또한 몇 회에 걸쳐 워크숍을 개최하였고, 그 결과도 공개적으로 발표하였다. 포르투의 경우 노인문제 진단을 비롯하여 실행계획 수립을 위한 예산이 없었기 때문에 전체 과정은 빠울라 뽀르뚜갈 교수와 본인이 소속된 작업치료학과 학생들의 실습 연장선상의 봉사로 이루어졌다.

많은 도시들이 WHO 고령친화도시 네트워크에 가입하는 사례들을 보면, 의사결정 과정이 해당 시의 의사결정자들, 전문가들, 노인을 포함하는 이해당사자들이 어떻게 관여하는가에 따라 상향식, 하향식, 수평식으로 구분된다. 포르투시의 경우는 민간인 전문가가 제안을 하였고, 비예산으로 최종 실행계획까지 만들어진 것을 보면 민간 주도의 상향식에 가깝다고 볼 수가 있다. 하지만 시의 협조로 관련 단체들을 대상으로 설문조사와 인터뷰를 진행하였고, 워크숍도 여러 차례 개최한 점들을 보면 수평식인 측면도 없지 않다. 아무튼 초고령사회 포르투갈은 노인복지정책을 이끌어가기 위한 공적 재원은 부족하지만 급속한 고령화에 따른 부정적인 파급효과를 예측한 전문가들이 그 역할을 대신하고 있는 것을 특징적으로 볼 수가 있다. 하지만 실행계획의 시행 주체는 포르투시라는 것을 간과해서는 안 된다. 따라서 앞으로 포르투시가 어떤 모습의 고령친화도시로 변화해 갈 것인가의 책임은 역시 공공에 있다.

사례 9.
포르투갈 은퇴자협회 APRe

국가의 사회보장제도 중 핵심이 되는 것은 소득보장제도와 의료보장제도이다. 이 두 가지는 국민들의 권리인 생존권에 근거하여 모든 구성원들에게 제공된다. 그러므로 사회보장제도는 국가의 책임하에 운영된다. 사회구성원들은 사회보장제도의 적용을 받기 위해서는 경제활동을 통해 소득이 발생하면 일종의 세금으로서 사회보장세를 납부할 의무를 갖게 된다. 물론 의무와 동시에 권리로서 의료보장과 노후 소득보장의 권리도 가지게 된다. 원칙적으로 은퇴 후 노후생활을 영위하는 데 필요한 소득으로 받는 연금 액수는 국가에 따라 다르기는 하지만 대략 최저 생계를 유지할 수 있는 수준 이상으로 지급된다.

하지만 1980년대 이후 복지국가들은 복지재정의 위기에 직면하면서 복지의 축소와 더불어 노후연금을 삭감하는 등 보수적인 정책을 시도하게 된다. 이로 인해 빨리 정년을 맞이하여 넉넉한 연금으로 노년을 여유롭게 보냈던 유럽 노인들은 연금축소와 더불어 정년연장이라는 원하지 않는 정책에 따라 노동시장에서 더 오래 일하며 스스로 생계를 책임져야 하는 상황으로 노후계획이 변하게 되는 상황을 맞이하게 된다. 이들이 노동시장에 더 오래 남아 있다는 것은 납세자로서의 의무를 더 오랫동안 함으로써 국가재정에 기여하게 되고 소득이 있기 때문에 전액연금이 아닌 감액연금을 받게 되어 연금재정에도 기여하게 되는 효과를 가져오게 되었다.

그러나 고령자들이 일할 수 있는 고용의 기회를 만들어낼 수 있는 국가들은 이러한 정책에 따라 많은 고령자들을 노동시장에 붙들어둠으로써 국가재정의 안정성을 높이는 데 긍정적인 성과를 얻게 된다. 하지만 민간시장에서 고령자들을 위한 일자리를 창출해 내지 못한 국가들의 경우는 연금 삭감만 감행됨으로써 다수 노인들을 빈곤계층으로 전락시키는 결과를 가져오게 된다.

경제위기, 연금 삭감

2008년에 시작된 경제위기로 포르투갈은 국가부도 위기에 직면한 2011년 4월 7일 구제금융을 신청하였다. 다행히도 다섯 차례에 걸쳐 나누어 수혈된 구제금융과 정부의 긴축정책 덕분에 2014년 5월 구제금융 종료가 선언되었다. 그러나 포르투갈 경제위기는 사회 여러 분야에 큰 변화를 가져왔다. 물가는 올랐지만 급여와 연금은 깎였다. 특히 연금 축소는 노인들의 삶에 직접적으로 영향을 미쳤다. 600유로 이상 연금 수급권자의 경우 수령액의 10%가 삭감되었는데 이는 다른 수입이 없는 노인의 입장에서는 수입의 10%가 삭감되었다는 것을 의미했다.

비록 연금이 삭감되면서 그들의 생존권이 위협받게 되었지만, 40년 이상 살라자르 독재를 경험한 현재 노인계층은 이에 대응할 수 있는 목소리를 내는 데 익숙하지 못했다.

> "포르투갈 통계청의 조사에 따르면 포르투갈에는 20만8천 명의 노인들이 법정 은퇴시기66세 2개월 후에도 일하고 있다. 이는 은퇴노인의 약 11.3%에 해당하는 수치인데, 유럽 평균인 5.5%에 비해 매우 높다. 포르투갈 노인들이 늦게까지 일하는 이유는 두 가지로 생각해 볼 수 있다. 하나는 일을 통한 활기찬 노년을 유지한다는 측면이 있고, 또 하나는 낮은 연금으로만 생활할 수가 없어 추가소득이 필요하다는 측면이 강하다. 포르투갈 노인의 80%가 월 364유로 이하의 연금을 받고 있다는 것이 이를 잘 말해준다. 2015년 포르투갈 노인의 월 평균연금은 460유로였다."
>
> – 포르투갈 일간지 엘 뿌브리꼬 기사2016.5.22

목소리를 내기 시작하는 노인들

연금 삭감은 국가부도 위기를 모면하기 위해 받아들일 수밖에 없었던 IMF의 요구이긴 했지만, 노인들 입장에서는 받아들이기 꽤 어려웠다. 이런 배경 아래, 일부 은퇴노인들 주도로 2013년 3월에 중부 내륙도시 꼬임브라 Coimbra에서 은퇴자협회 APRe Aposentados, Pensionistas e Reformados가 결성되어 출범하였다. 이는 노인의 이익은 노인 당사자들이 요구해야 한다는 문제인식에서 출발한 것이다.

은퇴자협회 APRe 출범

APRe는 은퇴자들의 이익을 대변하기 위해 출범한 단체이다. 홈페이지에 소개된 비전을 보면 이 단체의 성격을 잘 이해할 수 있다.

"포르투갈 인구에서 노인이 차지하는 비중이 매우 크고, 또 이들 노인 중
대다수가 은퇴자라는 것을 감안할 때 이들의 사회적 책임과 권리는 결코
소홀히 할 수 없는 것이다. 노인들은 그들의 삶의 질을 보장받아야 할 존엄
을 갖고 있는 존재이자 공동체의 중요한 구성원으로서 적극적으로 사회문
제에 참여해야 하며 그들의 권리를 보호받아야 한다. 공평한 사회라면 그들
의 목소리에 귀를 기울여 그들에게 불편함을 주는 환경과 노인 개개인의 미
래의 장애요소들을 제거하기 위한 사회적 차원의 노력이 필요하다. APRe
는 포르투갈 노인세대가 존경받는 사회를 만들기 위해 출범하였다."

그리고 이 단체의 임무에 대해서는 아래와 같이 기술하고 있다.

"현재 포르투갈 노인들은 육체적으로, 사회적으로, 경제적으로, 그리고
정치적으로 매우 열악한 상황에 처해 있다. APRe는 이들 노인들의 열악한
상황을 개선하기 위해서는 노인 개개인의 목소리로는 아무런 효과가 없고
정치적 대표성을 띤 단체를 통해 한 목소리를 내는 것이 필요하다는 이유
로 출발했다."

APRe의 구성과 조직

APRe는 처음 조직이 출범한 꼬임브라에 본부를 두고 있으며, 아소레
스, 알렌떼주, 알가르브, 센뜨로, 제랄, 리스보아, 마데이라, 노르떼, 오에스
떼 등 포르투갈 전역에 걸쳐 9개 지역에 지부를 두고 있다. 그리고 이들 9
개 지부 아래 모두 67개의 단위 조직을 둔 명실상부한 전국 조직이다. 회원
은 전국적으로 약 6,000명에 이른다. APRe 조직은 중요한 사항의 의사를

PART 4. 고령친화도시 사례 _ 포르투갈

마리아 도 로사리오 가마 APRe 회장

결정하는 총회Assembleia Geral와 이를 집행하는 집행부Direcção Efectivos로 이루어져 있으며, 마리아 도 로사리오 가마Maria do Rosário Gama 회장이 APRe를 이끌고 있다. 로사리오 가마 회장은 APRe의 창설을 주도한 사람이기도 하다. APRe의 회원은 은퇴한 공무원Aposentados, 민간분야 은퇴자Pensionistas, 군인, 경찰 은퇴자Reformados면 자격이 있고, 위원회의 승인을 받으면 회원이 될 수 있다. 포르투갈의 연금제도는 직능별로 나누어져 있어서, 이미 공무원출신은퇴자협회, 민간기업은퇴자협회, 군인 및 경찰은퇴자협회가 각각 있었다. 그동안 각 협회는 상호 교류를 하지는 않았지만, APRe가 결성되면서 한 단체로서 조직적인 활동을 하게 되었다. 회비는 연 12유로를 납부하여야 한다. 그리고 연금 수령액이 적은 노인은 회비 납부가 면제되기도 한다. 회비는 적지만 회원으로서의 의무라는 상징적인 의미가 있다.

"APRe는 포르투갈 정부의 연금 삭감에 대응하기 위해 약 3년 전에 로사리오 가마 교수의 주도로 꼬임브라에서 만들어졌다. APRe는 전국 조직으로, 약 6,000명의 회원이 있다. 정부의 지원은 전혀 없고, 회원들이 내는 12유로의 회비, 음악회 등 각종 이벤트 티켓 판매수익, 로사리오 가마 회장의 책 『꿈은 나이와는 관계없어Os sonhos não tem idade』 판매 수익금 등으로 꾸려나간다."

— 엘리자벳Elisabete(APRe 북부 지역 지부장)

APRe의 역할

APRe의 역할은 궁극적으로 은퇴노인들에게 권한을 주어 그들 스스로 자신들의 삶의 질을 추구할 수 있는 역량을 키워가는 것이다. 다시 말하자면 회원들의 목소리를 모아 정치권에 전달하여 그들의 삶이 향상되게 하는 이익집단으로서의 역할을 하는 것이 주 목적이다. 또한 노인들을 위한 다양한 사회활동들을 기획하고 회원들에게 제공하여 회원 간의 결속 강화, 세대 간 교류 확대, 사회참여의 활성화, 여가활동 증진의 역할도 있다. APRe가 출범한지 오래되지는 않았지만 이익집단으로서의 역할을 충실히 하고 있다. 연금정책뿐만 아니라 노인 관련 정책 전반에 대해 자신들의 목소리를 내고 있으며, 이제 노인정책 수립에 있어서도 강력한 압력단체로서의 역할을 하고 있는 것이다.

"예전에는 정부나 지자체에서 노인 관련 정책을 수립할 때 노인들의 목소리를 전혀 듣지 않았다. 정부나 지자체로서는 그럴 필요성을 느끼지 못했고, 노인들 역시 자신들의 일이 아니라고 생각했다. 그러나 APRe가 출범하고 난 후 모든 것이 달라졌다. 노인들은 목소리를 내기 시작했고, 정부나 지자체 역시 정책 수립 시 노인의 목소리를 들으려 한다. 그렇게 하지 않으면 나중에 APRe 회원들이 거리에서 반대시위를 하는 등 오히려 더 번거로워질 것이기 때문이다."

– 엘리자벳

2016 APRe 중점활동계획을 보면 정치지도자 면담, 중앙정부 및 지방정부 정책결정자 면담을 연중 추진하는 것으로 되어 있다. 이와 더불어 APRe 주관의 컨퍼런스를 개최하여 노인문제에 대한 범사회적인 주의를 환기시키

는 한편, 각종 세미나, 위원회 등에 적극 참여하여 자신들의 의견을 개진해 나가고 있다. 노인 관련 데이터를 수집하여 정기적으로 배포하고 각종 책자를 발간하여 노인문제를 지속적으로 이슈화한다. 회원모집활동을 강화하고 단위조직을 확대해 나가며, 중앙회와 지부 간 소통강화도 2016년의 중요한 목표 중 하나다. 이와 함께 포르투갈의 노인문제를 유럽 차원의 노인문제로 확산시키기 위해 유럽의 다른 나라 조직들과의 연대를 강화하는 것도 2016년 중점목표 중 하나다.

APRe의 역할은 정치적 목소리를 내는 것에만 그치지 않는다. 여행사와 협력하여 여행 프로그램을 기획하기도 하고, 음악당의 협조를 얻어 음악회 입장권을 할인받아 문화상품들도 마련한다. 대학과 함께 노인대학 프로그램을 개설하는 것도 APRe가 하는 일이다.

> "APRe 포르투 지부에도 많은 활동들이 개설되어 있는데, 특히 합창단 활동이 매우 인기가 좋다. 40명의 단원으로 구성되어 있고, 매주 화요일에 모여서 연습한다. 지휘자에게는 약간의 수고비를 지불하는데, 비용은 회원들이 부담한다. 한 달에 한 번 포르투의 중요 유적지들을 방문하는 프로그램도 있다. 대학의 역사 교수가 설명을 해주는데, 이 프로그램은 무료다. 리스본 인근 마또시뉴Matosinho 도서관에서 문학토론회도 개최하는데, 보통 15명의 회원들이 참석한다. 사진교실도 인기가 많은데, 이 강좌는 학생들이 비용을 지불한다."
>
> – 엘리자벳

이와 함께 다양한 단체, 기업들과 협정을 맺어 노인회원들이 할인 혜택을 받을 수 있도록 하고 있다. 예를 들면 inatel문화재단, midas자동차보험회사, ISCSP리스본대학 사회과학대학, CML리스본 공무원연금공단 등과 협정을 맺어 노인들에게 혜택을 주고 있으며, 앞으로도 다른 기업이나 기관들과의 협정도 확대해 나갈 계획이다.

국제연대 강화

2016년 APRe의 주요 업무 중 하나는 국제연대를 강화하는 것이다. 오늘날 노인문제는 전 유럽의 문제이므로 포르투갈의 노인문제를 포르투갈에만 한정시킬 것이 아니라 유럽 차원에서 접근하는 것이 좋겠다는 전략적 차원에서 국제연대 강화를 추진하고 있다. 이런 노력의 일환으로 2016년 5월에는 APRe 회원을 비롯하여 유럽 전역에 걸쳐 4천만 명의 회원을 갖고 있는 덴마크 은퇴자협회DaneAge의 에베 요한슨Ebbe Johansen 회장이 리스본을 방문하여 APRe와 함께 "늙지 않는 미래"라는 주제로 토론을 하기도 했다.

"유럽 대륙은 갈수록 늙어가고 있다. 이 현상은 여러 전선에서 벌어지는 전쟁과 같다. 나는 노인문제에 대한 여러 질문에 대해 이 땅에서 누가 가장 큰 존재냐 라는 말로 답을 대신하곤 한다. 덴마크 은퇴자협회는 자원봉사자들, 그리고 기업들과 협력하여 노인들의 고립을 막고 더 일하고 싶어하는 노인들의 일자리가 보존될 수 있도록 하고 있다. 우리는 노인들의 주변을 잘 살펴야 한다. 노인들이 사는 집의 상태, 교통수단, 정책결정과정에 노인들이 참여하는지, 나이로 인한 차별이 존재하는지, 그래서 그런 차별로 인해 노인이 일하는 것이 혐오의 대상이 되는지 등을 눈여겨보아야 한다."

– 에베 요한슨

사례 10.
G.A.S 포르투

"자원봉사를 통한 노인 돌봄"

포르투갈 자원봉사활동

앞에서도 언급한 것처럼 42년 동안 계속된 살라자르 독재는 포르투갈 사람들의 일상을 꼭꼭 묶어 두었다. 모임을 갖는다든지, 다른 사람의 생활에 관심을 갖는 것과 같은 일은 금기시 되었다. 이런 습관은 42년이 지난 지금까지도 여러 분야에서 포르투갈 사람들의 생활을 지배하고 있다. 이런 연유로 포르투갈의 자원봉사 참여는 매우 낮은 편이다. VEU Final 보고서에 따르면 포르투갈은 자원봉사 참여정도가 상당히 낮은 국가로 분류되고 있으며, 자원봉사 분야 투입비용도 1% 미만인 국가로 분류되어 있다.

유럽 자원봉사센터[CEV]는 시민들로 하여금 자원봉사활동에 관심을 불러

<표 4-17> 국가별 자원봉사 참여정도(2011)

매우 높음 (40%)	오스트리아, 네덜란드, 슬로베니아, 영국
높음 (30-39%)	덴마크, 핀란드, 독일, 룩셈부르크
약간 높음 (20-29%)	에스토니아, 프랑스, 리투아니아
비교적 낮음 (10-19%)	벨기에, 사이프러스, 체코, 아일랜드, 몰타, 폴란드, 포르투갈, 슬로바키아, 루마니아, 스웨덴, 스페인
낮음 (10% 미만)	불가리아, 그리스, 이탈리아, 레토니아

출처: European Year of Volunteering 2011- VEU final report

<표 4-18> 총 GDP 증 자원봉사 분야 투입비율(2011)

GDP 0.1% 미만	슬로바키아, 포르투갈, 그리스
GDP 1% 이하	불가리아, 체코, 이탈리아, 헝가리, 리투아니아, 몰타, 포르투갈, 루마니아, 슬로베니아
GDP 1-2%	벨기에, 프랑스, 독일, 아일랜드, 룩셈부르크, 스페인
GDP 2% 이상	영국, 핀란드, 덴마크
GDP 3-5%	오스트리아, 네덜란드, 스웨덴

출처: European Year of Volunteering 2011- VEU final report

일으키기 위해 매년 유럽의 도시들을 돌아가면서 유럽 자원봉사 수도로 지정하고 있다. 2013년부터 시작된 이 센터는 2013년에 스위스의 바젤과 이탈리아의 나폴리를 선정하였고, 2014년에는 바르셀로나를 선정하였다. 2015년에는 포르투갈 수도 리스본이 선정되어 포르투갈 국민들의 자원봉사에 대한 관심을 제고시켰다. 리스본 시장은 리스본의 유럽 자원봉사 수도 선정에 대해 포르투갈의 자원봉사에 대한 생각을 한 단계 업그레이드시키는 계기가 되었다고 평가하고 있다.

포르투갈 자원봉사단체인 엔뜨라주다ENTRAJUDA는 자원봉사자들이 어떤 경로를 통해 활동하고 있는지에 따라 이들을 크게 두 경우로 분류하고 있다. 첫째는 사회복지기관을 통해 자원봉사를 하는 경우이다. 이들이 자원봉사활동을 하게 된 계기는 가족이나 친구의 소개가 39.8%로 가장 많았고, 교회를 통해서가 29.7%, 자원봉사자은행Bolsa do Voluntariado에 직접 등록이 7.7%, 언론을 통해서가 6.4% 등이다. 자원봉사 동기는 선행을 베풀기 위해서가 50%를 차지하였고, 개인의 만족 때문이 33.7%였다. 자원봉사자 중 78.4%는 매주 한 번 이상 자원봉사를 하는 상시적 자원봉사자이다. 연령대는 15세~25세가 10.7%, 26세~55세가 32.9%, 56세~65세가 34.9%, 65세 이상은 21.6%로 나타나서, 56세~65세 연령대가 가장 많다. 사회복지기관에 등록된 자원봉사자의 56.5%가 50대 중반 이후의 중고령자들인 이유를 확인하지는 못했다. 다만 우리나라의 경험으로 본다면 중고령자들이 사회복지기관의 이용이나 접근기회가 많기 때문에 자원봉사를 위한 정보나 기회를 얻기가 더 쉬웠을 것이라 추측된다.

또 다른 경우는 자원봉사자은행을 통해 자원봉사를 하는 것이다. 등록된 16,767명 중 여성이 12,357명으로 73.7%를 차지하였고, 남성이 4,410명으로 26.3%였다. 연령대별로는 15세~25세가 29.6%, 26세~55세가 64.1%, 55세~65세가 4.9%, 65세 이상은 1.4%에 불과하다. 도시별로는 수도 리스본에 41.5%가 집중되어 있고, 두 번째 도시 포르투에는 17.4%였다. 즉, 수도와 두 번째 도시에 전체 자원봉사자의 58.9%가 몰려 있다. 자원봉사자은행을 통해 자원봉사활동을 하는 사람들의 연령대 분포는 사회복지기관에서 활동하는 사람들의 연령대와 상당히 다름을 볼 수 있다. 그 이유도 역시 파악하지 못했지만, 이 또한 우리나라의 경우와 유사하다. 즉, 자원봉사활동만을 고유사업으로 운영하고 있는 단체들의 경우는 사회복지기관에 비해 사업유형이 다양하고, 여러 연령대를 확보하기 위해 홍보, 관련 교육 등이 수반되기도 한다. 따라서 여러 연령대의 시민들은 이러한 정보를 통해 자원봉사활동에 대한 동기가 유발될 가능성이 더 크다고 볼 수 있다.

노인문제에서 자원봉사의 중요성

고령화는 우리 시대의 가장 중요한 사회문제로 인식되고 있다. 하지만 남유럽의 여러 나라들은 최근 재정위기로 인해 사회보장 예산을 삭감하는 현실에 처해 있다. 어느 나라를 막론하고 사회보장 예산에서 가장 많은 비율을 차지하는 것은 노인세대를 위한 예산이다. 따라서 복지재정이 호전되지 않는다면 노인인구의 지속적인 증가와 정체된 노인복지 예산은 점차 1인당 노인복지 예산을 줄이는 결과를 가져올 수밖에 없을 것이다. 이러한 현상은 결국 소득과 의료의 부실을 가져올 뿐만 아니라 노인복지서비스의 감소로 이어지게 된다. 포르투갈의 경우도 예외가 아닌데, 65세 이상 노인인구 비율이 1990년의 13.6%에서 1995년 15.1%, 2000년 16.3%, 2005년 17.4%, 그리고 2014년에는 20.3%까지 매우 빠르게 증가하고 있다. 이는 2020년에는 22.4%, 2060년에는 무려 34.6%까지 올라갈 것으로 전망하고 있다. 이처럼 노인인구가 빠른 속도로 늘어나는데 반해 행정력은 그 속도를 따라갈 수가 없는 것이 현실이다. 특히 경제위기 시대의 공공 재정은 오히려 축소되는 경향이 더 큰데, 이 경우 가장 먼저 축소되는 것이 사회복지 예산인 경우가 많다. 하지만 다행히도 중앙정부의 책임인 소득과 의료 외의 노인복지서비스 분야는 그나마 민간의 자원봉사활동이 복지서비스 재정의 부족을 메울 수 있다는 이점이 있다. 예를 들면 스페인 바르셀로나 라달스의 사례에서는 작은 마을공동체 단위에서 지역주민들이 자발적으로 노인돌봄의 사각지대를 메워가고 있는 것을 보았다. 이는 초고령사회에서 공공의 서비스가 아니라도 사회구성원들의 관심과 배려에서 출발한 자원봉사활동이 조직화되면

지역사회의 문제를 예방할 수 있다는 좋은 예를 보여주는 것이다.

도움이 필요한 노인들

"안개가 자욱한 날이다. 아리따운 여학생이 낡은 문에 달린 초인종을 누르자 3층의 조그만 창이 열리고 할머니가 고개를 내민다. 초인종 누른 사람을 확인하고는 신발주머니 같은 조그만 주머니에 줄을 달아 내려준다. 여학생은 주머니에서 열쇠를 꺼내 문을 열고 같이 온 남학생과 함께 건물 안으로 들어간다. 오래된 건물에는 승강기가 없다. 젊은이들도 3층까지 올라가려니 힘들다. 3층까지 올라가자 기다리고 있던 할머니가 반갑게 맞아준다. 집 안으로 들어선 젊은이들은 할머니와 대화도 나누고 샤워기 고장난 것을 수리하고 벽에 금이 간 곳은 메운다. 욕조 바닥의 미끄럼 방지 스티커도 새로 교환한다."

– 포르투갈 TV RTP 방송 내용

https://www.google.es/webhp?sourceid=chrome-instant&ion=1&espv=2&ie=UTF-8#q=rtp

위 내용은 2015년 3월 11일, 포르투갈 TV RTP에 방송된 내용의 일부다. 행정력이 미치기 힘든 포르투 독거노인들의 불편한 일상을 자원봉사자들이 도와준다는 내용이다. 자원봉사자들은 포르투 소재 자원봉사 비영리법인 G.A.S 포르투 소속이다.

포르투 비영리 자원봉사 법인 G.A.S 포르투

포르투 최대의 비영리 자원봉사 법인인 G.A.S 포르투는 2002년 다섯 명의 대학생들이 까미노 데 산띠아고Camino de Santiago 순례길을 같이 걸으면서 시작되었다. 14년 만에 450명의 자원봉사자들이 활동하고 있는 G.A.S 포르투는 조그만 노력으로도 세상을 좋게 바꿀 수 있는 것은 결국 인간이라는

인식하에, 인간이 천성적으로 갖고 있는 좋은 모습을 발견할 수 있는 '인생학교Escola de Vida'를 지향하고 있다. 이러한 인생학교를 통해 배출된 자원봉사자들이 ①삶의 질 개선, ②지속가능한 사회경제 활성화, ③생존에 필요한 기본물품 공급, ④교육기회 제공 등의 역할을 하고 있다.

"포르투갈의 경우 정부의 사회보장의 기능은 연금과 의료가 전부라고 할 수 있다. 그러나 실제로 어렵게 살고 있는 노인들을 보면 연금과 의료 외에도 외로움이나 사회적 관계망의 부족과 같은 일상생활에 필요한 서비스에 대한 수요가 크다는 것을 알 수 있다. 그러나 이런 것들은 정부나 지자체가 제공해 주지 못하고 있다. 따라서 민간 차원에서 자발적으로 봉사를 원하는 사람들의 순수한 도움을 통해 이들의 문제를 해결해 줌으로써 취약한 사람들의 삶의 질을 높이는 데 기여할 수 있다는 생각으로 출발했다. 그리고 효율적인 자원봉사를 위해서는 자원봉사자 교육이 필요하다는 데 착안하여 자원봉사자 교육과 훈련에 많은 노력을 기울이고 있다. 출발은 다섯 명의 학생이었지만, 현재는 학생들 외에도 많은 사람들특히 전문직이 참여하고 있으며현재 400-450명, 처음 출발 당시의 취지에 따라 지금까지 사무실은 대학 내에 있다.

G.A.S 포르투는 크게 자문회의Conselho, G.A.S 포르투 조벤스Jovens, G.A.S 포르투 아브리고Abrigo로 구성되어 있다. 자문회의는 운영과 관련된 중요한 사항을 결정하는데, 멤버는 G.A.S 포르투 회원 중 경험이 풍부하고 책임감이 있는 사람들로 구성된다. G.A.S 포르투 조벤스는 18세에서 26세 사이의 젊은이대부분 대학생들로 구성된다. 이들은 교육과 사회문화 분야에서 큰 역할을 하고, 주간 자원봉사활동ASV, 자금모집AF, 자원봉사자 교육 등도 이들이 주로 맡는다. G.A.S 포르투 아브리고들은 주로 경제활동을 하는 사람들로서, 보다 전문적인 일들을 하는 동시에 젊은 자원봉사자들의 멘토 역할을 한다. 즉, 집수리가 필요한 사람들을 위한 자원봉사와 같이 좀 더 구

체적이고 전문적인 일에 투입된다. 이들은 또한 G.A.S 포르투 조벤스에 속해 있는 젊은이들의 성장에 도움을 주는 역할도 수행한다. 그리고 자금모집이나 자원봉사자 교육 등 젊은 자원봉사자들이 하는 일을 옆에서 도와주기도 한다."

— 산드라 미란다Sandra Miranda(G.A.S 포르투 상주직원)

"자원봉사는 사회적으로 어려운 사람들에게 도움을 준다는 것이 주된 목적이지만 자원봉사라는 행위를 통해 자원봉사자 자신이 배우고 성장한다는 의미도 있다. 이런 측면에서 G.A.S 포르투는 각 자원봉사자들이 배우고 타인과의 교류를 통해 성장하는 '인생학교'의 역할을 한다. 자원봉사는 봉사 대상자와의 관계와 소통을 전제로 하기 때문에 일종의 '기술'이 필요하다. 또한 책임감, 창의성, 판단하고 평가할 수 있는 역량 등도 필요하므로 이에 대한 교육이 반드시 필요하다. 이런 의미에서 G.A.S 포르투의 자원봉사자 교육은 어떤 의미에서는 G.A.S 포르투를 지속 가능하게 하는 가장 중요한 것일 수도 있다."

— 띠아고Tiago(G.A.S 포르투 자원봉사자)

"교육 프로그램은 매년 새롭게 준비되는데, 대충 준비되는 것이 아니라 연중 계속되는 다양한 활동들의 종합 결산물이다. 예를 들어 월 2회씩 분야별로 자원봉사자 모임을 갖고 여기서 모아진 토론의 결과물들을 취합한다. 아울러 수시로 기술교육을 개최하여 각 자원봉사자들의 개인역량을 향상시킨다. 이 과정에서는 외부 교수와 전문가 등을 초빙하여 전문성을 높인다. 교육의 결과물 역시 연간계획 작성 시 반영된다. 매주 주말마다 특정 기관이나 지역에서 특정 주제에 대한 토론이 이루어진다. 각 자원봉사자들은 새로운 분야에 대한 지식을 습득하게 된다. 부활절 무렵에 진행되는 산띠아고 순례자의 길 또한 중요한 교육과정 중 하나다. 각 자원봉사자들이 갖고 있는 어려움, 기쁨, 목표 등을 공유해서 결과적으로 전체 자원봉사자들의 결속을 높이는 기회로 삼는다."

- 산드라 미란다

G.A.S 포르투 운영비

G.A.S 포르투 운영비의 대부분은 자원봉사자들의 활동으로 조달한다. 예를 들면 몇 백 명이 참석하는 디너파티를 기획하여 그 판매 수익금을 운영비로 사용한다. 디너파티에 소요되는 음식재료들은 기업의 협찬을 받고 인력은 자원봉사자들로 해결하니 비용이 들어갈 것은 없고, 티켓 판매 수익은 전액 G.A.S 포르투 운영비로 사용할 수 있다. 티켓 한 장을 보통 30유로에 판매한다. 음악회, 댄스파티 등 많은 문화행사를 기획하여 티켓 판매 수익을 운영비로 사용한다. 이와 함께 후원금, 기업의 이벤트성 후원 등 다양한 방법으로 운영비를 마련한다. 최근에는 개인 기부금을 활성화하기 위해 기부금 세액공제 제도를 적극 홍보하고 있다.

주거환경개선을 위한 사회참여 RHIS(Reabilitação Habitacional e Intervenção Social) 프로젝트

G.A.S 포르투에서는 2011년부터 취약한 단독가구 노인들을 대상으로 하는 주거개선 및 말벗 프로그램을 시작했다. 이 프로젝트는 가정방문을 통해 목격하게 되는 취약한 단독가구 노인들의 열악한 주거환경을 개선해 줌으로써 노인들이 편안하게 일상생활을 하게 해주자는 취지에서 시작되었다. 몸이 불편하여 혼자서는 사용할 수 없는 턱이 높은 욕조, 수십 년 된 낡은 샤워기, 갈라진 벽, 잘 닫히지 않는 창문 등 간단하게 수리할 수 있는 것들을 사원봉사사가 방분하여 해결해준다.

"82세의 혼자 사는 할머니 까르멘Carmen은 혼자서는 집 밖으로 나갈 수 없다. 포르투의 오래된 아파트의 계단은 보기만 해도 현기증이 날 정도인데, 거동이 불편한 까르멘에게는 넘어갈 수 없는 벽이다. 50년을 살아온 곳이라 익숙하지만 육체적 제약은 그것을 넘지 못한다. 턱이 높은 욕조를 넘어가서 샤워를 하는 것도 불가능했다. 혼자 서 있을 수가 없는데 어떻게 서서 샤워를 할 수 있겠는가? 틈이 벌어진 벽에서는 찬바람이 솔솔 나와도 어찌할 수가 없었다. RHIS 프로그램이 없었다면 아마도 죽을 때까지 혼자서 샤워를 못했을 것이다. RHIS 프로그램에서 파견된 젊은이들이 이 모든 문제를 해결해줬다."

– 포르투갈 일간지 엘 뿌브리꼬 기사2016.5.26

RHIS는 G.A.S 포르투에서 자원봉사자로 일하던 파띠마 로뻬스Fatima Lopes가 집수리 전문가인 베아뜨리스 뽀르띠요Beatriz Portillo와 다른 네 명의 자원봉사자들과 함께 시작한 프로젝트다. 이들은 포르투의 노인단독가구 중 70가구를 대상으로 계획을 세웠고, 현재 50가구의 집 내부를 수리해서 노인들이 편하게 생활할 수 있도록 해주었다. 2011년 첫 해에 소요된 비용은 EDP 재단EDP Fundacion으로부터 지원을 받았다. 2013년에는 법률자문회사에서 후원한 Rock'n Law 2013 행사에 참여하여 그 수익금으로 충당하였다. 그리고 2014년에는 BPI은행에서 시행하는 노인대상 프로젝트 공모에 1등으로 당선되어 받은 지원금 29,874유로로 진행하고 있다. 즉, 이들은 지금까지 취약한 노인단독가구를 지원하는 데 필요한 비용을 외부지원으로 충당하고 있었다.

현재 RHIS 프로젝트는 G.A.S 포르투의 대표적인 노인복지사업으로 확대되고 있다. 물론 이 과정에서는 취약노인들을 위한 지원 못지않게 자원봉사로 참여하는 회원수도 증가하고 그들의 역량도 강화되고 있다. 2016년 현재 지원대상 노인가구는 85가구이다. 하지만 BPI은행으로부터 지원받는 이 프로젝트는 3년이 지나면 종료되며, 그 이후로는 자체 사업으로 전환해야 한다. 왜냐하면 BPI은행은 노인 관련 지원사업을 수행하는 기관수를 확대하는 데 목표를 두고 있어서, 원칙적으로 한 번 지원을 받은 기관에게는 더 이상 기회를 주지 않기 때문이다. 이는 예산지원을 통해 사회공헌활동을 하는 대다수 민간기업의 취지이다. 따라서 G.A.S 포르투는 2016년이 지나면 RHIS 프로젝트를 자체 사업으로 전환하거나 새로운 지원 프로그램을 찾아야 하는 과제를 안고 있다. G.A.S 포르투의 사업범위는 대상 노인 발굴 및 지원, 자원봉사자 모집 및 관리, 자원봉사자 교육, 후원금 관리로 구분되어 있다. 그중 후원금 관리부서의 역할은 장차 G.A.S 포르투의 규모가 더 커지고 사업범위가 확대될수록 더 중요해질 것으로 예상된다.

한편 이 사업에는 사회공헌활동을 하는 중장년들인 G.A.S 포르투 아브리고들뿐만 아니라 젊은 세대인 G.A.S 포르투 조벤스들도 함께 활동을 한다. 이들은 청년 자원봉사자로서 지원대상인 단독가구 노인들을 방문하여 정서적인 지원과 더불어 주거의 불편함 등을 확인하는 역할을 하고 있다. 이들은 G.A.S 포르투의 활동지침에 따라 두 명이 한 조가 되어 노인가구를 방문하고 있다. 두 명이 함께 가정방문을 하는 이유는 아직 사회경험이 부족한 젊은이들이 자원봉사를 하는 과정에서 발생할 수 있는 여러 가지 문제를 사전에 예방하기 위해서이다.

RHIS 프로젝트에서 중장년들인 G.A.S 포르투 아브리고들은 자신들의 경력이나 전문분야에 적합한 사회공헌활동을 하고 있다. 이들 중에는 직업 경력이 많고 안정적인 지위에 있는 사람도 다수 포함되어 있다. 이들뿐만 아니라 앞서 언급한 사회복지기관이나 자원봉사자은행에 소속되어 활동하는 승고령의 자원봉사자들은 아직 중고령자 중심의 자원봉사활동이 정착되지 않은 포르투갈에서 중요한 의미를 가진다고 평가할 수 있다. 다른 선진국들의 사례를 감안해 보면, 이들은 노년기에 들어가도 건강이 허락하는 한 자원봉사활동을 지속하면서 사회가 필요로 하는 인적 자원으로서 역할을 하게 될 것이다. 물론 이러한 활동은 자신들의 건강하고 활기찬 노년을 위해서도 중요한 의미를 가질 것이다. 우리는 RHIS 프로젝트에 참여하는 G.A.S 포르투 아브리고들을 통해 미래 포르투갈 노인 자원봉사자들의 모습을 상상해 본다.

에필로그

탈고를 하면서 그간의 많은 일들을 새삼 기억해 본다. 개인적으로는 이미 여러 권의 책을 출간한 경험이 있지만, 그 책들은 모두 학술서였기에 집필과정의 경험이 다소 유사하였다. 하지만 이번 책의 경우는 좀 달랐다. 우선은 교육부 산하 한국연구재단의 지원하에 고령친화공동체 모델개발이라는 프로젝트를 몇 년간 진행하면서 연구자들끼리만 정보와 경험을 공유하기보다는 더 많은 사람들과 고령친화공동체의 개념과 중요성을 나눠야 할 필요가 있다는 것을 깨닫게 되었다. 이런 목적을 위해 우리 연구팀은 국내에서 활기차게 노년을 꾸려나가는 사람들의 사례를 소박하게 한 권의 책으로 집필하였다. 그리고 기회가 되면 해외 사례도 연구해야겠다는 막연한 생각을 하고 있던 중 스페인 여행을 하면서 생각이 점차 구체화되기 시작했다.

　다소 느리지만 친근한 스페인 사람들의 매력을 접하면서, 그리고 바르셀로나의 도시디자인에 감동을 받으면서 스페인에서 사례연구 도시들을 찾고 싶다는 생각을 하게 되었다. 다소 막연하게 자료수집을 하던 중에 스페인이 WHO 고령친화도시 네트워크 가입도시 수가 세계에서 가장 많다는 사실을 알게 되면서 사례지역을 고령친화도시로 좁히게 되자 자료수집에 속도가 붙었다. 그리고 스페인의 자료수집이 거의 끝나갈 무렵, 자신감과 욕심이 더해지면서 이베리아 반도의 또 다른 나라인 포르투갈의 고령친화도시들도 비교 차원에서 포함시키고 싶다는 생각이 들었다. 지금 생각해도 포르투갈의 때가 덜 묻은 사람들을 만나고 다소 부족한 현실 속에서도 그들의 노인 문제를 고민하는 여러 전문가들을 만난 것은 서유럽 중심으로 다소 고착된 우리의 시각을 넓혀주는 데 많은 도움이 되었다. 그리고 유럽 전체를 아우르는 EU의 폭넓은 노인정책을 이해하는 계기도 되었다.

특히 안식년이었던 2016년에는 1년 거주비자를 받아 스페인에 머물면서 그들의 역사와 문화를 배우는 기회를 가졌다. 그리고 나를 초빙해 준 바르셀로나 UAB 대학 건강노화연구소 연구원들과 교류하고, 살던 아파트의 이웃들을 만나면서 스페인에 더 깊이 다가가게 되었다. 이런 경험들은 어떤 색깔로든 이 책에 묻어 있을 거라고 생각한다.

이베리아 반도 노인들의 활기찬 노화의 단면들을 소개하는 것은 정말 즐거웠다. 동서양 어느 사회를 막론하고 공통된 노인들의 정서와 문제들, 그리고 이베리아 반도에 위치한 스페인과 포르투갈의 역사, 정치, 경제가 만들어낸 그들만의 색깔들. 이 책에는 이러한 점들을 가능한 한 많이 담아보려고 했다.

특히 이 책의 1부에서는 건강하고 활기찬 노화에 관한 이론적 논의와 WHO의 고령친화도시 및 고령친화도시 네트워크 가입과정에 대해 자세히 기술함으로써 세계적으로 화두가 되고 있는 건강한 노년 관련 정책을 소개하였다.

독자들은 이 책을 통해 세계적으로 추진되고 있는 활기차고 건강한 노화 관련 정책을 이해하고, 우리보다 다소 느린 삶을 살고 있는 이베리아 반도, WHO가 고령친화도시 프로젝트의 타깃 국가로 삼을 만큼 노년의 활기찬 삶을 자신의 삶터에서 만들어가고 있는 스페인 노인들과 스페인의 영향을 벗어나기 어려운 이베리아 반도의 또 다른 나라 포르투갈 노인들의 삶을 조금이나마 느껴보기를 바란다.

우리 연구단은 앞으로도 세계 여러 나라 노인들이 자신의 삶터에서 건강하고 행복하게 살아가는 모습을 사례연구를 통해 소개하고자 한다. 이런 자료들이 축적되면 한국 노인들의 건강한 노년기 삶에 대해서도 더 진지하게 생각할 수 있는 계기가 마련될 것이라 기대한다. 우리 연구단은 정부와 민간, 그리고 무엇보다도 개인들이 추구하고자 하는 노인들의 좋은 삶터를 '고령친화공동체'로 명명하였다. 이미 발간된 한국노인들의 활기찬 삶을 서술한 시리즈 1권에 이어 스페인·포르투갈 노인들을 소개하는 시리즈 2권이 소개되며, 조만간 경제활동을 통해 노년기를 보람되게 살아가는 일본 노인들을 소개하는 시리즈 3권, 더 노화가 진행되어도 자신이 살던 곳에서 계속 살아가기를 희망하는 미국 노인들을 소개하는 시리즈 4권 등이 발간될 예정이다. 우리 연구단은 이 시리즈의 다양한 사례들을 집약하여 한국형 고령친화공동체 모형 구축을 위한 밑거름으로 삼고자 한다.

마지막으로 이 책을 읽어주신 독자 여러분께 심심한 사의를 표한다.

2017년 8월

필자 대표

고령친화공동체 구축과 상생발전전략연구단 단장 김수영

참고문헌

강신옥·방혜선, '농촌노인과 도시노인의 성공적 노화에 관한 비교연구: 충북노인일자리 사업 참
　　여자를 중심으로', 노인복지연구, 49, 287-310, 2010.

권중돈, 노인복지론(6판), 서울: 학지사, 2016.

김경혜·김선자·노은이, 초고령 사회 서울의 변화전망과 정책과제, 서울시정개발연구원, 2010.

김교성·김수연, "활동적 노화'에 관한 다차원적 측정과 국가간 비교', 사회복지정책, 41(1), 1-32,
　　2014.

김선자, '서울, 노인이 살기 좋은 도시인가?', 정책리포트, 29, 1-18, 2009.

김선자, '서울의 고령친화도시 추진전략', 정책리포트, 64, 1-20, 2010.

김수영·문경주·장수지, '신공동체의 유형화에 관한 연구: 사회자본론과 문화이론을 중심으로',
　　지역사회연구, 22(1), 95-122, 2014a.

김수영·이재정, 2009년 부산광역시 노인복지 실태 및 욕구조사, 부산복지개발원, 2009.

김수영·장수지·오찬옥·최성희, '고령친화 공동체 구축을 위한 지표개발', 한국노년학, 34(3),
　　555-579, 2014b.

박영란, '초고령사회 대비 EU의 '활동적 노화' 정책 패러다임', 유럽연구, 31(1), 135-158, 2013.

서울시복지재단, 고령친화도시 가이드라인 개발 연구, 서울시복지재단 연구보고서, 2011.

석상훈, '국제비교를 통해 본 한국 노인의 소득분배와 빈곤의 실태', 연금 이슈 & 동향 분석, 국
　　민연금연구원, 2012.

유성희, '시민운동을 통한 지역공동체 형성과정 연구: 부산 YWCA의 차황면 생태마을조성 사례
　　를 중심으로', 시민사회아 NGO, 6(1), 149-184, 2008.

이윤경, 노인의 가족형태에 따른 정책과제: 1994-2011년의 변화, 한국보건사회연구원, 2014.

이은희, 新노인복지론, 서울: 학지사, 2013.

이형숙, '노인들의 도보권 근린시설 이용현황 및 인지된 근접성 연구', 한국도시설계학회지, 12(4), 63-74, 2011.

장수지·김수영·에리카 고바야시, '연령집단별 문화성향과 공동체의식 간 관계', 한국심리학회: 사회 및 성격, 28(2), 1-24, 2014.

장휘숙, 성인심리학: 성인발달 노화, 죽음, 박영사, 2006.

정경희, '고령친화도시 구축을 위한 국제적 흐름: 배경과 의의', 보건복지포럼, 102-112, 2010.

정경희·이윤경·이소정·유삼현, 초고령지역의 보건복지 모형설계를 위한 세부지침 개발: 고령친화적 지역사회 설계를 위한 지침개발, 한국보건사회연구원, 2008.

정순둘·어윤경, 'WHO의 고령친화도시모델가이드 충족도 분석: 제2차 저출산·고령사회기본 계획을 중심으로', 한국노년학, 32(3), 913-926, 2012.

정은하, '해외의 고령친화도시 정책사례와 시사점', 계간 세계와 도시, 12, 24-33, 2016.

통계청, 장래인구 추계, 2012.

통계청, 고령자 통계 집계, 2014.

한정란, '노인교육과 세대통합(세대공동체교육)', 한국성인교육학회, 5(1), 1229-3075, 2002.

Alley, D., Liebig, P., Pynoos, J., Banerjee, T., & Choi, I. H., 'Creating elder-friendly communities: Preparations for an aging society', Journal of Gerontological Social Work, 49(1-2), 1-18, 2007.

Avramov. D. & Maskova. M., 'Active ageing in Europe', Population Studies, 41. Strasbour: Council of Europe, 2003.

Ayuntamiento de Barcelona, España, Municipal Plan for the Elderly 2013-2016, 2013.

Ayuntamiento de Manresa, Ciudad Amiga de Las Personas Mayores, España, 2013.

Câmara Municipal de Lisboa, Portugal, Economia de Lisboa en Nimeros 2014, 2015.

Centro de Estudos dos Povos e Culturas de Expressão Portuguesa, O envelhecimento da população: Dependência, ativação e qualidade (Relatório Final), Portugal, 2012.

CISC, Informes envejecimiento en red. Madrid: CSIC, Spain, 2015.

CSIS(La Agencia Estatal Consejo Superior de Investigaciones Científicas), Informes Envejecimiento en Red, España, 2015.

Educational, Audiovisual & Culture Executive Agency(EAC-EA): Directorate General Education and Culture (DG EAC), Volunteering in the European Union, Belgium, 2010.

Hooyman, N. R. & Kiyak, H. A., Social Gerontology, New York: Pearson, 2008.

INE, Encuesta de Condiciones de Vida(ECV) Resultados Definitivos. Ano 2013. Madrid: INE,
Spaing, 2014.

Instituto Nacional de Estadística, Projección de la Población de España 2014-2064, España,
2014.

Instituto Nacional de Estadística, Projeções de População Residente 2012-2060, Portugal,
2014.

Instituto Nacional de Estadística, Social Security in Figures, España, 2015.

Kollodge. R., El Estado de la Poblacion Mundial 2014, UNFPA: New York, 2014.

Ministerio de Cultura y Deporte, Encuesta de Hábitos y Prácticas Culturales en España 2010-
2011, España, 2013.

OECD, Ageing in Cities, Paris, 2015.

OECD, http://www.stats.oecd.org, 2016.

OECD, Maintaining Prosperity in an Ageing Society. paris: OECD, 1998.

OECD, OECD PENSIONS AT GLANCE, 2015.

OECD, The Impact of Ageing on Demand, Factor Markets and Growth, 2005.

Plataforma del Voluntariado de España (PVE), Perfil del Voluntariado Social de Espana, Es-
paña, 2013.

Rosa Almeida Universidad do Porto, Habitaçao para pessoas idosas: problemas e desafios em
contexto português, Portugal, 2012.

Stevens, J. A., Ryan, G., & Kresenow, M., Fatalities and Injuries from falls among Older
Americans: United States, 1993-2003 and 2001-2005, Morbidity Morality Weekly Report,
55, 1221-1224, 2006.

UN, Active Ageing Index 2014 Analytical Report, 2015.

United Nations[UN], World Population Prospects: The 2015 Revision, 2015.

Walker, A., Commentary: The emergence and application of Active Aging in Europe. Journal
of aging and social policy, 21(1), 75-93, 2009.

Wallice, P., 증가하는 고령인구, 다시 그리는 경제지도, 유재천 역, 서울: 시유시, 2001.

Warth, L., The WHO global network of age-friendly cities and communities: Origins, develop-
ments and challenges. in Age-Friendly Cities and Communities in International Com-
parison: Political Lessons, Scientific Avenues, and Democratic Issues(pp.37-46). Edited by
Moulaert T. and Garon S., Springer, 2016.

WHO, Active Ageing: A Policy Framework, Geneva: WHO, 2002.

WHO, Global Age friendly Cities: A guide, 2007.

WHO, WHO Global Network of Age-friendly cities and communities, Ginebra: WHO, 2015.

World Health Organization, Global Age-Friendly Cities: A Guide, 2007.

http://agefriendlyworld.org/en/wp-content/uploads/2013/08/GNAFCC-Network-List-March-2015.pdf

http://movicoma.blogs.uoc.edu/

http://rutises.wixsite.com/rutis

http://www.ine.es/censos2011_datos/cen11_datos_publicaciones.htm

http://www.ine.es/dyngs/INEbase/es/categoria.htm?c=Estadistica_P&cid=1254734710990

http://www.pordata.pt

http://www.ub.edu/experiencia/programes_es.php